面向“十二五”高等教育课程改革项目研究成果

营销策划

主　编　杨勇华

副主编　王　珏　赵丽娟

北京理工大学出版社

BEIJING INSTITUTE OF TECHNOLOGY PRESS

图书在版编目（CIP）数据

营销策划/杨勇华主编. —北京：北京理工大学出版社，2014.8
ISBN 978-7-5640-7915-4

Ⅰ. ①营…　Ⅱ. ①杨…　Ⅲ. ①营销策划-高等职业教育-教材
Ⅳ. ①F713.50

中国版本图书馆 CIP 数据核字（2013）第 158794 号

出版发行／北京理工大学出版社有限责任公司
社　　址／北京市海淀区中关村南大街 5 号
邮　　编／100081
电　　话／（010）68914775（总编室）
82562903（教材售后服务热线）
68948351（其他图书服务热线）
网　　址／http：//www.bitpress.com.cn
经　　销／全国各地新华书店
印　　刷／北京泽宇印刷有限公司
开　　本／710 毫米×1000 毫米　1/16
印　　张／18.25
字　　数／339 千字
版　　次／2014 年 8 月第 1 版　2014 年 8 月第 1 次印刷
定　　价／48.00 元

责任编辑／王俊洁
文案编辑／侯瑞娜
责任校对／周瑞红
责任印制／李志强

前　言

《营销策划》是根据21世纪市场营销系列教材的指导思想和要求，并结合“营销策划”院级精品课程建设而编写的高等教育实用规划教材，适合高等院校经管类专业教学使用。本书定位于工商管理、企业管理、市场营销等经济类专业使用，也可作为中小企业经营者、从事策划工作的营销人员进行经营策划活动的参考书。

全书阐述了市场营销策划的基本原理、市场营销策划的调查分析和环境分析、企业营销产品策划、价格策划、销售渠道策划、促销策划方法和步骤等内容，同时配以“知识目标”“能力目标”“典型案例”“本章小结”“复习思考”“技能训练”“同步测试”等众多具有特色的栏目设计，充分体现了以提高学生整体素质为基础，着重培养学生市场营销综合能力，特别是创新能力和实践能力的人才培养目标，是高等院校的理想教材和企业营销人员的理想读本。

本书由杨勇华主编，王珏、赵丽娟副主编并对全书定稿；韩郁骞、王学俊参编。第六章由杨勇华、赵丽娟编写，第五、七、九章由王珏编写；第一、四章由韩郁骞编写；第二、三、八章由王学俊编写。

本书在编写过程中参阅了国内外许多相关教材和资料，在此谨向这些教材和资料的作者致谢。

由于编书时间仓促，编者水平有限，书中疏漏在所难免，敬请同行专家和广大读者批评指正。

编　者

目 录

第一章
市场营销策划的基本原理

【学习目标】

知识目标：

（1）了解营销策划的含义、类型特征和原则。

（2）掌握营销策划的方法及流程。

能力目标：

（1）能根据营销策划的方法及流程进行简单的策划。

（2）能提供简单的、具有可操作性的策划报告。

【本章的知识体系】

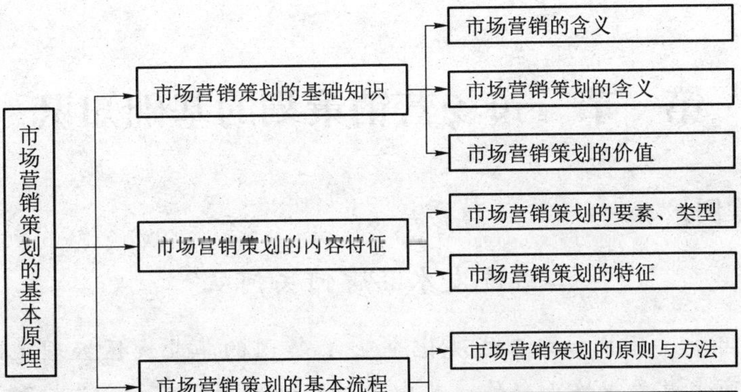

【引导案例】

著名保健酒——黄金酒

2007 年 10 月，巨人集团上海黄金搭档生物科技有限公司委托国内知名咨询公司——成美营销顾问有限公司对其新产品黄金酒进行品牌定位战略研究，该产品是巨人集团与五粮液集团合作生产的一款保健酒，也是巨人集团继脑白金、黄金搭档之后推出的第 3 个主力品牌。成美经过 40 天的调研分析，于 12 月 2 日完成《黄金牌万圣酒品牌定位战略研究报告》。为确保该战略执行到位，黄金搭档公司随后委托上海华与华广告公司及神兵天将影视广告公司辅助执行，其中华与华广告公司负责黄金酒的包装设计及促销，神兵天将影视广告公司负责电视广告拍摄。

2008年1月18日下午，“中国酒业大王”五粮液集团和国内保健食品行业领军企业上海巨人投资有限公司举行签约仪式，决定充分利用双方在品牌、技术、资金和营销网络等方面的优势，共同打造保健酒行业的领袖品牌。

目前，保健酒行业销售总额每年都以平均30%的速度高速递增。从保健酒消费情况来看，国际上保健酒的消费量占酒类消费总量2%，但是在向来注重养生保健的中国，这个比例还不到0.5%。从市场容量和市场成长性分析，中国保健酒市场成长空间很大，到2010年，保健酒市场容量将达到130亿元以上。目前中国保健酒市场仍处于“战国时代”，“群雄逐鹿”是保健酒市场的现实写照。

此次由五粮液和“上海巨人”两个行业巨人的强强合作，必将给保健酒产业带来新的跨越。

【引例分析】

上述案例，黄金酒能在短短的时间内跻身市场前茅，仅仅靠开发出优质的产品，是远远不够的，企业必须依靠现有的资源，运用多种营销策略，精心谋划，才能达到最终目的。

第一节　市场营销策划的基础知识

【引导案例】

二线洗发水品牌何去何从?

2010年年初，国内知名二线洗化企业Y集团的华北大区经理上班伊始就接到几个经销商来电要求终止合作，其中洛阳的经销商很直白：“当年Y品牌在洛阳做得多火，货到了都不用卸，批发商上去就抢光了，2005年还能卖400万元，但2009年我才做了20万元，原因是什么你们公司想过没有，市场做不起来不要怨我们经销商不配合、不去推销，你们公司的市场政策5年了一点都没变，你看看现在市场都变成啥样了？现在的产品及政策批发流通已经流不动了，终端为王了，你们清楚吗?”

华北大区经理对当前市场无能为力，引咎辞职。新任华北大区张经理下到市场了解市场情况，切切实实地感受到了当前洗发水流通市场萎靡不振！

到达洛阳经销商处，经销商的业务员正在跟老板吵架。原来经销商的业务员前一天开车下乡镇铺货，一整天一分钱都没卖，因为从事销售以来的奇耻大辱，今天老板怎么开导都不下去铺货了。

张经理感叹终端崛起、流通萎缩是不争的事实，可这一天来得如此让人措手不及。

南阳经销商订了几百箱400 mL洗发水+400 mL沐浴露的特惠套装，但到货以后因利润空间小，渠道商不订货，经销商很着急。张经理陪同经销商找到SJL连锁超市，超市采购认为该套装很实惠，能提升人气，便将经销商订到的几百箱货全部接收，不但免费上了海报，而且每家门店均给予堆头陈列。SJL开始销售以后，原本不要货的批发商纷纷到经销商处订货。

南阳的遭遇使张经理明白，当前市场靠单一渠道做市场就好比一条腿的瘸子，只有终端、流通齐头并进，相互促进，市场才能健康成长。

到达太原市场，张经理在批发市场、CD店、日化专营店等渠道均未见到Y品牌的踪影，第二天去拜访经销商，经销商只有一句话："Y品牌的产品在市场上没有竞争力！"

张经理无言以对！

【引例分析】

该案例说明终端市场策划的重要性，当前市场靠单一渠道做市场就好比一条腿的瘸子，只有终端、流通齐头并进，相互促进，市场才能健康成长。

一、市场营销的含义

市场营销又称为市场学、市场行销或行销学。简称"营销"，中国台湾常称作"行销"；是指个人或集体通过交易其创造的产品或价值，以获得所需之物，实现双赢或多赢的过程。它包含两种含义，一种是动词理解，指企业的具体活动或行为，这时称之为市场营销或市场经营；另一种是名词理解，指研究企业的市场营销活动或行为的学科，称之为市场营销学、营销学或市场学等。

公认定义有：

（1）美国市场营销协会下的定义是：营销是创造、沟通与传送价值给顾客及经营顾客关系以便让组织与其利益关系人（stakeholder）受益的一种组织功能与程序。

（2）菲利普·科特勒下的定义强调了营销的价值导向：市场营销是个人和集体通过创造产品和价值，并同别人进行交换，以获得其所需所欲之物的一种社会和管理过程。

（3）而格隆罗斯给的定义强调了营销的目的：营销是在一种利益之上下，通过相互交换和承诺，建立、维持、巩固与消费者及其他参与者的关系，实现各方的目的。

麦卡锡于1960年也对微观市场营销下了定义：市场营销是企业经营活动的

职责，它将产品及劳务从生产者直接引向消费者或使用者以便满足顾客需求及实现公司利润，同时也是一种社会经济活动过程，其目的在于满足社会或人类需要，实现社会目标。这一定义虽比美国市场营销协会的定义前进了一步，指出了满足顾客需求及实现企业赢利成为公司的经营目标，但这两种定义都说明，市场营销活动是在产品生产活动结束时开始的，中间经过一系列经营销售活动，一旦商品转到用户手中就结束了，因而把企业营销活动仅局限于流通领域的狭窄范围，而不是视为企业整个经营销售的全过程，即包括市场营销调研、产品开发、定价、分销广告、宣传报导、销售促进、人员推销和售后服务等。

当今见到的关于市场营销最普遍的定义：市场营销是计划和执行关于商品、服务和创意的观念、定价、促销和分销，以创造符合个人和组织目标的交换的一种过程。

二、市场营销策划的含义

策划是当今社会最为常见的一种经济活动。策，最早同“册”，成编的“竹书”，含有鞭打，策动，催促之意。《孙子·虚实篇》记载“策之而知得失之计”。划，同“画”，“计划、打算”之意。策划，在辞源中解释为“筹谋、打算”。策划最早开始于军事活动，在我国古代的军事战争中就可见策划的雏形，如“完璧归赵”“鸿门宴”等。所以，如果说军队是最理想的企业，那么战略战术就应该是最完美的策划。

关于策划的定义不同的学派给出了不同的解释。

美国学者威廉·纽曼在《组织与管理技术》中，“策划就是事前来决定、计划做何事以及如何做”。

韩国学者权宁赞“策划师力求达成目标之最适当的手段，对未来采取的行动做决定的准备过程”。

管理学家罗伯特·史密斯在《公共管理》中，“企业策划是一种对将来的构想，对此种构想方案予以评价及形成方案过程的各种有关活动”。

日本策划大师星野匡在《策划力》中，“所有的策划或多或少都有所谓虚构的东西。从虚构出发，然后创造事实，加上正当的理由，而且要正大光明地去做，这就是策划。”

美国哈佛企业丛书编纂委员会“策划是一种程序，在本质上一种运用脑力的理性行为。是针对未来要发生的事情做当前的决策，预先决定做什么、何时做、谁来做、怎么做”。

我们认为，策划就是指人们为了达到某种预期的目标，借助科学的方法和创造性的思维，产生、设计、选择、组织与环境的最佳衔接方式，并制定出具体实施方案的创造性的思维活动。

策划作为一种程序，在本质上是一种运用知识和智慧的理性行为。策划又是具有前瞻性的行为，它要求对未来一段时间内将要发生的事情做当前的决策。策划就是找出事物的主观条件和因果关系，选择或制定出可采用的对策，作为当前决策的依据。即，策划是事先决定做什么，如何做，何时做，由谁来做的系统方案。

策划具备以下三个要素：

（1）有创意，必须有崭新的创意：新颖、奇特、令人拍案叫绝，使人产生新鲜、有趣的感觉。

（2）有目标，必须是有方向的创意：创意的方向，实施的结果，必须和企业的目标相一致。

（3）有可能，必须有实现的可能：是企业资源所许可的，企业的人力、物力和财力允许。

营销策划（市场营销策划），就是企业的策划人员根据企业现有的资源状况，在充分调查、分析市场营销环境的基础上，激发创意，制定出有目标、可能实现的解决问题的一套策略规划。

简单地说，市场营销策划就是在市场营销中为某一企业或某一商品或某一活动所作出的策略谋划和计划安排。该含义强调三个要点：第一，营销策划的对象可以是某一个企业整体，也可以是某一种商品或某一项服务，还可以是某一次活动；第二，营销策划需要设计和运用一系列计谋，这是营销策划的核心和关键；第三，营销策划需要制订周密的计划和作出精心的安排，以保证一系列计谋运用成功。由此可见，营销策划并不是一项单纯的广告或者销售活动，它是一项系统工程。营销策划的每个组成部分都需要有机配合，充分发挥作用，任何一个部分都不可缺少或削弱。否则，营销策划最终难以获得圆满的成功，其重要作用最终难以发挥。

三、市场营销策划的价值

（一）使企业力量最大化

通过资源共享让各个营销活动的参与者成为利益攸关方，不再事不关己、高高挂起，由过去的独自发力转变成为利益攸关方共同发力，营销策划中营销的推力和需求的拉力方向一致，根据力学合成原理，最终的力量自然最大。

（二）使企业效率最大化

由于营销活动的各方从过去不关心营销活动转变为现在共同关注，使被动营销转化为主动营销，利益攸关方能够更加积极地对待工作，自然用工最省、效率更高。尤其是过去对品牌漠不关心的消费者在成为品牌利益攸关方之后，各项调查、研发和营销工作不再隔靴搔痒，效率自然无法比拟。

（三）使企业风险最小化

由营销活动的各个利益攸关方共同承担市场风险，各自担当的风险自然最小，尤其是消费者的积极参与互动，适销对路的产品开发是最容易实现的，同时大家利益相对一致，容易拧成一股绳，内耗风险系数也大大降低。

（四）使企业费用最小化

在每一个营销策划节点上，由原来产品持有人支付费用转变为营销活动的各个利益攸关方自行支付费用，由过去产品经营者独自控制费用转变为各利益攸关方自行控制费用，从而使得各利益攸关方获取更多更合理的利益。

第二节　市场营销策划的内容特征

【引导案例】

脑白金的崛起

近几年家喻户晓的保健品脑白金在竞争异常激烈的保健品市场短期内异军突起，获得空前成功，正是娴熟地运用“样板市场”理论的结果。

1998 年 5 月，脑白金正式问世。因为没有钱，同时也为了避免可能存在的市场风险，脑白金的第一个市场选择在无锡江阴这样一个小县城。在江阴第一次试销前，史玉柱创业队伍对脑白金未来的市场同样心里没底，以为需要至少 10 年的时间才能创建一个领先品牌。然而，市场测试的成功让史玉柱看到了希望的曙光。经营江阴市场时，史玉柱以技术员的身份和一帮老头老太太聊天，赠送脑白金，询问疗效情况，收集消费信息，最后反馈的效果相当好。试销成功奠定了史玉柱的产品保障。

一、聚焦策略让史玉柱得到了第一个市场的成功。

第一轮试销做完之后，史玉柱手里就已经没有任何资金了，无奈之下向朋友借了 50 万元，随后花了 10 万元在江阴大打广告，由于力度大，很快就产生了异常热烈的市场效应，脑白金便成为江阴家喻户晓的保健品。挟江阴成功之势，脑白金的影响通过传播很快地影响到了周边的无锡等地。史玉柱用江阴赚的钱、总结的经验、论证的模式、训练的团队，1998 年开始正式启动无锡市场，很快无锡的月销售额过了 80 万元。随后，史玉柱又用在无锡赚的钱启动了南京、常州、苏州和吉林四个市场，这四个城市在第二个月就开始赚钱了。

二、蚕食策略与点、线、面策略让史玉柱纵横全国。

在南京、无锡成为领先品牌、获得成功之后，史玉柱因势利导，推行蚕食策略，开始着手启动整个江苏省及紧邻江苏的上海、浙江市场。依托聚焦策略及蚕食策略，史玉柱用了一年多的时间就把全国市场顺利启动起来。不到一年半的时间，到1999年年底，单月回款已经突破1个亿。到了2000年1月份的时候，一个月的销售额已经是2亿多元了。以后每年的一个月回款基本上在2亿左右。随后，依据此前的模式、经验和团队，脑白金迅速扩大市场区域，脑白金的销售额增长曲线缓缓地爬上来了：1997年销售额三四十万元；1998年每月销售额态势：15万元、30万元、45万元、60万元、80万元、100万元、300万元、500万元……1999年开始到800万元、1 000万元，直到12月份突破1亿元。

【引例分析】

从脑白金的操作过程中，我们可以看出来，试销的规模是由小到大的，每一个试点的市场工作，都尽可能做到饱和。对于资源，做到集中、集中、再集中(聚焦策略)。脑白金创业队伍成员陈奇锐在《追随史玉柱的日子》中这样写道：总结脑白金营销理论，得出了一些简单的原则，脑白金的营销理论，非常简单，那就是“集中优势兵力”。脑白金的营销秘诀，其实就只有这几个字。史玉柱本人也感叹说：一个企业资金实力再雄厚，也只能在几个重点行业、重点地区、重点产品上下功夫，如果没有做到重点突出而采取平均用力的话，就必然会失败。在营销手段的使用上也必须有一个重点，必须加大人力、物力、财力，做重点地区。史玉柱还说：做一个产品必须要做第一品牌（领先品牌），否则很难长久，很难做得好。

思考：谈一谈你对脑白金营销言论的看法。

一、市场营销策划的要素、类型

（一）市场营销策划的要素

市场营销策划的要素主要由市场环境分析、消费心理分析、产品优势分析、营销方式和平台的选择四个方面组成：

1. 市场环境分析

进行市场环境分析的主要目的是了解产品的潜在市场和销售量以及竞争对手的产品信息。只有掌握了市场需求，才能做到有的放矢，减少失误，从而将风险降到最低。以凉茶为例，凉茶一直以来为南方人所热衷，这其中有气候、饮食上的差异，因此应该将主要的营销力量集中在南方城市，如果进行错误的定位，将力量转移到北方，无论投入多大的人力财力，都不会取得好的营销效果。

2. 消费心理分析

只有在掌握了消费者会因为什么原因、什么目的去购买产品，才能制订出针对性的营销创意。目前的营销大多是以消费者为导向的，根据消费者的需求来定制产品，但仅仅如此是不够的，对消费能力、消费环境的分析才能使整个营销活动获得成功。脑白金能够畅销数十年，从它简短的广告和广告语中就能看出端倪："过节不收礼"正是利用了国人在过节时爱送礼的特性，而作为保健品，两个活泼老人的形象在无形中驱使晚辈在过节时选择脑白金，相信如果换成两个年轻人在说广告语，影响力就下降很多。

3. 产品优势分析

这里的产品优势分析包括该品分析和竞品分析。只有做到知己知彼，才能战无不胜。在营销活动中，该品难免会被拿来与其他产品进行对比，如果无法了解该品和竞品各自的优势和劣势，就无法打动消费者。在某次营销类课程中就发生过这样的情况，课程中的实作模拟中，两位学员进行销售情境模拟，其中一位扮演销售人员的学员在整个过程中对该品和竞品都缺乏足够的了解，导致另一位学员只能通过直观的感觉来交接产品特性，最终导致整个销售过程以失败告终。营销的目的也是如此，通过营销手段，让消费者了解到该品的优势，进而产生购买欲望，这是营销活动中重要的环节。

4. 营销方式和平台的选择

营销方式和平台的选择既要考虑企业自身情况和战略，同时还要兼顾目标群体的喜好来进行。例如，针对全国儿童的产品，就可以根据儿童的特点，在"央视"的儿童频道以动画短片的形式展现出来，这样不仅符合企业战略，将产品传达给全国儿童，同时也能够吸引儿童的目光。对于一些快销品，则可以选择和产品切合度较高的方式，例如，目前 SNS 平台中十分流行的争车位、开心农场等游戏，就吸引了很多汽车企业和饮料企业的加入，并且取得了非常好的效果。

（二）市场营销策划的类型

市场营销策划是由很多门的学问而组成的学科，依据不同的标准可作以下分类。

（1）根据策划对象不同，营销策划可分为企业策划、商品策划和服务策划等。企业策划是对企业整体所进行的策划，主要目的在于树立良好的企业形象；商品策划是对商品的开发和销售所进行的策划，主要目的在于推出新商品和扩大销路；服务策划是从更好地满足顾客需要出发而进行的策划，主要目的在于提高信誉。

（2）根据市场发展程序不同，营销策划可以分为市场选择策划、市场进入策划、市场渗透策划、市场扩展策划、市场对抗策划、市场防守策划、市场撤退策划等。市场选择策划是对如何有效地选择目标市场所作的策划；市场进入策划是为产品成功地进入市场所作的策划；市场渗透策划是为争取现有市场增加购买所作的策划；市场扩展策划是为扩大现有产品的市场份额，开拓新市场而作的策划；市场对抗策划是关于怎样与主要竞争对手相抗衡的策划；市场防守策划是关于怎样抵制竞争产品、巩固现有市场的策划；市场撤退策划是关于怎样有计划地退出现有市场的策划。

（3）根据市场营销过程不同，营销策划可以分为市场定位策划、产品策划、品牌策划、包装策划、价格策划、分销策划、促销策划等。市场定位策划是为产品确定适当的市场位置所作的策划；产品策划是对产品的开发、创新、改进、提高所作的策划；品牌策划是对产品品牌名怎样赢得顾客欢心所作的策划；包装策划是关于怎样进行科学包装、艺术装潢，使包装更加美观、方便、安全、经济所作的策划；价格策划是确定恰当的价值策略的一种策划；分销策划是有效地选择分销路线的一种策划；促销策划是关于开展人员推销、广告、公共关系、营业推广的策划。

（4）根据市场营销层次不同，营销策划可分为市场营销基础策划与运行策划。基础策划包括作为市场营销运行基础的市场调研策划和企业战略策划。市场调研，也叫市场营销研究，是市场营销人员根据企业战略策划、市场营销运行策划的需要，以科学的方法系统地收集、记录、整理和分析有关情况，提出问题和解决问题的过程。任何策划，都不应该只是灵机一动，而必须依托翔实、可靠的信息。从这个意义上讲，市场调研及其策划，是市场营销及其策划的起点和基础。企业战略策划分为总体战略策划与经营战略策划两个层次。

一般来说，总体战略策划的任务，是从企业整体角度明确企业任务，区分战略经营单位，确定企业的投资组合战略和成长战略。经营战略策划的任务，则是站在战略经营单位的角度分析形势，制订目标和计划。总体战略为经营战略指明方向，经营战略则为各职能战略建立一个基本框架。市场营销的运行策划，包括战略方针层次的策划与战术层次的策划。市场营销人员依据经营战略的要求进行的市场机会研究、市场细分、目标市场选择和市场定位策划，称为战略性市场营销策划。其任务在于明确市场营销职能的运行方向。市场营销人员在战略性市场营销策划的基础上，对市场营销的产品、价格、分销以及促销即市场营销手段，所进行的组合策划和个别策划，属于战术性市场营销策划，其目的在于把战略性市场营销规定的任务落实到实处。

二、市场营销策划的特征

市场营销策划秉承市场营销学的特征，是综合思维的科学与精湛的经营艺术的结合。它是由多门学科知识综合、交叉和碰撞而形成的新的应用知识体系，是一门复合型的学科。市场营销策划既是一门科学，也是一门经营艺术。

（一）市场营销策划是创新思维的学科

市场营销策划实质上是一种经营哲学，是市场营销的方法论，因而是一门创新思维的学科。

市场营销策划是从新的视角，用辩证的、动态的、系统的和发散的思维来整合市场营销策划对象所占有和可利用的各类显性资源和隐性资源，使其在新的排列组合方法的指导下，各种生产要素在生产经营的投入产出过程中形成最大的经济效益。它主要包括四个方面的内容：创新思维路线的选择，企业经营理念的设计，资源的整合，市场营销操作过程的监督和管理。

市场营销策划作为创新思维的学科，特别强调将单线性思维转变为复合性思维，将封闭性思维转变为发散性思维，将孤立的、静止的思维转变为辩证的、动态的思维。市场营销策划所要达到的最终目的是通过对企业各类资源的整合，使营销策划的对象以崭新的面貌出现在市场上，并在特定时空条件的市场上具有唯一性、排他性和权威性。只有达到这“三性”才是一个优秀的市场营销策划，才能满足市场竞争的创新需要，也才能使营销策划的对象在市场竞争中产生“先发效应”和“裂变效应”，以抢占市场的先机和拥有市场核裂变能量，为企业拓展广阔的市场空间和实现企业综合经济效益最大化的目标。

总之，无论什么项目，创新思维都是以市场营销策划创意为起点，它引导营销策划者用系统工程方法，从经营哲学的高度对投入生产经营过程的各种生产要素、市场资源和社会资源等进行科学的分析、归纳和综合，使其产生更大的总体功能效应。

（二）市场营销策划是市场营销工程的设计学科

市场营销策划实质上是运用企业市场营销过程中所拥有的资源和可利用的资源构造一个新的营销系统工程，并对这个系统中的各个方面根据新的经营哲学和经营理念设计进行轻、重、缓、急的排列组合。在这个市场营销系统工程的设计中，经营理念的设计始终处于核心和首要的地位。

在市场营销策划中，营销理念设计是其他一切营销活动设计的前提，是市场营销活动的影子，而市场营销活动则是营销理念的原型。营销理念设计是统率、指导和规范其他市场营销系统工程设计的核心力量，并渗透于整个市场营销策划过程中。

营销理念设计是整个市场营销策划的灵魂，它赋予策划对象不仅是丰富多彩的外部形象，更重要的是为其注入骨骼的精髓和现代社会文化的灵魂。例如，在市场营销策划的经典案例——“碧桂园神话”中，王志刚就明确指出：“房地产≠钢筋+水泥”，而是营造一种新的生活方便、居住舒适和有利于其消费者发展的社区生活方式和社会人文环境，使钢筋和水泥等的堆砌物具有活生生的灵魂，这就是市场营销策划的设计理念。它以消费者满意为目标，提出新的社会价值观念，新的生活方式，唤起消费者的需求和购买欲望，并充分满足这种需求和欲望，营造出一个新的市场。

（三）市场营销策划是具有可操作性的实践学科

市场营销策划是一门实践性非常强的学科。市场营销不是空洞的理论说教，它要回答企业在现实的市场营销活动中提出的各种疑难杂症，不仅仅只回答这些问题出现的原因，即回答为什么、是什么。企业最需要的市场营销策划不仅仅只是：企业应该开拓市场、应该赚钱。而更重要的是如何开拓市场、营造市场以及如何在激烈的市场竞争中获取丰厚的利润。市场营销策划就是在创新思维的指导下，为企业的市场营销拟定具有现实可操作性的市场营销策划方案，提出开拓市场，营造市场的时间、地点、步骤及系统性的策略和措施。而且还必须具有特定资源约束条件下的高度可行性。市场营销策划不仅要提出开拓市场的思路，更重要的是在创新思维的基础上制订市场营销的行动方案。

（四）市场营销策划是系统分析的学科

市场营销策划是一项系统工程设计，其主要任务是帮助企业利用开放经济中丰富的各种资源，即区域性资源、国内资源和全球性资源、显性资源和隐性资源、可控资源和不可控资源等，用系统的方法将其进行新的整合，使其在市场营销过程中产生巨大的“核裂变”效应。市场营销策划是用科学、周密、有序的系统分析方法，对企业的市场营销活动进行分析、创意、设计和整合，系统地形成目标、手段、策略和行动高度统一的逻辑思维过程和行动方案。

因而，作为智慧火花的市场营销点子，不能说是市场营销策划，而只能说是市场营销策划中的创意。市场营销策划强调对既有资源和可利用的资源进行整合。整合是系统论的一个基本范畴和重要原理；系统论是20世纪中期发展起来的一种科学理论，它认为：凡是由相互联系和相互作用的诸因素所组成并具有特定功能的总体，都是一个系统。任何系统都不是它的组成因素的简单加和，而是这些因素在特定联系方式和数量配比下形成的有机总体。总体具有不同于组成因素或子系统的新功能，总体“大于”各组成分的孤立属性的简单集合。市场营销策划就是依据系统论的整合原理，寻求市场营销活动的1+1>2的投入产出比。市场营销策划，是一系列点子、谋略的整合，是建立在点子和谋略之上的多种因素、多种资源、多种学科和多个过程整合而成的系统工程。因此，作为理论，市场营销策划是一门系统科学；作为实践，市场营销策划是一项系统工程。

第三节 市场营销策划的基本流程

【引导案例】

零售客户的需求

老王是某市烟草公司的核心客户。春节前，该市公司客户经理小李到老王店里进行常规拜访。一进门，老王就对小李说："小李，我告诉你一件事情啊，隔壁一家烟杂店的烟昨天晚上被小偷清空了，一下损失了三万元呢！春节到了，偷抢拐骗的事太多啦，真让人担心。另外，最近找我预订卷烟的人非常多，烟经常脱销，你是否能帮我申请增加一下量?"

小李回答说："你的情况我了解，我会帮助您申请的。"

老王听后感激地说："谢谢你，你也知道，我老婆已经卧床三年了，不仅需要照顾，而且医药费也是一笔不小的开支，我就靠卖烟来支撑这个家，还请你多多关照。"

小李说："你的情况我非常理解，我会尽我的全力来帮助你的。"

老王连连道谢："小李啊，以后还希望你把公司最近的货源信息及其他信息及时告知我，我会配合公司做好工作，对了，我发现隔壁的城乡烟杂店最近外渠道进货比较多，很影响我生意，希望你们能落实一下。"

【引例分析】

在这个拜访案例中，零售客户老王表现出了五方面的需求：安全需求，利润需求，服务需求，情感需求，成长需求。

（1）安全需求：老王重点关注的是资金安全、卷烟偷盗与调包和经营安全。

（2）利润需求：老王重点提出在春节期间卷烟增量，以增加经营利润。

（3）服务需求：老王希望小李能及时传达烟草公司的相关政策信息，提供更为全面周到的信息服务。

（4）情感需求：老王向小李介绍其爱人的情况，希望赢得客户经理及烟草公司的情感认同和心理安慰。

（5）成长需求：老王十分关注周边烟杂店的经营情况，希望通过处理外渠道进货来净化卷烟环境，帮助自己经营成长。

思考：谈一谈了解消费者的需求对营销策划的作用？

一、市场营销策划的原则与方法

(一) 市场营销策划的原则

为了提高企业营销策划的准确性与科学性，一般需要遵循以下基本原则。

1. 战略性原则

营销策划一般是从战略的高度对企业营销目标、营销手段进行事先的规划和设计，市场策划方案一旦完成，将成为企业在较长时间内的营销指南。也就是说，企业整个营销工作必须依此方案进行。因此，在进行企业营销策划时，必须站在企业营销战略的高度去审视它，务求细致、周密完善。从营销战略的高度进行策划，其作用是至关重要的。波音公司的发展历程是一个成功的例证。1952年以前，波音公司在商用飞机市场几乎没有立足之地，而且以前制造商用飞机的尝试也都以失败告终。而后，波音公司在商用飞机市场领导者的战略指导下，进行了一系列与此相关的营销策划，较强的创新意识使他们在激烈的竞争中占据了上风，超过了道格拉斯飞机公司。可以说，波音公司后来的辉煌确实离不开他们营销策划的战略性原则。

2. 调查研究原则

调查的目的主要是弄清楚下面一些问题。目标用户群是什么样的人？目标市场到底有多大？目标用户对于价格、包装的看法是怎样的？怎么样的推广才能够到达这样的目标人群？目标用户群中多少人会购买该产品？竞争对手是谁？他们在市场上的状况怎样？如何制定与竞争对手的竞争策略？

根据调查结果和丰富的实战经验，集中兵力做好市场细分研究（细分市场、选择目标市场）、市场定位研究（针对目标市场提供差异化的产品或者具有差异化产品特性的产品）、品牌形象研究（针对目标市场赋予品牌特别的个性）、早期市场追踪研究（了解购买者以及他们对产品的评价以及整体营销策略）等，这些工作并非谁都能做，一切都源于经验，丰富的经验。

在这里，要特别强调的是，千万不要盲目相信调研数据，一定要把数据和经验结合起来。

可口可乐公司在准备推出新口味可乐时，曾经在全美各地展开了一轮由某著名市场研究公司“掌勺”的全方位市场调研，最后市场调查数据表明有近60%的顾客喜欢新口味的可乐的味道，这个结果令可口可乐的老板们大为振奋，因为这将使公司的预期利润在现有利润额的基础上增加近一倍。

于是，他们开始大肆生产销售这种新口味的可乐，但结果是，可口可乐公司开发的新口味可乐遭到遍布世界的古典可乐消费者强烈的反对，甚至以示威游行的方式进行抗议。最后可口可乐公司只得屈服于消费者的意愿，恢复以往的古典可乐的生产。

后来，他们经过新的市场营销策划，制订出了对路的传播策略，才又开始生产新口味的可乐。

由此可见，一些看似清晰准确、合情合理的数据照样有可能为你提供的是一些偏颇的信息，虽然从数据表面反映出的数据也能代表顾客的“真实”，但这种“真实”的判断来源于丰富的实战经验。

3. 系统性原则

企业营销策划是一个系统工程，其系统性具体表现为两点：一是营销策划工作是企业全部经营活动的一部分，营销策划工作的完成有赖于企业其他部门的支持和合作，并非营销一个部门所能解决的，如产品质量、产品款式、货款收回等，就分别需要生产部门、设计部门、财务部门的分工配合；二是进行营销策划时要系统地分析诸多因素的影响，如宏观环境因素、竞争情况、消费需求、本企业产品及市场情况等，将这些因素中的有利一面最大限度地综合利用起来，为企业营销策划服务。

4. 时机性原则

企业营销策划既要做到“适时”，也要做到“重机”。换句话说，要重视“时间”与“空间”在营销策划中的重要作用。例如，新大洲借“锅”下“米”的策划，就是营销策划中借势的“神来之笔”。在1999年摩托车大战中，新大洲公司和建设集团不约而同地推出了一款高贵而又典雅的仿古车，得到都市爱车一族的女士们的青睐。但在营销策划的策略中，新大洲公司与建设集团采用了两种不同的方式。建设集团首先在车展中将其样板车向市场曝光，并在电视、报纸、杂志等媒体多面进行了庞大的广告宣传，造成了一时的轰动效应，为其后进行的产品销售打下了良好的基础。当建设集团把大量资金投入到产品广告宣传的时候，同样是针对这款车，新大洲公司并未加入这激烈的广告战，而是紧锣密鼓地进行着生产的前期准备，他们从配套部件入手，将大量的资金投入到生产前的技术准备中，在短短的3个月里，这款新车的月产量达到了5 000辆，在高峰期月产量近万辆。由于建设集团的新款车与新大洲公司的新款车大同小异，新大洲公司在建设集团推出其新款车前，便把其“罗马假日”款仿古车推向市场，凭借借“锅”下“米”的方式在此次营销战中获得成功。

5. 权变性原则

市场就是战场，竞争犹如战争。现代市场经济中演绎着一场场激烈的竞争，权变性的原则已在策划中成为不可或缺的思维因素。我们来看看美国柯达公司公布“傻瓜机”技术的案例。1963年2月28日——这个世界照相史上划时代的日子，柯达公司发明并上市了新相机（别名“傻瓜机”）。可就在柯达的“傻瓜机”大为走俏的时候，柯达做出了出人意料的惊人之举。公司宣称：“我们不要独占‘傻瓜机’的专利，其技术全部都可以提供给世界的每个制造厂商。”其实，柯达公开“傻瓜机”技术正是该公司策划权变性的体现。原来，柯达因“傻瓜机”的问世，当年营业额超过20亿美元，纯利润达3亿多美元，所花费的600万美元开发费已带来了巨额利润。与此同时，世界上相机拥有量已有数千万只，而且日本自行研究的“傻瓜机”也即将问世，即使不公开其技术，其他公司也已模仿研制出同类产品。另一方面，相机是耐用品，可以重复使用，而胶卷软片是多次性使用的，其市场需求越来越大。正是鉴于以上考虑，柯达公司才采取权变性的策划措施，公布了“傻瓜机”技术。公布的结果使日本的独立开发与其他公司的模仿开发均变得一钱不值，没有投入研制的公司不费吹灰之力就拥有了柯达提供的技术。而更重要的是，其他公司“傻瓜机”生产越多，胶卷软片的需求就越大，而柯达这时正好可以收缩精力，全力生产高质量的胶卷软片提供给市场，公司照样财源滚滚。无疑，柯达公布“傻瓜机”技术是企业营销策划具有权变性的最佳说明。其实，由于市场随时在波动变化着，企业营销策划就必须有权变性，只有这样，企业才能无视市场环境，在竞争中获胜。

6. 可操作性原则

企业营销策划要用于指导营销活动，其指导性涉及营销活动中的每个人的工作及各环节的处理，因此其可操作性非常重要。不能操作的方案即使创意再好也没有任何价值，必然耗费大量人力、财力、物力，管理复杂，效果差。如20世纪80年代初，我国有关部门策划了“川气出川”的工程，即把在四川省当时已开采的天然气用管道输送出川，为湖北、湖南提供燃气能源。其策划方案不可谓不新，效益也不可谓不诱人，但由于天然气在四川境内的储量经探明并不充裕，加上输送天然气出川工程浩大，其策划难以继续实施，结果以白白损失数亿后工程停止而告终。这一深刻的教训促使我们每个策划者在进行策划时均应遵循可操作性原则。

7. 创新性原则

企业营销策划要求策划的“点子”（创意）新、内容新、表现手法也要新，给人以全新的创意是策划的核心内容。例如，深圳君安金行开业围绕着“真情闪亮的地方”这一点将公关、营业推广、广告宣传等整合传播手段考虑进去，特别是感人至深的系列广告、真情服务举措，大大强化了君安金行与消费者真情相连的企业形象，在缩短了企业与消费者的心理距离下，消费者感到了企业的真诚以及全心全意为消费者着想的绵绵情怀。君安金行开业以极小的投入换来了较大的收获，是一次成功的企业营销策划。

8. 效益性原则

个案尤伯罗思：经营洛杉矶奥运会出新招，充分证实了营销策划的效益性原则。尤伯罗思的卓越贡献是以经营企业的手段来办奥运会，并在“开源节流”上进行了精打细算，比如，他在出售电视转播权时运用卓越的推销手段挑起广播公司之间的竞争，卖出了理想的价位；在专用商品使用权上同样以竞争抬高了售价；别出心裁地出售了火炬传递权，每公里3 000美元；破天荒地大胆提高开、闭幕式门票价格；经销各国纪念章，全套售价高达10万美元；没有大兴土木，而是借用了一所大学的学生宿舍作为运动员的住处；正式招聘的工作人员仅4.5万人，是前两届奥运会的半数；另外还邀请到3.4万名市民参加义务服务……尤伯罗思的创意全部实施的结果是这届奥运会只花了5.1亿美元，却赢利1.5亿美元，他本人也得到红利47.5万美元。在闭幕式上，国际奥委会主席萨马兰奇还向尤伯罗思颁发了一枚特别的金牌。如果说这一届奥运会为美国政府与洛杉矶市政府节约了5亿多美元的资助，又赢利1.5亿美元，相加近7亿美元，那么这就是尤伯罗思策划的经济效益；而这对奥林匹克运动和美国的发展等方面的社会效益，就更是难以用数字统计的。

（二）市场营销策划的方法

营销策划是对营销活动的设计与计划，而营销活动是企业的市场开拓活动，它贯穿于企业经营管理过程。因此，凡是涉及市场开拓的企业经营活动都是营销策划的方法。

1. 点子方法

什么是点子？从现代营销角度来说，点子是指有丰富市场经验的营销策划人员经过深思熟虑，为营销方案的具体实施所想出的主意与方法。

2. 创意方法

创意是指在市场调研的前提下，以市场策略为依据，经过独特的心智训练后，有意识地运用新的方法组合旧的要素的过程。

3. 谋略方法

谋略是关于某项事物、事情的决策和领导实施方案。

二、市场营销策划的一般流程

市场营销策划如同酿酒，是一个科学的运作过程。一般来说，企业市场营销策划依照以下流程进行。

1. 了解现状

了解现状不仅包括对市场情况、消费者需求进行深入调查，还包括对市场上竞争产品的了解以及对经销商情况的了解，大致有以下几点：

（1）市场形势了解。指对不同地区的销售状况、购买动态以及可能达到的市场空间进行了解。

（2）产品情况了解。指对原来产品资料进行了解，找出其不足和有待加强、改进的地方。

（3）竞争形势了解。对竞争者的情况要有一个全方位的了解，包括其产品的市场占有率、采取的营销战略等方面。

（4）分销情况了解。对各地经销商的情况及变化趋势要进行适时调查，了解他们的需求。

（5）宏观环境了解。要对整个社会大环境有所了解和把握，从中找出对自己有利的切入点。

以上是整个营销策划的基础，只有充分掌握了企业、产品的情况，才能为后面的策划打下基础。

2. 分析情况

一个好的营销策划必须对市场、竞争对手、行业动态有一个较为客观的分析，主要包括以下三方面内容：

（1）机会与风险的分析。分析市场上该产品可能受到的冲击，寻找市场上的机会和“空当”。

（2）优势与弱点分析。认清该企业的弱项和强项，同时尽可能充分发挥其优势，改正或弱化其不足。

（3）结果总结。通过对整个市场综合情况的全盘考虑和各种分析，为制订应当采用的营销目标、营销战略和措施等打好基础。

分析情况是一次去粗取精、去伪存真的过程，是营销策划的前奏。

3. 制定目标

企业要将自己的产品或品牌打出去，必须有自己得力的措施，制定切实可行的计划和目标，这个目标包括两方面：

（1）企业整体目标。

（2）营销目标。是指通过营销策划的实施，希望达到的销售收入及预期的利润率和产品在市场上的占有率等。

能否制定一个切合实际的目标是营销策划的关键。有的营销策划方案大有“浮夸”之风，脱离实际，制定目标过高，其结果也必然与实际相差千里；而有的营销策划则显得过于保守，同样也会影响营销组合效力的发挥。

总之，制定一个适宜的目标不但是必要的，而且是关键的。

4. 制定营销战略

必须围绕已制定的目标进行统筹安排，结合自身特点制定可行的市场营销战略。营销战略包括以下几个方面：

（1）目标市场战略。是指采用什么样的方法、手段去进入和占领自己选定的目标市场，也就是说企业将采用何种方式去接近消费者以及确定营销领域。

（2）营销组合策略。是指对企业产品进行准确的定位，找出其卖点，并确定产品的价格、分销和促销的政策。

（3）营销预算。是指执行各种市场营销战略、政策所需的最适量的预算以及在各个市场营销环节、各种市场营销手段之间的预算分配。制定营销战略要特别注意产品的市场定位和资金投入预算分配。

5. 制定行动方案

营销活动的开展从时间上到协调上需要制定一个统筹兼顾的方案，要求选择合适的产品上市时间，同时要有各种促销活动的协调和照应。有的营销策划忽略对产品上市最佳时机的确定，这会直接影响到营销活动的展开。而各个促销活动在时间和空间上也要做到相互搭配、错落有致。

6. 预测效益

要编制一个类似损益报告的辅助预算，在预算书的收入栏中列出预计的单位销售数量以及平均净价；在支出栏中列出划分成细目的生产成本、储运成本及市场营销费用。收入与支出的差额就是预计的赢利。经企业领导审查同意之后，它就成为有关部门、有关环节安排采购、生产、人力及市场营销工作的依据。

7. 设计控制和应急措施

在这一阶段，营销策划人员的任务是为经过效益预测感到满意的战略和行动方案构思有关的控制和应急措施。设计控制措施的目的是便于操作时对计划的执行过程、进度进行管理。典型的做法是把目标、任务和预算按月或季度分开，使企业及有关部门能够及时了解各个时期的销售实绩，找出未完成任务的部门、环节，并限期做出解释和提出改进意见。设计应急措施的目的是事先充分考虑到可能出现的各种困难，防患于未然。可以扼要地列举出最有可能发生的某些不利情况，指出有关部门、人员应当采取的对策。

8. 撰写市场营销计划书

这是企业营销策划的最后一个步骤，就是将营销策划的最终成果整理成书面材料，即营销策划书，也叫企划案。其主体部分包括现状或背景介绍、分析、目标、战略、战术或行动方案、效益预测、控制和应急措施，各部分的内容可因具体要求不同而详细程度不一。

本章小结

本章主要阐述了市场营销策划的基础知识、市场营销策划的内容特征和市场营销策划的基本流程等内容。

市场营销策划的基础知识主要包括市场营销的含义、市场营销策划的含义及市场营销策划的价值等方面内容。

市场营销策划的内容特征主要包括营销策划的要素、类型及营销策划的特征等方面内容。

市场营销策划的基本流程主要包括市场营销策划的原则、方法及流程等方面内容。

复习思考

1. 市场营销的含义和市场营销策划的含义是什么？
2. 简述市场营销策划的价值。
3. 简述营销策划的特征。
4. 简述营销策划的要素。
5. 简述营销策划的类型。
6. 简述市场营销策划的原则。
7. 市场营销策划的方法包括哪些方面内容？
8. 举例说明市场营销策划的一般流程。

技能训练

根据市场营销策划的一般流程及以下案例的背景资料，为农夫山泉写一份策划方案。

案例：农夫山泉

2000年前后，中国水市竞争格局基本上已经成为定势。以娃哈哈、乐百氏为主导的全国性品牌基本上已经实现了对中国市场的瓜分与蚕食！同时，很多区域性品牌也在对水市进行不断地冲击，但是往往很难有重大突破。当时，比较有代表性的水产品有深圳景田太空水、广州怡宝，大峡谷等，还有一些处于高端的水品牌，如屈臣氏、康师傅等。但是，中国水市竞争主导与主流位置并没有改变。正是在此时，海南养生堂开始进入水市，农夫山泉的出现改变了中国水市竞争格局，形成了中国市场强劲的后起之秀品牌，并且，随着市场竞争的加剧，农夫山泉在一定意义上逐渐取代了乐百氏成为中国市场第二大品牌，从而创造了弱势资源品牌打败强势资源品牌的著名战例。在具体的操作过程中，首先，农夫山泉买断了千岛湖五十年水质独家开采权，在这期间，任何一家水企业不可以使用千岛湖水质进行水产品开发，不仅在瓶盖上创新，利用独特的开瓶声来塑造差异，而且打出“甜”的概念，“农夫山泉有点甜”成为了差异化的卖点；其次，为了进一步获得发展和清理行业门户，农夫山泉宣称将不再生产纯净水，而仅仅生产更加健康、更加营养的农夫山泉天然水，并且做了“水仙花对比”实验，分别将三株植物放在纯净水、天然水与污染水之中，我们会发现，放在纯净水与污染水中的植物生长明显不如放在天然水中生长速度快，由此，农夫山泉得出一个结论，天然水才是有营养的水。其“天然水比纯净水健康”的观点通过学者、孩子之口不断传播，因而赢得了影响力，农夫山泉一气呵成，牢牢占据瓶装水市场前三甲的位置。

农夫山泉的成功，在于其策划与造势，一方面对卖点不断提炼，从瓶盖的开盖声音到有点甜，从有点甜到如今的 pH 值测试，宣称弱酸弱碱性；另一方面是善于炒作和造势，通过对比来形成差异，进而提升自己。

同步测试

一、单项选择题

1. 营销策划根据市场营销层次不同，营销策划可分为市场营销基础策划与（　　）。

A. 运行策划　　B. 广告策划　　C. 成本策划　　D. 公关策划

2. 市场营销策划的价值主要有使企业力量最大化、使企业效率最大化、使企业风险最小化和（　　）。

A. 广告宣传最小化　　B. 营销推广范围最小化

C. 使企业费用最小化　　D. 使人员最小化

3. （　　）下的市场营销公认定义强调了营销的价值导向：市场营销是个人和集体通过创造产品和价值，并同别人进行交换，以获得其所需所欲之物的一种社会和管理过程。

A. 菲利普·科特勒　　B. 美国市场营销协会

C. 格隆罗斯　　D. 麦卡锡

4. 市场营销策划秉承市场营销学的特征，是综合思维的科学与精湛的经营艺术的结合，是（　　）。

A. 市场推广学科　　B. 广告策划学科

C. 人员推广学科　　D. 公关学科

5. 为了提高企业营销策划的准确性与科学性，营销策划一般需要遵循（　　）、信息性原则、系统性原则、时机性原则、权变性原则、可操作性原则、创新性原则、效益性原则等基本原则。

A. 战略性原则　　B. 信任原则　　C. 点子原则　　D. 多样性原则

二、多项选择题

1. 市场营销又称为（　　）。

A. 订货学　　B. 市场学　　C. 市场行销学　　D. 行销学

E. 上门推销学

2. 营销策划的要素主要由（　　）产品优势分析、营销方式和平台的选择四个方面组成。

A. 消费心理分析　　B. 市场环境分析

C. 现实和潜在顾客的状况分析　　D. 产品生命周期的阶段分析

E. 市场细分

3. 策划具备的要素主要是（　　）。

A. 有创意　　B. 有目标　　C. 有可能　　D. 有胆量

E. 有心计

4. 营销策划是由很多门学问而组成的学科，依据不同的标准可作以下分类，根据策划对象不同，营销策划可分为（　　）等。

A. 广告策划　　B. 企业策划　　C. 商品策划　　D. 公关策划

E. 服务策划

5. 营销策划的方法主要是（　　）。

A. 点子方法　　B. 创意方法　　C. 谋略方法　　D. 广告方法

E. 故事方法

实训题

实训题一

决策设计

王老吉的赢利从 2002 年的 1.8 亿元到 2005 年的 25 亿元，是一个快速的增长。王老吉，作为一种凉茶，产生于道光年间，从一个区域性品牌迅速发展为一全国性的品牌，一是改变了观念，把“凉茶”当作“饮料”卖，提炼了核心的卖点，不上火，“怕上火，喝王老吉”成为了时尚与流行；二是借助于影响力大的媒体——“央视”进行了传播，提升了其影响力和形象，当然，其红色的包装也获得了足够的视觉冲击力和吸引力，再加上终端和渠道设计，王老吉获得了快速的发展。设计要求：

（1）分析案例中王老吉的经营状况。

（2）分组讨论：如果你是策划人你该如何做？

（3）各组形成营销策划方案。

（4）派代表到讲台前陈述本组的方案。

（5）教师对各组方案进行点评。

实训题二

为某产品设计策划流程

1. 实训项目：某产品策划流程的设计。

2. 实训目的：通过为某产品设计策划流程，可以明确营销策划的方式和步骤，进一步掌握营销策划的程序与方法。

3. 实训组织：要求班级人员分成策划小组，然后进行分工并讨论确定行动方案。

4. 实训步骤：

(1) 分组。

(2) 选择产品。

(3) 小组讨论，安排具体活动，确定行动方案。

(4) 撰写该产品策划流程方案。

5. 实训考核：

(1) 完成者及格。

(2) 完成质量好者加分。

第二章
市场营销策划的环境分析

【学习目标】

知识目标：

(1) 掌握市场营销策划的微观和宏观环境因素。

(2) 掌握市场营销策划书的内容与格式。

能力目标：

(1) 具备市场营销策划环境分析的能力。

(2) 初步具备策划创意案例演讲的能力。

(3) 初步具备撰写营销策划书的能力。

【本章的知识体系】

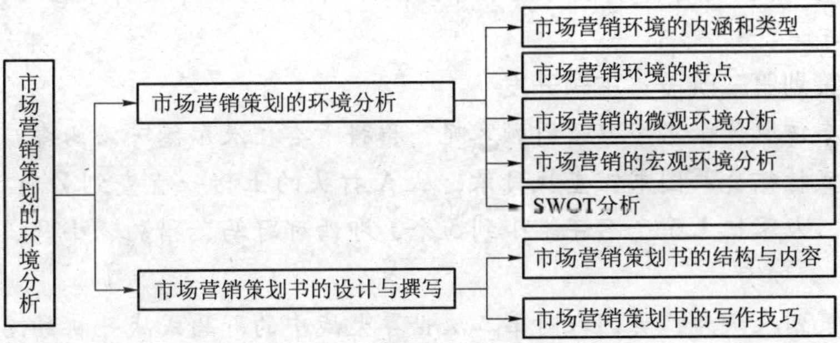

【引导案例】

雅科卡：策划“野马”轿车

1964 年，福特汽车公司生产了一种名为“野马”的轿车。新产品一经推出，购买人数就打破了美国的历史纪录，顾客拼命抢购，在不到 1 年的时间里，野马汽车便风行整个美国，各地还纷纷成立野马车会，甚至商店出售的墨镜、钥匙扣、帽子、玩具都贴上了野马的标志。更有趣的是，在一家面包店的门上竟竖了这样一块牌子：“本店烤饼如野马汽车般被一抢而光”。

为什么野马汽车如此受人欢迎？这不得不归功于美国实业界巨子雅科卡的出色策划。

一、策划第一阶段：概念挖掘

雅科卡1962年担任福特汽车公司分部总经理后，便策划生产一种受顾客喜欢的新型汽车。这一念头是在他对市场进行了充分调查之后产生的。

前提1：雅科卡在欧洲了解到福特汽车公司生产的“红雀”太小了，没有行李箱，虽然很省油，但外形不漂亮。如不尽快推出一部新型车，公司将被竞争对手击败。

前提2：第二次世界大战后，生育率激增，几千万婴儿已长大成人，在20世纪60年代，20～24岁的人口增加了50%以上，16～35岁的年轻人占人口增幅的一半。根据这一调查材料，雅科卡预见今后的10年，整个汽车的销售量将会大幅度增加，而销售对象就是年轻人。

前提3：年纪较大的买主已从满足经济实惠的车转向追求新款样式的豪华车。

根据这些信息，雅科卡头脑中浮现出一个策划轮廓：福特公司要推出一部适应饥饿市场的新产品，其特点是：款式新、性能好、能带4人、车子不能太重（最多2 500磅）、价钱便宜（卖价不能超过2 500美元）。

雅科卡把这一大致轮廓交给策划小组讨论，经过集思广益，一个清晰的策划概念产生了：车型要独树一帜；车身要容易辨认；要容易操纵（便于妇女和新学驾驶的人购买）；要有行李箱（便于外出旅行）；像跑车（吸引年轻人），而且还要胜过跑车。

二、策划第二阶段：主题开发

这种车该取什么名字以吸引顾客呢？雅科卡委托沃尔德·汤姆森广告公司的代理人到底特律公共图书馆查找目录，从A打头的土猪一直查到Z打头的斑马，经过讨论，大家把上千个名字缩小到5个，即西部野马、猎豹、小马、野马和美洲豹。

广告策划人认为，美国人对第二次世界大战中的野马式战斗机的名字如雷贯耳，用“野马”作为新型车的名字妙不可言，能显示车的性能和速度，有广阔天地任君闯的味道，最适合地道的美国人放荡不羁的个性。

主题——“野马”确定后，策划人员又专门设计了一个标志安装在车前护栏里，这是一个奔驰的野马模型，它扬起四蹄按顺时针方向奔驰，而不是按美国赛马时马的逆时针跑法。策划者认为野马就是野生的马，不是驯养的马，不会循规蹈矩，总要超越人的正常思维。这正是主题的进一步延伸和扩展。

在产品的设计上也体现主题：集豪华与经济于一体。花得起钱的顾客可以买额外部件及加大功率；没钱买这些也不要紧，因为这款车已比一般经济型车多了圆背座椅、尼龙装饰、车轮以及地毯。它的外表更具特色，车身为白色而车轮为红色，后保险杠向上弯曲形成一个活泼的尾部，活脱脱就像一匹野马。

三、策划第三阶段：时空运筹

新型车问世之前，福特公司选择了底特律地区的52对夫妇，邀请他们到汽车样品陈列馆。这些人的收入属于中等层次，每对夫妇都已经拥有了一部标准型汽车。公司负责人将他们分成若干小组带进汽车样品陈列馆，请他们发表感想。

这些夫妇中一部分是白领夫妇，他们收入颇高，对车的样式感兴趣；蓝领夫妇看到样车的豪华装饰，认为开这部车代表地位和权势，有些不敢问津。雅科卡请他们估计一下车价，几乎所有人都估计至少10 000美元，并表示不会购买这种车，因为家中已有车。当雅科卡宣布车价在2 500美元以下时，大家都惊呆了，之后又欢呼起来，纷纷说道："我们要买这部车，我们把车停在我们自己的汽车道上，所有邻居都会以为我们交了好运。"摸透消费者心理后，雅科卡把售价定在2 368美元，并精心拟定了一系列促销方案。

四、策划第四阶段：推销说服

策划成功与否，最终还是市场见真功，策划人员为野马的广告推销下了一番苦心。

第一步，邀请各大报社的编辑参加从纽约到迪尔伯恩的野马车大赛，同时还邀请了100名记者亲临现场采访。表面上看这是一次赛车活动，实际上是一次告知性广告宣传。事后，有近百家报纸杂志报道了野马车大赛的盛况，使野马成为新闻界的热门话题。

第二步，新型野马车上市的前一天，根据媒体选择计划，让几乎全部有影响力的报纸用整版篇幅刊登了野马车广告。根据广告定位的要求，广告画面是一部白色野马车在奔驰，大标题是"真想不到"，副标题是"售价2 368美元"。上述广告宣传是以提高产品的知名度为主，进而为提高市场占有率打基础。

第三步，从野马车上市开始，让各大电视台每天不断地播放野马车的广告。广告内容是一个渴望成为赛车手或喷气式飞机驾驶员的年轻人正驾驶野马在奔驰。选择电视媒体做宣传，其目的是扩大广告宣传的覆盖面，提高产品的知名度，使产品家喻户晓。

第四步，选择最显眼的停车场，竖起巨型的广告牌，上面写着"野马栏"，以引起消费者的注意。

第五步，竭尽全力在美国各地最繁忙的15个飞机场和200家假日饭店展览野马车，以实物广告的形式激发人们的购买欲望。

第六步，向全国各地几百万福特汽车车主寄送广告宣传品。此举是为了达到直接促销的目的，同时也表示公司忠诚地为顾客服务的态度和决心。

这一系列铺天盖地、排山倒海的广告活动使野马车风行美国。野马上市的第一天，就有400万人涌到福特代理店购买。1年之内，销售量竟达418 812辆，创下了福特公司的销售纪录之冠。

【引例分析】

“野马”轿车策划的成功，来自于策划阶段用心良苦的运作。一份完美的市场营销策划方案必须考虑到内部环境和外部环境对其的影响，那么福特“野马”轿车策划案是如何分析其环境因素，并最终取得成功的呢？

第一节　市场营销策划的环境分析概述

一、市场营销环境的内涵和类型

（一）市场营销环境的内涵

按照美国著名市场学家菲力普·科特勒的解释是：影响企业的市场和营销活动的不可控制的参与者和影响力。具体地说就是：“影响企业的市场营销管理能力，使其能否卓有成效地发展和维持与其目标顾客交易及关系的外在参与者和影响力。”因此，市场营销环境是指直接或间接影响组织营销投入产出活动的外部力量，是企业营销职能外部的不可控制的因素和力量，如竞争、经济、政治、法律规定、技术和社会文化因素。这些因素和力量是与企业营销活动有关的影响企业生存和发展的外部条件。这里所说的外部，是指企业的外部，有时也指企业营销部门的外部。

这些环境因素对于企业的市场营销影响很大，企业在进行任何市场营销活动时，都要对这些环境因素可能造成的影响加以考虑。虽然企业营销活动必须与其所处的外部与内部环境相适应，但营销活动决非只能被动地接受环境的影响，营销管理者应采取积极、主动的态度能动地去适应营销环境。企业市场营销策略能否成功，在很大程度上取决于企业对市场营销环境的适应和应变能力，特别是应变速度如何而定。为了避免受到不利情况的影响，企业必须预先对市场环境因素加以分析及预测，根据这些分析或预测的结果，再制定适当的市场营销策略来应付可能出现的情况，以期获得最有效的营销效果。

（二）市场营销环境的分类

企业市场营销环境的内容既广泛又复杂。不同的因素对营销活动各个方面的影响和制约也不尽相同，同样的环境因素对不同的企业所产生的影响和形成的制约也会大小不一。根据影响力的范围和作用方式，营销环境可以分为微观营销环境和宏观营销环境。微观营销环境是指与企业紧密相连，直接影响其营销能力的各种参与者，这些参与者包括企业的供应商、营销中间商、顾客、竞争者以及社会公众和影响营销管理决策的企业内部各个部门。宏观营销环境是指影响企业微观环境的一系列巨大社会力量，包括人口、经济、政治、法律、科学技术、社会文化及自然地理等多方面的因素。微观环境直接影响和制约企业的市场营销活动，多半与企业具有或多或少的经济联系，也称直接营销环境，又称作业环境。而宏观环境主要以微观营销环境为媒介间接影响和制约企业的市场营销活动，也称间接营销环境。宏观环境因素与微观环境因素共同构成多因素、多层次、多变化的企业市场营销环境的综合体。

二、市场营销环境的特点

市场营销环境是一个多因素、多层次而且不断变化的综合体。其特点主要表现在：

（一）客观性

企业总是在特定的社会经济和其他外界环境条件下生存、发展的。不管你承认不承认，企业只要从事市场营销活动，就不可能不面对着这样或那样的环境条件，也不可能不受到各种各样环境因素的影响和制约，包括微观的、宏观的。一般说来，营销部门无法摆脱和控制营销环境，特别是宏观环境，企业难以按自身的要求和意愿随意改变它。如企业不能改变人口因素、政治法律因素、社会文化因素等。但企业可以主动适应环境的变化和要求，制定并不断调整市场营销策略。如果企业善于适应环境就能生存和发展，否则，就难免被淘汰。因此，企业决策者必须清醒地认识到这一点，要及早做好充分的思想准备，随时应对企业面临的各种环境的挑战。

（二）差异性

不同的国家或地区之间，宏观环境存在着广泛的差异，不同的企业，微观环境也千差万别。例如，不同的国家、民族、地区之间在人口、经济、社会文化、政治、法律、自然地理等各方面存在着广泛的差异性。这些差异性对企业营销活动的影响显然是很不相同的。正因营销环境的差异，企业为适应不同的环境及其变化，必须采用各有特点和针对性的营销策略。环境的差异性也表现为同样一种环境因素的变化对不同企业的影响也不相同。例如，中国加入世界贸易组织，意味着大多数中国企业进入国际市场，进行“国际性较量”，而这一经济环境的变化，对不同行业所造成的冲击并不相同。企业应根据环境变化的趋势和行业的特点，采取相应的营销策略。

（三）相关性

市场营销环境是一个系统，在这个系统中，营销环境诸因素间，相互影响、相互制约，某一因素的变化，会带动其他因素的相互变化，形成新的营销环境。这是由于社会经济现象的出现，往往不是由某一单一的因素所能决定的，而是受到一系列相关因素影响的结果。例如，企业开发新产品时，不仅要受到经济因素的影响和制约，更要受到社会文化因素的影响和制约。再如，竞争者是企业重要的微观环境因素之一，而宏观环境中的政治法律因素或经济政策的变动，均能影响一个行业竞争者加入的多少，从而形成不同的竞争格局。又如，市场需求不仅受消费者收入水平、爱好以及社会文化等方面因素的影响，政治法律因素的变化，往往也会产生决定性的影响。

（四）动态性

市场营销环境是一个动态系统。构成营销环境的诸因素都受众多因素的影响，每一环境因素都随着社会经济的发展而不断变化。20 世纪六七十年代，中国处于短缺经济状态，短缺几乎成为社会经济的常态。改革开放 20 年后，中国已遭遇“过剩”经济，不论这种“过剩”的性质如何，仅就卖方市场向买方市场转变而言，市场营销环境已产生了重大变化。再如，现在我国消费者的消费倾向已从追求物质的数量化为主流正在向追求物质的质量及个性化转变，也就是说，消费者的消费心理正趋于成熟。这无疑会对企业的营销行为产生最直接的影响。当然，市场营销环境的变化是有快慢大小之分的，有的变化快一些，有的则变化慢一些；有的变化大一些，有的则变化小一些。例如，科技、经济等因素的变化相对快而大，因而对企业营销活动的影响相对短且跳跃性大；而人口、社会文化、自然因素等相对变化较慢较小，对企业营销活动的影响相对长而稳定。营销环境的变化，既会给企业提供机会，也会给企业带来威胁，虽然企业难以准确无误地预见未来环境的变化，但可以通过设立预警系统，追踪不断变化的环境，及时地调整营销策略。

（五）可影响性

市场营销环境的可影响性是指企业可以通过对内部环境要素的调整与控制，来对外部环境施加一定的影响，最终促使某些环境要素向预期的方向转化。强调企业对所处环境的反应和适应，并不意味着企业对于环境是无能为力或束手无策的，只能消极地、被动地改变自己以适应环境，而是应从积极主动的角度出发，能动地去适应营销环境。现代营销学认为，企业经营成败的关键，就在于企业能否适应不断变化着的市场营销环境。例如，美国有两名推销员到南太平洋某岛国去推销企业生产的鞋子，他们到达后却发现这里的居民没有穿鞋的习惯。于是，一名推销员给公司拍了一份电报，称该岛上的居民不穿鞋子，这里没有市场，随之打道回府。而另一位推销员给公司的电报则称，这里的居民不穿鞋子，但市场潜力很大，只是需要开发。他让公司运了一批鞋来免费赠给当地的居民，并告诉他们穿鞋的好处。逐步地，人们发现穿鞋确实既实用又舒适而且美观，渐渐地，穿鞋的人越来越多。这样，该推销员通过自己的努力，打破了当地居民的传统习俗，改变了企业的营销环境，获得了成功。美国著名市场学者菲力普·科特勒正是针对该种情况，提出了“大市场营销”理论。该理论认为企业可以运用能控制的方式或手段，影响造成营销障碍的人或组织，争取有关方面的支持，使之改变做法，从而改变营销环境。

三、市场营销的微观环境分析

从严格意义上来讲，组织的微观营销环境包括企业本身、市场营销渠道企业、顾客、竞争者和社会公众。营销活动能否成功，除营销部门本身的因素外，还要受这些因素的直接影响。但是，由于营销活动通常由企业中的营销部门具体执行，因此需要企业其他部门如生产、研发、财务、人力资源部门的配合，因此企业内部环境通常也涵盖在微观营销环境中。

（一）企业内部

企业在进行营销活动时，首先必须设立某种形式的营销部门，让它负责主要的营销工作。一般公司的市场营销是由营销和销售部管理的，它由品牌经理、营销研究人员、广告及促销专家、销售经理及销售代表等组成。市场营销部负责制订现有各个产品、各个品牌及新产品、新品牌的研究开发的营销计划。但同时，营销部门不是孤立存在的，它还面对着其他职能部门以及高层管理部门。营销管理部门在制订营销计划时，必须考虑到与公司其他部门的协调，如与最高管理部门、财务部门、研究开发部门、采购部门、生产部门和会计部门等的协调，因为正是这些部门构成了营销计划制订者的公司内部微观环境。营销部门与其他部门之间既有多方面的合作，也存在争取资源方面的矛盾。这些部门的业务状况如何，它们与营销部门的合作以及它们之间是否协调发展，对营销决策的制定与实施影响极大。

（二）供应商

供应商是影响企业营销的微观环境的重要因素之一。供应商是指向企业及其竞争者提供生产产品和服务所需资源的企业或个人。供应商所提供的资源主要包括原材料、设备、能源、劳务、资金等。它对营销的影响表现为资源的可靠性、资源的供应价格和资源的质量水平对营销的影响。

资源的可靠性。原材料、零部件、能源及机器设备等货源的保证，是企业营销活动顺利进行的前提。如粮食加工厂需要谷物来进行粮食加工，还需要具备人力、设备、能源等其他生产要素，才能使企业的生产活动正常开展。供应量不足，供应短缺，都可能影响企业按期完成交货任务。

资源的供应价格。供货的价格会直接影响企业的成本。如果供应商提高原材料价格，生产企业亦将被迫提高其产品价格，由此可能影响到企业的销售量和利润。

资源的质量水平。供应货物的质量直接影响到企业产品的质量。

针对上述影响，企业在寻找和选择供应商时，应特别注意两点：第一，企业必须充分考虑供应商的资信状况。要选择那些能够提供品质优良、价格合理的资源，交货及时，有良好信用，在质量和效率方面都信得过的供应商，并且要与主要供应商建立长期稳定的合作关系，保证企业生产资源供应的稳定性。第二，企业必须使自己的供应商多样化。企业过分依赖一家或少数几家供货人，受到供应变化的影响和打击的可能性就大。为了减少对企业的影响和制约，企业就要尽可能多地联系供货人，向多个供应商采购，尽量注意避免过于依靠单一的供应商，以免当与供应商的关系发生变化时，使企业陷入困境。

（三）中间商

中间商是协助公司寻找顾客或直接与顾客进行交易的商业企业。中间商分两类：代理中间商和经销中间商。代理中间商包括代理人、经纪人、制造商代表等，专门介绍客户或与客户磋商交易合同，但并不拥有商品所有权。经销中间商如批发商、零售商和其他再售商等，购买产品，拥有商品所有权，再售商品。中间商对企业产品从生产领域流向消费领域具有极其重要的影响。在与中间商建立合作关系后，要随时了解和掌握其经营活动，并可采取一些激励性合作措施，推动其业务活动的开展，而一旦中间商不能履行其职责或市场环境变化时，企业应及时解除与中间商的关系。

（四）顾客

顾客是企业产品或服务的购买者，是企业经营活动的出发点和归宿，是企业生存之本，企业的营销活动是以满足顾客需要为中心的。顾客变化着的需求，要求企业以不同的服务方式提供不同的产品，制约着企业营销决策的制定和服务能力的形成，因此企业必须认真地研究为之服务的顾客，研究顾客的类型、需求的特点、购买欲望和动机、购买规律以及从事购买的人员或组织的特点、购买方式等，在全面细致地了解目标顾客的基础上进行营销决策。顾客可以从不同角度以不同的标准进行分类。按照购买动机，整个市场分为消费者市场、产业市场、中间商市场、政府市场和国际市场，每一种市场都有其独特的顾客。

（五）竞争者

一个组织很少能单独作出努力为某一顾客市场服务。公司的营销系统总会受到一群竞争对手的包围和影响。企业竞争对手的状况将直接影响企业的营销活动，企业要成功，必须在满足消费者需要和欲望方面比竞争对手做得更好。大体来说，一个企业在市场上所面对的竞争者主要有以下几类。

1. 愿望竞争者

愿望竞争者指提供不同产品以满足当前顾客不同需求的竞争者。消费者的需要是多方面的，但很难同时满足，在某一时刻可能只能满足其中的一个需要。消费者经过慎重的考虑作出购买决定，往往是提供不同产品的厂商为争取该消费者成为现实顾客竞相努力的结果。假定一个人劳累之后需要休息一下，这个人会问："我现在要做些什么呢?"他（她）的脑际可能会闪现社交活动、体育运动和吃些东西的念头。我们把这些称为愿望竞争因素。

2. 属类竞争者

属类竞争者指提供不同产品以满足同一种需求的竞争者。属类竞争是决定需要的类型之后的次一级竞争，也称平行竞争。还是上面的例子，假如这个人很想解决饥饿感，那么问题就成为："我要吃些什么呢?"各种食品就会出现在心头，如炸土豆片、糖果、软饮料、水果。这些能满足同一需要的不同的基本方式，我们可称之为属类竞争因素。

3. 产品形式竞争者

产品形式竞争者指满足同一需要的产品的各种形式间的竞争者。同一产品，规格、型号不同，性能、质量、价格各异，消费者将在充分收集信息后作出选择。如购买彩电的消费者，要对规格、性能、质量、价格等进行比较后再作出决策。如果他（她）决定吃糖果，那么又会问："我要什么样的糖果呢?"于是就会想起各种糖果来，如巧克力块、甘草糖和水果糖，这些糖果都是满足吃糖欲望的不同形式，它们称为产品形式竞争因素。

4. 品牌竞争者

品牌竞争者指满足同一需要的同种形式产品不同品牌之间的竞争。如购买彩电的顾客，可在同一规格的长虹、海尔、康佳、TCL 等品牌之间作出选择。消费者认为他要吃巧克力块，这样又会面对几种牌子的选择，如赫谢、雀巢和火星等品牌，这些称为品牌竞争因素。

（六）公众

公众，是指对一个企业实现其目标的能力有实际的或潜在的兴趣或影响的任何团体。所有的企业都必须采取积极措施，树立良好的企业形象，力求保持和主要公众之间的良好关系。

公众可能有助于增强一个企业实现自己目标的能力，也可能妨碍这种能力。鉴于公众会对企业的命运产生巨大的影响，精明的企业就会采取具体的措施，去成功地处理与主要公众的关系，而不是不采取行动和等待。大多数企业都建立了公共关系部门，专门筹划与各类公众的建设性关系。公共关系部门负责收集与企业有关的公众的意见和态度，发布消息、沟通信息，以建立信誉。如果出现不利于公司的反面宣传，公共关系部门就会成为排解纠纷者。

当然，一个企业的公共关系事务完全交给公共关系部门处理，那将是一种错误。企业的全部雇员，从负责接待一般公众的高级职员到向财界发表讲话的财务副总经理，到走访客户的推销代表，都应该参与公共关系的事务。

每个企业的周围基本都有七类公众。

1. 融资公众

融资公众指影响企业融资能力的金融机构，如银行、投资公司、证券经纪公司、保险公司等，他们影响企业获得资金的能力。企业可以通过发布乐观的年度财务报告，回答关于财务问题的询问，稳健地运用资金，在融资公众中树立信誉。

2. 媒体公众

媒体公众指那些刊载、播送新闻、特写和社论的机构，特别是报纸、杂志、电台、电视台。企业必须与媒体组织建立友善关系，争取有更多、更好的有利于本企业的新闻、特写以至社论。

3. 政府公众

政府公众指负责管理企业营销业务的有关政府机构。这些机构就产品的安全性，广告的真实性等方面进行监督，此外企业管理当局在制订营销计划时，必须认真研究与考虑政府政策与措施的发展变化。企业的发展战略与营销计划，必须和政府的发展计划、产业政策、法律法规保持一致，注意咨询有关产品安全卫生、广告真实性等法律问题，倡导同业者遵纪守法，向有关部门反映行业的实情，争取立法有利于产业的发展。

4. 公民行动团体

一个企业营销活动可能会受到消费者组织、环境保护组织、少数民族团体等的质讯。企业营销活动关系到社会各方面的切身利益，必须密切注意来自社团公众的批评和意见。

5. 地方公众

每个企业都同当地的公众团体，如邻里居民和社区组织，保持联系。企业必须重视与当地公众保持良好关系，积极支持社区的重大活动，为社区的发展贡献力量，争取社区公众理解和支持企业的营销活动。

6. 一般公众

一般公众指上述各种关系公众之外的社会公众。企业需要关注一般公众对企业产品及经营活动的态度。虽然一般公众并不是有组织地对企业采取行动，然而企业在一般公众中的形象直接影响到他们是否购买本企业的产品。

7. 内部公众

企业的员工，包括高层管理人员和一般职工，都属于内部公众。企业的营销计划，需要全体职工的充分理解、支持和具体执行。经常向员工通报有关情况，介绍企业发展计划，发动员工出谋献策，关心职工福利，奖励有功人员，增强内部凝聚力。当企业雇员对自己的企业感到满意的时候，他们的态度也就会感染企业以外的公众。在许多情况下企业的形象是靠企业的员工传达给外部顾客的，特别是在服务性企业。员工的责任感和满意度，必然传播并影响外部公众，从而有利于塑造良好的企业形象。

四、市场营销的宏观环境分析

宏观营销环境指对企业营销活动造成市场机会和环境威胁的主要社会力量，包括人口、经济、自然、法律、技术、文化等因素。相对于微观营销环境，宏观营销环境对组织的作用是间接的，影响的范围也更广泛。宏观营销环境因素是组织难以影响和控制的，但是组织必须监视它和对其变化做出反应。

（一）人口环境

人口是构成市场的最基本因素。因为市场是由那些想购买商品同时又具有购买力的人构成的。因此，人口的多少是决定消费需求量的主要因素，人口越多，市场规模就越大。而人口的年龄结构、地理分布、婚姻状况、出生率、死亡率、人口密度、人口流动性及其文化教育等人口特性，会对市场格局产生深刻影响，并直接影响企业的市场营销活动和企业的经营管理。企业必须重视对人口环境的研究，密切注视人口特性及其发展动向，不失时机地抓住市场机会，当出现威胁时，应及时、果断地调整营销策略以适应人口环境的变化。研究人口环境应着重研究人口变化趋势，根据大量研究表明，目前世界人口变化趋势表现在以下几方面。

1. 人口迅速增长

1991 年世界人口为 54 亿人，并以每年 1.7% 的速度在增加。2000 年时，世界人口为 61 亿人，到 2025 年，世界人口将达 79 亿人。众多的人口及人口的进一步增长，给企业带来了市场机会，也带来了威胁。首先，人口数量是决定市场规模的一个基本要素，人口越多，如果收入水平不变，则对食物、衣着、日用品的需求量也越多，那么市场也就越大。因此，按人口数目可大略推算出市场规模。我国人口众多，无疑是一个巨大的市场。因为人口增加，其消费需求也会迅速增加，那么市场的潜力也就会很大。但是，另一方面，人口的迅速增长，也会给企业营销带来不利的影响。比如，人口增长可能导致人均收入下降，限制经济发展，从而使市场吸引力降低。又如，由于房屋紧张引起房价上涨，从而增大企业产品成本。另外，人口增长还会对交通运输产生压力，企业对此应予以关注。

2. 人口老龄化日趋严重

近几十年来，发达国家的人口死亡率普遍下降，同时人的平均寿命延长。在西欧、日本等发达国家，一方面出生率下降，另一方面人的平均寿命延长，这意味着许多国家人口趋于老龄化。我国的老年人口已达 1.43 亿人，占总人口的 11%，预计到 2025 年将超过 2.8 亿人，占总人口的 19.34%。按联合国的规定，60 岁以上老年人口占总人口的 10% 以上称老年型人口国，我国目前已经步入老年型人口国行列。据统计，我国目前平均 5 个有工作能力的人负担一位老人，预计到 2025 年减少到 3 人负担一位老人，有关人口学专家认为，要努力使社会的劳动人口与退休人口比例保持在 3∶1 以上，这个比例是支撑社会的最低界限，一旦超过，不仅会导致社会养老负担过重，通货膨胀等经济问题，而且会引起一系列政治、社会问题。

人口老龄化对市场营销的影响是深刻的。老年人多有疾病缠身，希望延年益寿的心理较重，这样，诸如保健用品、营养品、老年人生活必需品等市场将会兴旺；老年人的生活习惯不易改变，对消费有一定的怀旧心理和保守心理；老年人对商品一般看重质量，不受时尚风气的影响等。

3. 家庭规模日趋小型化

家庭是购买、消费的基本单位。家庭的数量直接影响到某些商品的数量。随着经济、科学、文化的发展，人们思想意识、生活方式的变化以及计划生育的推行，各国家庭规模日趋小型化。“传统家庭”由丈夫、妻子、孩子（有时包括祖父母）组成，而今天的家庭有些是由离婚或非传统家庭组成，包括独身生活、与一个异性或同性的成年人生活在一起、单亲家庭、无小孩夫妇等，各个家庭群体都有自己的需求和购买习惯。家庭人口数量的剧增必然会引起对炊具、家具、家用电器和住房等需求的迅速增长，而家庭人口减少会使需求转向小型轻便的商品。

4. 人口教育程度提高

教育程度与消费者的收入、社交、居住环境及消费习惯均有密切的关联性。从购买习惯来说，通常教育程度较高的消费者，购买时的理性程度也较高。教育水平的提高，会使未来的消费者购买商品时更加挑剔，他们还可能大量地购买书籍、智力开发玩具、计算机，喜欢旅游、文娱活动和休假。不喜欢危险的商品、劣质商品、不富有个性的商品。

5. 人口的地理分布及区间流动对企业营销的影响

地理分布指人口在不同地区的密集程度。人口的这种地理分布表现在市场上，就是人口的集中程度不同，则市场大小不同；消费习惯不同，则市场需求特性不同。我国的人口绝大部分在农村，农村人口约占总人口的 80% 左右。这一社会结构决定了企业在国内市场中，应当以农民为主要营销对象，市场开拓的重点也应放在农村。尤其是一些中小企业，更应注意开发价廉物美的商品以满足农民的需要。

在发达国家除了国家之间、地区之间、城市之间的人口流动外，还有一个突出的现象就是城市人口向农村流动。在我国，人口的流动主要表现在农村人口向城市或工矿地区流动；内地人口向沿海经济开放地区流动。另外，经商、观光旅游、学习等使人口流动加速。对于人口流入较多的地方而言，一方面由于劳动力增多，就业问题突出，从而加剧行业竞争；另一方面，人口增多也使当地基本需求量增加，消费结构也发生一定的变化，继而给当地企业带来较多的市场份额和营销机会。

6. 妇女就业水平提高

妇女参加工作在增加家庭收入的同时，也使得她们做家务的时间减少了，这样省时、减轻家务劳动的产品需求大大上升。如洗衣机、电冰箱、微波炉、吸尘器、方便食品就是适应这种需求的产品。由于妇女没有更多时间去采购商品，她们的丈夫就会更多地参与采购活动，这就要求企业必须重新修订其推销与广告方式。

（二）经济环境

经济环境是指企业市场营销活动所面临的社会经济条件及其运行状况和发展趋势。主要分析消费者的收入、支出、储蓄和信贷等内容。

1. 收入分配

收入水平是决定市场购买力的重要因素，在市场经济活动中，仅仅有消费意愿，并不能创造市场，只有既存在购买意愿，又有购买能力，才能产生实际购买行为。消费者的购买力来自消费者的收入，但消费者并不是把全部收入都用来购买商品或劳务，购买力只是收入的一部分。因此，在研究消费收入时，要注意以下几点：

（1）人均国民收入。是指一个国家物质生产部门的劳动者在一定时期内新创造的价值总和，它是衡量一个国家经济实力与购买力的重要指标。人均国民收入是用国民收入总量除以总人口的比值，它大体反映了一个国家人民生活水平的高低，也在一定程度上决定商品需求的规模和构成。

（2）个人收入。是居民在一定时期内得到的可以用于个人消费的货币收入。各地区的个人收入总额，可用于衡量当地消费市场的容量，而人均收入的多少，则能反映购买水平的高低。

（3）个人可支配收入。这是在个人收入中扣除税款和非税性负担后所得余额，它是个人收入中可以用于消费支出或储蓄的部分，它构成实际的购买力。

（4）个人可任意支配收入。这是在个人可支配收入中减去用于维持个人与家庭生活以及支付必不可少的费用（如房租、水电、食物、燃料、衣着等项开支）后剩余的部分。它是影响消费需求变化的最活跃的因素，也是企业开展营销活动时所要考虑的主要对象。因为这部分收入主要用于满足人们基本生活需要之外的开支，一般用于购买高档耐用消费品、旅游、储蓄等，它是影响非生活必需品和劳务销售的主要因素。

需要注意的是，企业营销人员在分析消费者收入时，还要区分“货币收入”和“实际收入”。因为实际收入影响实际购买力。假设消费者的货币收入不变，如果物价下跌，消费者的实际收入便增加。相反，如果物价上涨，消费者的实际收入便会减少。因此，只有“实际收入”才影响“实际购买力”。

2. 消费者支出模式

随着消费者收入的变化，消费者支出模式会发生相应变化，继而使一个国家或地区的消费结构也发生变化。消费支出模式可利用“恩格尔定律”来解释：

随着家庭收入增加，用于购买食品的支出占家庭收入的比重就下降；用于住房及家庭一般性开支（如水电及医疗费）的比重大致维持不变或略微减少；用于服装、交通、娱乐、教育等的支出和储蓄占家庭收入的比重就会增加。

这种消费支出模式不仅与消费者收入有关，而且还受到下面两个因素的影响：

（1）家庭生命周期的阶段影响。据调查，没有孩子的年轻人家庭，往往把更多的收入用于购买冰箱、电视机、家具、陈设品等耐用消费品上，而有孩子的家庭，则在孩子的娱乐、教育等方面支出较多，而用于购买家庭消费品的支出减少。当孩子长大独立生活后，家庭收支预算又会发生变化，用于保健、旅游、储蓄部分的支出就会增加。

（2）家庭所在地点的影响。如住在农村与住在城市的消费者相比，前者用于交通方面支出较少，用于住宅方面的支出较多，而后者用于衣食、交通、娱乐方面的支出较多。

3. 消费者储蓄和信贷情况的变化

企业营销人员还应注意到，社会购买力不仅受消费者收入的影响，而且还受消费者储蓄和信贷的影响。当收入一定时，储蓄越多，现实消费量就越小，但潜在消费量愈大；反之，储蓄越少，现实消费量就越大，但潜在消费量愈小。企业营销人员应当全面了解消费者的储蓄情况，尤其是要了解消费者储蓄目的的差异。储蓄目的不同，往往影响到潜在需求量、消费模式、消费内容、消费发展方向的不同。这就要求企业营销人员在调查、了解储蓄动机与目的的基础上，制定不同的营销策略，为消费者提供有效的产品和劳务。营销者必须非常关注消费者的收入、生活费、利息、储蓄和借款形式的任何变化，因为这对高收入与价格敏感产品的企业具有特别重大的影响。

近年来，我国居民储蓄额和储蓄增长率均较大。我国居民储蓄的增加，显然会使企业目前产品价值的实现比较困难，但另一方面，企业若能调动消费者的潜在需求，就可开发新的目标市场。比如1979年，日本电视机厂商发现，尽管中国人可任意支配的收入不多，但中国人有储蓄习惯，且人口众多。于是，他们决定开发中国黑白电视机市场，不久便获得成功。当时，西欧某国电视机厂商虽然也来中国调查，却认为中国人均收入过低，市场潜力不大，结果贻误了时机。

另外，消费者有时不仅以货币收入购买商品，而且还通过借贷来购买商品。所以消费者信贷也是影响消费者购买力和消费支出的重要因素。所谓消费者信贷，就是消费者凭信用先取得商品使用权，然后按期归还贷款，以购买商品。这实际上就是消费者提前支取未来的收入，提前消费。

除了上述因素直接影响企业的市场营销活动外，还有一些经济环境因素也对企业的营销活动产生或多或少的影响，比如经济发展水平、经济体制、城市化程度等。

（三）自然环境

自然环境应包括资源状况、生态环境和环境保护等方面，许多国家政府对自然资源管理的干预也日益加强。企业营销战略中实行生态营销、绿色营销等，都是维护全社会的长期福利所必然要求的。自然环境对企业营销的影响表现在四个方面。

1. 日益逼近的某些原料短缺

地球上的资源由无限资源、可再生的有限资源和不可再生的有限资源组成。无限资源如空气、水等，近几十年来，许多国家的空气和水污染严重，有些地区随着工业化、城市化进程的加快，缺水问题亟待解决。可再生的有限资源，如森林、农产品等，森林资源面临过量采伐威胁，必须多造林，才能保证人类对木材资源需求增长的需要。世界人口迅速增长和自然灾害，使人类已经面临着粮食严重短缺的问题。不可再生的有限资源，如石油、煤和各种矿产，存在的问题最为严重。如果按目前的消耗量持续不减的话，在21世纪将有更多的矿产资源枯竭。这些情况预示着依靠矿产为原料的企业，将面临着成本大幅度上升的问题，因此必须积极从事研究与开发，尽力寻找新的资源或代用品。

2. 能源成本的增加

石油这一不可再生的有限资源，已经构成未来经济增长所遇到的最严重的问题。世界上的主要工业国，都对石油有极大的依赖，在其他替代能源问世之前，石油将继续是左右世界政治与经济前景的一种力量。油价的高昂激起对替代能源发疯似的研究。煤又重新被普遍使用，企业还在探求太阳能、原子能、风能及其他形式能源的实用性手段。仅仅太阳能领域，已有成百上千的企业、机构推出了第一代产品，用于家庭供暖和其他用途。还有一些企业、机构，正在研究有实用价值的电动汽车，倘若能成功，研制者将可能得到数十亿美元的奖赏。所有这些既是物质环境造成的威胁，又是物质环境带来的新的营销机会。

3. 污染的增加

公众对环境问题的关心，为那些警觉的企业创造了市场机会，譬如，会给污染控制技术及产品，如清洗器、回流装置等创造一个极大的市场，会促使企业探索其他不破坏环境的方法去制造和包装产品。

4. 政府对自然资源管理方面有力的干预

由于公众对自然环境的日益关心，促使许多国家的政府加强了环境保护的工作，加强了自然资源的管理。尽管这样做与经济增长、企业扩大生产、增加就业发生矛盾，如企业在政府的压力下要投资于防治或治理污染的设备而不能购买更先进的生产设备来扩大生产，增加就业，从而影响到经济增长。但从社会利益和长远利益出发，政府仍然要对自然资源管理方面进行干预，从而使企业遇到来自政府方面的严格控制，促使其必须重视物质环境，在获取所需要的资源的时候注意防止对物质环境的破坏。各国政府对促进环境清洁的关注与反应是不同的。比如，德国政府致力于环境的质量，其一部分原因是强大的绿色运动，另一部分原因是原东德环境污染损害的教训。而许多贫穷国家对污染无动于衷，其原因是资金缺乏或没有政治动力。

（四）政治法律环境

市场营销决策在很大程度上受政治和法律环境变化的影响。政治与法律环境是由法律、政治机构和在社会上对各种组织及个人有影响和制约的压力集团构成的。政治因素像一只有形之手，调节着企业营销活动的方向，法律则为企业规定商贸活动行为准则。政治与法律相互联系，共同对企业的市场营销活动发挥影响和作用。

1. 政治环境因素

政治环境指企业市场营销活动的外部政治形势和状况以及国家方针政策的变化对市场营销活动带来的或可能带来的影响。

在国内，一个国家的政局稳定与否会给企业营销活动带来重大的影响。如果政局稳定，生产发展，人民安居乐业，就会给企业造成良好的营销环境。相反，政局不稳，社会矛盾尖锐，秩序混乱，这不仅会影响经济发展和人民的购买力，而且对企业的营销心理也有重大影响。党和政府的方针、政策，规定了国民经济的发展方向和速度，也直接关系到社会购买力的提高和市场消费需求的增长变化。

对国际政治环境的分析，应了解“政治权力”与“政治冲突”对企业营销活动的影响。政治权力影响市场营销，往往表现为由政府机构通过采取某种措施约束外来企业，如进口限制、外汇控制、劳工限制、绿色壁垒等。政治冲突指国际上的重大事件与突发性事件，这类事件在和平与发展为主流的时代从未绝迹，对企业市场营销工作影响或大或小，有时带来机会，有时带来威胁。

2. 法律环境因素

法律环境指国家或地方政府颁布的各项法规、法令和条例等。法律环境对市场消费需求的形成和实现，具有一定的调节作用。对企业来说，法律是评判企业营销活动的准则，只有依法进行的各种营销活动，才能受到国家法律的有效保护。因此，企业开展市场营销活动，必须了解并遵守国家或政府颁布的有关经营、贸易、投资等方面的法律、法规。各个国家社会制度不同、经济发展阶段和国情不同，体现统治阶级意志的法制也不同，从事国际市场营销的企业，必须对有关国家法律制度和有关国际法规、国际惯例有所了解。这方面因素对国际企业的营销活动有深刻影响。例如，一些国家对外国企业进入本国经营设定各种限制条件。日本政府曾规定，任何外国公司进入日本市场，必须要找一个日本公司同它合伙。也有一些国家利用法律对企业的某些行为作特殊限制。除上述特殊限制外，各国法律对营销组合中的各种要素，往往有不同的规定。例如，产品由于其物理和化学特性事关消费者的安全问题，因此，各国法律对产品的纯度、安全性能有详细甚至苛刻的规定，目的在于保护本国的生产者而非消费者。美国曾以安全为由，限制欧洲制造商在美国销售汽车，以致欧洲汽车制造商不得不专门修改其产品，以符合美国法律的要求；英国也曾借口法国牛奶计量单位采用的是公制而非英制，将法国牛奶逐出本国市场。各国法律对商标、广告、标签等都有自己特别的规定。比如，加拿大的产品标签要求用英、法两种文字标明；法国却只使用法文产品标签。这些特殊的法律规定，是企业特别是进行国际营销的企业必须了解和遵循的。

（五）科学技术环境

科学技术是社会生产力新的和最活跃的因素，作为营销环境的一部分，科技环境不仅直接影响企业内部的生产和经营，还同时与其他环境因素互相依赖、相互作用，给企业营销活动带来有利与不利的影响。企业的机会在于寻找或利用新的技术，满足新的需求。而它面临的威胁则可能有两个方面：一方面是新技术的突然出现，使企业现有产品变得陈旧；另一方面是新技术改变了企业人员原有的价值观。例如，一种新技术的应用，可以为企业创造一个明星产品，产生巨大的经济效益；也可以迫使企业的一种成功的传统产品，不得不退出市场。新技术的应用，会引起企业市场营销策略的变化，也会引起企业经营管理的变化，还会改变零售商业态结构和消费者购物习惯。

当前，世界新科技革命正在兴起，生产的增长越来越多地依赖于科技进步，产品从进入市场到市场成熟的周期不断缩短，高新技术不断改造传统产业，加速了新兴产业的建立和发展。值得注意的是：高新技术的发展，促进了产业结构趋向尖端化、软性化、服务化，营销管理者必须更多地考虑应用尖端技术，重视软件开发，加强对用户的服务，适应知识经济时代的要求。

1. 新技术引起的企业市场营销策略的变化

新技术给企业带来巨大的压力，同时也改变了企业生产经营的内部因素和外部环境，从而引起企业市场营销策略的变化。

（1）产品策略。

由于科学技术的迅速发展，新技术应用于新产品开发的周期大大缩短，产品更新换代加快，使得每天都有新品种、新款式、新功能、新材料的商品在市场上推出。例如，太阳能、核能等技术的发明应用，使得传统的水力和火力发电受到冲击。太阳能、核能行业的兴起，必然给掌握这些技术的企业带来新的机会，又给水力、火力发电行业带来较大的威胁。再如，晶体管取代电子管，后又被集成电路所取代；复印机工业打击复写纸工业；电视业打击电影业；化纤工业对传统棉纺业的冲击等。这一切无不说明，伴随着科学技术的进步，新行业替代、排挤旧行业，这对新行业技术拥有者是机会，但对旧行业却是威胁。这就要求企业营销人员不断寻找新市场，预测新技术，时刻注意新技术在产品开发中的应用，从而开发出给消费者带来更多便利的新产品。

（2）分销策略。

由于新技术的不断应用，技术环境的不断变化，使人们的工作及生活方式发生了重大变化。消费者的兴趣、思想等差异性扩大，自我意识增强，从而大量的特色商店和自我服务的商店不断出现。例如，20 世纪 30 年代出现的超级市场，20 世纪 40 年代出现的廉价商店，20 世纪六七十年代出现的快餐服务、自助餐厅、特色商店、左撇子商店等。新的交通运输工具的发明和技术改进，使运输的效率大大提高；信息、通信设备的改善，更便于企业组织营销，提高营销效率。现代商业中自动售货、邮购、电话订货、电视购物、网络营销等方式的发展，既满足了消费者的要求，又使企业的营销效率更高，这就使现代企业的实体分配出发点由工厂变成了市场。

（3）价格策略。

科学技术的发展及应用，一方面降低了产品成本使价格下降，另一方面使企业能够通过信息技术，加强信息反馈，正确应用价值规律、供求规律、竞争规律来制订和修改价格策略。

（4）促销策略。

科学技术的发展，可使促销措施更有效。例如，广播、电视、传真、国际互联网等现代信息传媒的发展，促销手段更加多样化，可使企业的商品和劳务信息及时准确地传送到全国乃至世界各地，并起到刺激消费、促进销售的作用。

2. 新技术引起的企业经营管理的变化

技术革命是管理改革或革命的动力，它向管理提出了新课题、新要求，又为企业改善经营管理、提高管理效率提供了物质基础。例如，随着以微电子技术为中心的技术革命的兴起，企业在经营管理中普遍使用计算机等现代化办公设备；

借助条形码技术、电子货币、电子收款机、销售点管理系统、管理信息系统、电子数据交换等现代管理手段，极大地提高了企业经营管理水平和效益，提高了管理工作效率，使管理进一步达到了准确性和及时性。

3. 新技术对零售商业和购物习惯的影响

自动售货机的出现，使销售形式得到改变，这种方式对卖方来说，不需要营业人员，只需少量的工作人员补充商品，回收现金，保养、修理机械；对买方来说，购货不受时间限制，在任何时间都可以买到商品和提供的服务。又比如，网络营销实现了一对一的分销渠道，跨时空进行销售，顾客可以随时随地利用因特网进行订货和购买产品。

（六）社会文化环境

市场营销学中所谓的社会文化因素，一般指在一种社会形态下已经形成的信息、价值、观念、宗教信仰、道德规范、审美观念以及世代相传的风俗习惯等被社会所公认的各种行为规范。主体文化是占据支配地位的，起凝聚整个国家和民族的作用，由千百年的历史所形成的文化，包括价值观、人生观等；次级文化是在主体文化支配下所形成的文化分支，包括种族、地域、宗教等。文化对所有营销的参与者的影响是多层次、全方位、渗透性的。它不仅影响企业营销组合，而且影响消费心理、消费习惯等，这些影响多半是通过间接的、潜移默化的方式来进行的。企业的市场营销人员应分析、研究和了解社会文化环境，以针对不同的文化环境制定不同的营销策略。

1. 教育状况

教育是按照一定目的要求，对受教育者施以影响的一种有计划的活动，是传授生产经验和生活经验的必要手段，反映并影响着一定的社会生产力、生产关系和经济状况。教育程度不仅影响劳动者收入水平，而且影响着消费者对商品的鉴别力，影响消费者心理、购买的理性程度和消费结构，从而影响着企业营销策略的制定和实施。

2. 宗教信仰

人类的生存活动充满了对幸福、安全的向往和追求，在生产力低下，人们对自然现象和社会现象迷惑不解的时期，这种追求容易带着盲目崇拜的宗教色彩。沿袭下来的宗教色彩，逐渐形成一种模式，影响人们的消费行为。某些国家和地区的宗教组织在教徒购买决策中也有重大影响。一种新产品出现，宗教组织有时会提出限制或禁止使用，认为该商品与宗教信仰相冲突。所以企业可以把影响大的宗教组织作为自己的重要公共关系对象，在经销活动中也要针对宗教组织设计适当方案，以避免由于矛盾和冲突给企业营销活动带来的损失。

3. 价值观念

价值观念指人们对社会生活中各种事物的态度和看法。不同的文化背景下，价值观念差异很大，影响着消费需求和购买行为。对于不同的价值观念，营销管理者应研究并采取不同的营销策略。一种新产品的消费，会引起社会观念的变革。而对于一些注重传统、喜欢沿袭传统消费方式的消费者，企业在制定促销策略时应把产品与目标市场的文化传统联系起来。

4. 消费习俗

消费习俗是人们历代传递下来的一种消费方式，也可以说是人们在长期经济与社会活动中所形成的一种消费风俗习惯。消费习俗在饮食、服饰、居住、婚丧、节日、人情往来等方面都表现出独特的心理特征和行为方式。不同的消费习俗，具有不同的商品需要，研究消费习俗，不但有利于组织好消费用品的生产与销售，而且有利于正确、主动地引导健康的消费。了解目标市场消费者的禁忌、习俗、避讳、信仰、伦理等是企业进行市场营销的重要前提。

5. 审美观念

人们在市场上挑选、购买商品的过程，实际上也就是一次审美活动。近年来，我国人民的审美观念随着物质水平的提高，发生了明显的变化。

（1）追求健康的美。体育用品和运动服装的需求量呈上升趋势。

（2）追求形式的美。服装市场的异军突起，不仅美化了人们的生活，更重要的是迎合了消费者的求美心愿。在服装样式上，青年人追求强烈的时代感和不断更新的美感、由对称转为不对称，由灰暗色调转为鲜艳、明快、富有活力的色调。

（3）追求环境的美。消费者对环境的美感体验，在购买活动中表现得最为明显。

因此，企业营销人员应注意以上三方面审美观的变化，把消费者对商品的评价作为重要的反馈信息，使商品的艺术功能与经营场所的美化效果融合为一体，以更好地满足消费者的审美要求。

在研究社会文化环境时，还要重视亚文化群对消费需求的影响。每一种社会文化的内部都包含若干亚文化群。因此，企业市场营销人员在进行社会和文化环境分析时，可以把每一个亚文化群视为一个细分市场，生产经营适销对路的产品，满足顾客需求。

典型案例

日本索尼公司20世纪80年代提出“创造市场”这一口号，改变了传统的“消费者需要什么，我就生产什么”的生产观念，提出了“我生产什么就准是消费者真正需要的”现代市场观念，因而索尼公司的电器产品总是“领导世界新潮流”。这一事例告诉我们，虽然“上帝”操纵着市场，但只有善于揣摩和把握“上帝”的好恶，才能真正赢得“上帝”，赢得市场。换句话说，市场终究是掌握在企业家手中的。

几年前，中国台湾一位女青年企业家经营毛线衣，为了设计出世界上最新的款式，她带着照相机到十几个国家参观，见到毛线衣就拍照，收集了 1 000 多份资料。经过分析研究，设计出许多与众不同的新款式，不断推向市场，很受消费者欢迎。

五、SWOT 分析

营销环境分析的任务就是对外部环境各要素进行调查研究，以明确其现状和变化发展的趋势，从中区别出对企业发展有利的机会和不利的威胁并根据企业自身情况作出相应的对策。市场营销环境分析常用的方法为 SWOT 分析法（自我诊断方法），它是一种能够较客观而准确地分析和研究一个单位现实情况的方法。利用这种方法可以从中找出对自己有利的、值得发扬的因素以及对自己不利的、如何去避开的东西，发现存在的问题，找出解决办法，并明确以后的发展方向。根据这个分析，可以将问题按轻、重、缓、急分类，明确哪些是目前亟须解决的问题，哪些是可以稍微拖后一点儿的事情，哪些属于战略目标上的障碍，哪些属于战术上的问题。它很有针对性，有利于领导者和管理者在企业的发展上做出较正确的决策和规划。

SWOT 是四个英文字母，分别代表优势（Strength）、劣势（Weakness）、机会（Opportunity）、威胁（Threat）。从整体上看，SWOT 可以分为两部分：第一部分为 SW，主要用来分析内部条件；第二部分为 OT，主要用来分析外部条件。

（一）内部环境分析（优势与劣势分析）

企业的优势是指在执行策略、完成计划以及达到确立的目标时可以利用的能力、资源以及技能。企业的劣势是指能力和资源方面的缺少或者缺陷。识别环境中有吸引力的机会是一回事，拥有在机会中成功所必需的竞争能力是另一回事。每个企业都要定期检查自己的优势与劣势，这可通过“营销备忘录优势/劣势绩效分析检查表”的方式进行。管理当局或企业外的咨询机构都可利用这一格式检查企业的营销、财务、制造和组织能力。每一要素都要按照特强、稍强、中等、稍弱或特弱划分等级。

波士顿咨询公司的负责人乔治·斯托克提出，能获胜的公司是取得公司内部优势而不仅仅是只抓住公司核心能力的企业。每一公司都必须管好某些基本程序，如新产品开发、原材料采购、对订单的销售引导、对客户订单的现金实现、顾客问题的解决时间等。每一程序都创造价值，则需要内部部门协同合作。虽然每一部门都可以拥有一个核心能力，但如何管理这些部门中的优势能力开发仍是一个挑战。斯托克把它称为能力基础的竞争。

很清楚，公司不应去纠正它的所有劣势，也不应对其优势不加利用。主要的问题是公司应研究，它究竟是应只局限在已拥有优势的机会中，还是去获取和发展一些优势以找到更好的机会。

有时，企业发展慢并非因为其各部门缺乏优势，而是因为它们不能很好地协调配合。例如，有一家大电子公司，工程师们轻视销售员，视其为“不懂技术的工程师”；而推销人员则瞧不起服务部门的人员，视其为“不会做生意的推销员”。因此，评估内部各部门的工作关系作为一项内部审计工作是非常重要的。

（二）外部环境分析（机会与威胁分析）

1. 营销机会与威胁分析

环境机会的实质是指市场上存在着“未满足的需求”。它既可能来源于宏观环境也可能来源于微观环境。随着消费者需求不断变化和产品寿命周期的缩短，引起旧产品的不断被淘汰、要求开发新产品来满足消费者的需求，从而市场上出现了许多新的机会。环境机会对不同企业有不同的影响力，企业在每一特定的市场机会中成功的概率，取决于其业务实力是否与该行业所需要的成功条件相符合。例如，人们对节约水资源的关注，为海尔节水洗衣机提供了强大的竞争优势。环境机会能否成为企业的机会，要看此环境机会是否与企业目标、资源及任务相一致，企业利用此环境机会能否比其竞争者带来更大的利益。

环境威胁是指对企业营销活动不利或限制企业营销活动发展的因素，对企业形成挑战，对企业的市场地位构成威胁。这种环境威胁，主要来自两方面：一方面，是环境因素直接威胁着企业的营销活动，如国内外对环境保护要求的提高，某些国家实施“绿色壁垒”，对某些生产不完全符合环保要求的产品的企业，无疑是一种严峻的挑战；另一方面，企业的目标、任务及资源同环境机会相矛盾，特定的营销环境条件只对于那些具有相应内部条件的企业来说是市场机会。

因此，市场机会是具体企业的机会，市场机会的分析与识别必须与企业的具体条件结合起来进行。如人们对自行车的需求转为对摩托车的需求，给自行车厂的目标与资源同这一环境机会造成矛盾。自行车厂要将“环境机会”变成“企业机会”，需淘汰原来产品，更换全部设备，必须培训、学习新的生产技术，这对自行车厂无疑是一种威胁。摩托车的需求量增加，自行车的销售量必然减少，给自行车厂又增加一份威胁。

任何企业都会面临着属于自己的特殊的环境，这一特殊的环境既有威胁也包含着市场机会。但并不是所有的环境威胁都一样大，也不是所有的市场机会都有同样的吸引力。因此，企业应该采取“矩阵分析法”对这些机会和威胁进行分析。

根据机会与威胁程度的高低，我们就可以把企业的业务划分为四种类型（见图 2－1）。

（1）理想业务，即高机会和低威胁的业务。

（2）冒险业务，即高机会和高威胁的业务。

（3）成熟业务，即低机会和低威胁的业务。

（4）困难业务，即低机会和高威胁的业务。

		威胁程度 低	威胁程度 高
机会程度	高	理想业务	冒险业务
机会程度	低	成熟业务	困难业务

图2-1 机会威胁综合矩阵

2. 企业对机会和威胁的反应

企业在进行环境分析的基础上还要针对不同的威胁和机会采取不同的措施，具体来说，企业对机会和威胁的反应主要体现在以下几个方面。

对机会的反应。最高管理层对企业所面临的市场机会，必须慎重地评价其质量。美国著名市场营销学者西奥多·莱维特曾警告企业家们，要小心地评价市场机会。他说："这里可能是一种需要，但是没市场；或者这里可能是一个市场，但是没有顾客；或者这里可能有顾客，但目前实在不是一个市场。又如，这里对新技术培训是一个市场，但是没有那么多的顾客购买这种产品。那些不懂得这种道理的市场预测者对于某些领域（如闲暇产品、住房建筑等）表面上的机会曾作出惊人的错误估计。"

企业面临环境机会时，通常有以下三种策略：

（1）及时利用策略。

当环境机会与企业的营销目标一致，企业又具备利用这种机会的资源条件，并享有竞争中的差别利益时，企业应及时调整自己的营销组合策略，充分利用市场机会，求得新的盈利与发展。

（2）等待时机，适时利用策略。

有些市场机会相对稳定，在短时期内不会发生变化，而企业又暂时不具备利用这一环境机会的必要条件，可以积极准备，创造条件，待时机成熟时，再加以利用。

（3）果断放弃策略。

有些市场机会十分有吸引力，但是与企业的目标和资源都有一定距离，缺乏利用这一市场机会的必要条件，不能加以利用。此时，企业不应犹豫不决，顾此失彼，应该果断放弃。面对环境对企业可能造成的威胁，企业常用的方法有三种：

① 对抗策略，也称抗争策略。

即试图通过自己的努力限制或扭转环境中不利因素的发展。如通过各种方式促使（或阻止）政府通过某种法令或有关权威组织达成某种协议，努力促使某项政策或协议的形成以用来抵消不利因素的影响。例如，长期以来，日本的汽车、家用电器等工业品源源不断地流入美国市场；而美国的农产品却遭到日本贸易保护政策的威胁。美国政府为了对付这一严重的环境威胁，一方面，在舆论上提出美国的消费者愿意购买日本优质的汽车、电视、电子产品，为何不让日本的消费者购买便宜的美国产品；另一方面，美国向有关国际组织提出起诉，要求仲裁。同时提出，如果日本政府不改变农产品贸易保护政策，美国对日本工业品的进口也要采取相应的措施。通过这一系列举措，扭转了不利的环境因素。

② 减轻策略，也称削弱策略。

即企业力图通过改变自己的某些策略，达到降低环境变化威胁对企业的负面影响程度。例如，当可口可乐的年销售量达 300 亿吨时，在美国的饮料市场上突然杀出了百事可乐。它不仅在广告费用的增长速度上紧跟可口可乐，而且在广告方式上也针锋相对。可口可乐面对这种环境威胁，及时调整市场营销组合，来减轻环境威胁的严重性：一方面，聘请社会上的名人（如心理学家、精神分析家、应用社会学家、社会人类学家等），对市场购买行为新趋势进行分析，采用更加灵活的宣传方式，向百事可乐展开了宣传攻势；另一方面，花费比百事可乐多 50% 的广告费用，与之展开了一场广告战，力求将广大消费者吸引过来。在经过上述努力后，收到了一定的效果。

③ 转移策略，也称转变或回避策略。

即指企业通过改变自已受到威胁的主要产品的现有市场或将投资方向转移来避免环境变化对企业造成威胁。包含以下不同的“转移”：企业原有销售市场的转移；企业往往不仅仅限于目标市场的改变，而常常是作出自身行业方面的调整；企业依据营销环境的变化，放弃自已原有的主营产品或服务，将主要力量转移到另一个新的行业中。例如，烟草公司可以适当减少香烟业务，增加食品和饮料等业务，实行多元化经营。

第二节　市场营销策划书的设计与撰写

【引导案例】

“王老吉”的营销策划书

王老吉凉茶是中国凉茶的领军品牌，是广东凉茶文化的代表。凉茶是广东、广西地区的一种由中草药熬制，具有清热去湿等功效的“药茶”。在众多老字号凉茶中，又以王老吉最为著名。王老吉凉茶发明于清道光年间，至今已有 175 年，被公认为凉茶始祖，有“药茶王”之称。到了近代，王老吉凉茶更是随着华人的足迹遍及世界各地。

市场分析

一、营销环境分析

（一）饮料市场概况

1. 市场规模

饮料市场规模在不断增大，消费者最近两年喝饮料的数量有所增加，饮料市场容量在不断地扩大，整个饮料行业市场前景看好。据有关数据显示，在1999—2002年的饮料市场的黄金成长期间，老牌瓶装水和碳酸水饮料增势日疲，已连续两个年度负增长；新的功能饮料和茶饮料近两年增幅趋稳，稳中有升；增势最为明显的还要数果汁饮料。

2. 市场构成

饮品市场有碳酸饮料、瓶装饮用水、茶饮料以及果汁饮料四大品类。

3. 市场热点

功能性饮料将热卖饮料市场，因为随着我国城市居民生活水平的不断提高，人们对饮料的消费需求也发生了明显的变化。喝饮料不再仅仅是为了解渴，而希望饮料能提供如降火、美容、补充人体中必需的微量元素和健身等附加的一些保健功能。具有特定功能的饮料将会成为今后饮料行业中又一个重要的细分市场。

（二）营销环境分析的总结

1. 劣势与威胁

（1）最大威胁和挑战主要是来自跨国饮料品牌的鲸吞蚕食和本土饮料品牌之间的同质化竞争，同质化竞争态势不仅表现在产品的同质化，也表现为广告塑造品牌形象的同质化，从而无法有效形成品牌个性和实现市场区隔。

（2）品牌竞争的白热化、品牌消费的集中化以及经营理念的滞后性等因素更是成为制约企业发展的"瓶颈"。

（3）品牌集中度：混合型果汁最高，水、茶饮料最低。

（4）我国本土饮料企业大都实行分散经营，规模一般比较小；区域性饮料品牌比较多，真正在全国饮料市场上有影响的名牌产品屈指可数。

2. 优势与机会

（1）本土饮料企业发展初具规模并以其知名品牌获得消费者喜爱。

（2）消费者需求多元化为饮料新产品开发提供广阔的市场空间。

随着社会的进步和生活水平的不断提高，消费者开始更多地关注自我发展，主要表现为对饮料产品的营养成分以及是否天然健康、绿色环保和时尚品位等更高层面的心理需求。

（3）日益细分化的消费群体为饮料企业开展目标营销提供机会

不同饮料群体有着不同的饮料消费需求，这些差异表现在对口味、品牌、价格、包装、促销和广告风格等一切消费者接触产品及信息的领域，高度细分化的市场为饮料企业进行市场拓展提供无限空间。

3. 重点问题

体现红色王老吉的独特价值，建立先进的品牌经营理念和规范的运作模式。

二、消费者分析

（一）消费者的总体消费态势

（1）有1/4的消费者表示最近两年喝饮料的数量基本上没有变化，仅有少量消费者最近两年喝饮料的数量减少了，表明有近1/2的消费者喝饮料的数量在增加，饮料市场容量在不断地扩大，整个饮料行业市场前景看好。

（2）根据市场调查分析看出，喝功能性饮料的消费者越来越多，而喝碳酸饮料和水饮料的消费者将会逐渐减少。

（二）消费者行为分析

在影响饮料购买的众多因素中，“口味好”排名最高，超过50%以上。可见，口味是影响消费群体购买的最重要因素。其次，价格的影响也不容忽视，被列为影响购买的第二大因素。同时，品牌知名度、保质期、购买方便也成为人们购买时普遍考虑的较重要的因素。另外，广告影响也相当重要，包装对购买也有一定的吸引力。

三、产品分析

（一）现有饮料产品分析

据调查显示，现有饮料产品的不足主要有：① 产品太多，分不清好坏；② 共性太强，项目策划，个性太少；③ 品牌杂乱；④ 营养成分缺乏；⑤ 碳酸饮料太多；⑥ 补充体力的饮料很少；⑦ 功能单一。

（二）产品生命周期分析

各种饮料类型在市场所处阶段不同，市场空间和拓展策略也表现出很大差异。碳酸饮料已经进入产品成熟期，品牌集中度非常高，企业可以通过扩大分销渠道和市场覆盖率来实现效益增长；果汁饮料和茶饮料均还处于产品成长期，市场空间仍然很大。现在很多地方的茶饮料消费还属于培育期，相信市场前景非常广阔。同时一些新兴成长的饮料类型如保健和运动功能性饮料等也有望成为下一个饮料业的经济增长点，目前市场上这类饮料还没有主打产品，消费需求也呈现出明显的增长态势。

（三）产品的品牌分析

品牌格局日益多元，国外品牌以可口可乐和百事可乐为主，国内品牌以娃哈哈、康师傅、统一三大品牌为主。以茶饮料为例，继康师傅、统一之后，娃哈哈及众多二线品牌仍然在主流大潮中获得收益。品牌集中度在碳酸饮料和混合型果汁最高，而水、茶饮料最低。

四、企业竞争状况分析

（一）企业在竞争中的地位

加多宝集团是一家以中国香港为基地的大型专业饮料生产企业，1995年推出第一罐红色罐装“王老吉”，1999年以外资形式在中国广东省东莞市长安镇设立生产基地。在取得“王老吉”的品牌经营权之后，其红色“王老吉”饮料的销售业绩连续六七年都处于不温不火的状态当中。

（二）企业的竞争对手

国内竞争对手：娃哈哈、康师傅、统一、黄振龙凉茶等。

国外竞争对手：可口可乐、百事可乐等。

（三）企业与竞争对手的比较

1. 机会与威胁

机会：在研究消费者对竞争对手的看法中，发现红色王老吉的直接竞争对手，如菊花茶、清凉茶等由于缺乏品牌推广，仅仅是低价渗透市场，并未占据“预防上火”的饮料的定位。而可乐、茶饮料、果汁饮料、水等明显不具备“预防上火”的功能，仅仅是间接的竞争者。

威胁：在两广以外，人们并没有凉茶的概念，而且，内地的消费者“降火”的需求已经被填补，大多是通过服用牛黄解毒片之类的药物来解决。做凉茶困难重重，做饮料同样危机四伏。如果放眼到整个饮料行业，以可口可乐、百事可乐为代表的碳酸饮料，以康师傅、统一为代表的茶饮料、果汁饮料更是处在难以撼动的市场领先地位。

2. 优势与劣势

优势：在众多老字号凉茶中，以王老吉最为著名。王老吉凉茶发明于清道光年间，至今已有175年，被公认为凉茶始祖，有“药茶王”之称。到了近代，王老吉凉茶更是随着华人的足迹遍及世界各地。

劣势：红色王老吉受品牌名所累，并不能很顺利地让广东人接受它作为一种可以经常饮用的饮料。而在另一个主要销售区域浙南，消费者将“红色王老吉”与康师傅茶、旺仔牛奶等饮料相提并论，作为当地最畅销的产品，企业担心，红色王老吉可能会成为来去匆匆的时尚。

3. 主要问题点

王老吉的核心问题是没有品牌定位。

问题诊断与目标市场选择

一、企业问题诊断

（一）企业原来市场观点的分析与评价

广东加多宝饮料有限公司在取得“王老吉”的品牌经营权之后，其红色王老吉饮料的销售业绩连续六七年都处于不温不火的状态当中。企业希望通过拍广告来改变现状，用以促进销售。对于这种状况，企业的这种做法属于短视的战略。

（二）企业营销存在的主要问题

（1）现有消费者对其存在认知混乱。

（2）无法走出广东、浙南，其他地方消费者对凉茶存在认知困难。

（3）企业宣传概念模糊。

（三）问题存在的关键原因

企业没有明确的品牌定位。

二、营销目标

（一）战略目标

红色王老吉是作为一个“功能饮料”，购买红色王老吉的真实动机是用于“预防上火”；品牌定位——“预防上火的饮料”，其独特的价值在于——喝红色王老吉能预防上火，让消费者无忧地尽情享受生活。

（二）营销目标

红色王老吉是在“饮料”行业中竞争，其竞争对手应是其他饮料；选用了消费者认为日常生活中最易上火的五个场景：吃火锅、通宵看球赛、吃油炸食品薯条、烧烤和夏日阳光浴，进行宣传与销售，特别开拓餐饮场所，在一批酒楼打造旗舰店的形象。

（三）财务目标

扩大消费者的需求，迅速地拉动产品的销售。

三、目标市场策略

（一）市场细分

碳酸饮料：以可口可乐、百事可乐为代表；

茶饮料、果汁饮料：以康师傅、统一、汇源为代表；

功能性饮料：以菊花茶、清凉茶等为代表。

（二）目标市场选择

企业的产品归属在饮料行业中，其直接的竞争行业是“功能性饮料”。

四、市场定位战略

（一）市场创意与定位

品牌重新的定位在“预防上火的饮料”，其竞争对手是其他饮料，产品应在“饮料”行业中竞争，其自身独特的价值在于——喝红色王老吉能预防上火，让消费者无忧地尽情享受生活（煎炸、香辣美食、烧烤、通宵达旦看足球……）

（二）市场定位战略

(1) 走出广东、浙南。由于“上火”是一个全国普遍性的中医概念，而不再像“凉茶”那样仅局限于两广地区，这就为红色王老吉走向全国彻底扫除了障碍。

(2) 形成独特区隔。“预防上火的饮料”品牌定位的准确与新颖，使产品曾相互矛盾的双重身份得到完全有机的结合。使产品和竞争者能有效地区分开来。肯德基已将王老吉作为中国的特色产品，确定为其餐厅现场销售的饮品。

(3) 将产品的劣势转化为优势。① 淡淡的中药味，成功转变为“预防上火”的有力支撑；② 3.5 元的零售价格，因为“预防上火的功能”，不再“高不可攀”；③“王老吉”的品牌名、悠久的历史，成为预防上火“正宗”的最好的证明。

(4) 利于加多宝企业与国内王老吉药业合作。

五、市场创意战略

（一）创意构成与要点

（1）电视广告选用消费者认为日常生活中最易上火的五个场景：吃火锅、通宵看球、吃油炸食品薯条、烧烤和夏日阳光浴，画面中人们在开心享受上述活动的同时，纷纷畅饮红色王老吉。

（2）结合时尚、动感十足的广告歌反复吟唱“不用害怕什么，尽情享受生活，怕上火，喝王老吉”，促使消费者在吃火锅、烧烤时，自然联想到红色王老吉，从而导致购买。

（3）宣传主要突出王老吉是“预防上火的饮料”，其独特的价值在于——喝红色王老吉能预防上火，让消费者无忧地尽情享受生活。

（二）创意应用与说明

主要运用广告传播，其包括中央电视台和当地的强势传媒，也注重开发多种宣传渠道。明确了品牌要在消费者心中占据什么定位，接下来的重要工作就是要推广品牌，让它真正地进入人心，让大家都知道品牌的定位，从而持久、有力地影响消费者的购买决策。

红色王老吉的电视媒体选择从一开始就主要锁定覆盖全国的中央电视台，并结合原有销售区域（广东、浙南）的强势地方媒体，在2003年短短几个月，一举投入4 000多万元，销量迅速提升。同年11月，企业乘胜追击，再斥巨资购买了中央电视台2004年黄金广告时段。正是这种急风暴雨式的投放方式保证了红色王老吉在短期内迅速进入人们的头脑，给人们一个深刻的印象，并迅速红遍了全国大江南北。

六、营销组合策略

（一）产品策略

王老吉产品定位为一个功能饮料，王老吉的作用就是“预防上火”，这就避免了红色王老吉与以可口可乐、百事可乐为代表的碳酸饮料和以康师傅、统一为代表的茶饮料、果汁饮料等国内外饮料巨头产品的直接竞争，形成独特区隔，相比较而言，红色王老吉的“凉茶始祖”身份、神秘中草药配方、175年的历史等，显然是有能力占据“预防上火的饮料”定位。而且红色王老吉的直接竞争对手，如菊花茶、清凉茶等由于缺乏品牌推广，仅仅是低价渗透市场，并未占据“预防上火”的饮料的定位。

（二）品牌策略

品牌定位——“预防上火的饮料”，其独特的价值在于——喝红色王老吉能预防上火，让消费者无忧地尽情享受生活：煎炸、香辣美食、烧烤、通宵达旦看足球……红色王老吉顺应现有消费者的认知而且没有与之发生冲突。

“开创新品类”永远是品牌定位的首选。一个品牌如果能够将自己定位为与强势对手所不同的选择，其广告只要传达出新品类信息就行了，而效果往往是惊人的。红色王老吉作为第一个预防上火的饮料推向市场，使人们通过它知道和接受了这种新饮料，最终红色王老吉就成为预防上火的饮料的代表，随着品类的成长，自然拥有最大的收益。

（三）定价策略

王老吉进行了成功的产品定位和品牌定位后，3.5元的零售价格，因为其“预防上火的功能”，不再显得“高不可攀”。

（四）关系策略

1. 处理好与内地王老吉药业的关系

正由于红色王老吉定位在功能饮料，区别于王老吉药业的“药品”“凉茶”，因此能更好地促成两家合作共建“王老吉”品牌。目前两家企业已共同出资拍摄一部讲述创始人王老吉行医的电视连续剧——《药侠王老吉》。

2. 处理好与消费者的关系

在频频的促销活动中，同样注意了围绕“怕上火，喝王老吉”这一主题进行。如最近一次促销活动，加多宝公司举行了“炎夏消暑王老吉，绿水青山任我行”刮刮卡活动。消费者刮中“炎夏消暑王老吉”字样，可获得当地避暑胜地门票两张，并可在当地度假村免费住宿2天。这样的促销，既达到了即时促销的目的，又有力地支持巩固了红色王老吉“预防上火的饮料”的品牌定位。

3. 处理好与中间商的关系

同时，在针对中间商的促销活动中，加多宝除了继续巩固传统渠道的“加多宝销售精英俱乐部”外，还充分考虑了如何加强餐饮渠道的开拓与控制，推行“火锅店铺”与“合作酒店”的计划，选择主要的火锅店、酒楼作为“王老吉诚意合作店”，投入资金与他们共同进行节假日的促销活动。由于给商家提供了实惠，红色王老吉迅速进入餐饮渠道，成为主要推荐饮品，同时加多宝可以根据现场的特点布置多种实用、有效的终端物料。在提升销量的同时，餐饮渠道业已成为广告传播的重要场所。

七、营销活动的效果预测和监控

（一）营销效果的预测

通过营销活动迅速地提升企业产品的销量，实现企业巨大的利润，形成品牌的新形象，利于拓展自身在全国范围内的市场，最终实现自身的品牌定位。

（二）营销效果的监控

2003年红色王老吉的销售额比去年同期增长了近4倍，由2002年的1亿多元猛增至6亿元，并以迅雷不及掩耳之势迅猛冲出广东。2008年，尽管企业不断扩大产量，但仍供不应求，订单如雪片般纷至沓来，全年销量突破100亿元。同时，百事可乐旗下的企业肯德基，已将王老吉作为中国的特色产品，确定为其餐厅现场销售的饮品，这是中国大陆目前唯一进入肯德基连锁的中国品牌。

2002年，王老吉饮料年销量1.8亿元；

2003 年，王老吉饮料年销量 6 亿元；
2004 年，王老吉饮料年销量近 15 亿元；
2005 年，25 亿元（含盒装）；
2006 年，约 40 亿元（含盒装）；
2007 年，约 90 亿元（含盒装）；
2008 年，约 120 亿元（含盒装）。

【引例分析】

这种大张旗鼓、诉求直观、明确"怕上火，喝王老吉"的广告运动，直击消费者需求，及时迅速地拉动了销售；同时，随着品牌推广的进行，消费者的认知不断加强，逐渐为品牌建立起独特而长期的定位——真正建立起品牌。

策划书没有一成不变的格式，它依据产品或营销活动的不同要求，在策划的内容与编制格式上也有变化。但是，从营销策划活动一般规律来看，其中有些要素是共同的。

一、市场营销策划书的结构与内容

营销策划书的基本结构可分为以下十项。

（一）封面

策划书的封面可提供以下信息：a. 策划书的名称；b. 被策划的客户；c. 策划机构或策划人的名称；d. 策划完成日期及本策划适用时间段；e. 编号。

（二）前言

前言或序言是策划书正式内容前的情况说明部分，内容应简明扼要，最多不要超过 500 字，让人一目了然。其内容主要是：a. 接受委托的情况。例如，×公司接受×公司的委托，就××年度的广告宣传计划进行具体策划；b. 本次策划的重要性与必要性；c. 策划的概况，即策划的过程及达到的目的。

（三）目录

目录的内容也是策划书的重要部分。封面引人注目，前言使人开始感兴趣，那么，目录就务必让人读后了解策划的全貌。目录具有与标题相同的作用，同时也应使阅读者能方便地查寻营销策划书的内容。

（四）概要提示

阅读者应能够通过概要提示大致理解策划内容的要点。概要提示的撰写同样要求简明扼要，篇幅不能过长，一般控制在一页纸内。另外，概要提示不是简单地把策划内容予以列举，而是要单独成一个系统，因此，其遣词造句等都要仔细斟酌，要起到一滴水见大海的效果。

（五）正文

正文是营销策划书中最重要的部分，具体包括以下几方面内容。

1. 营销策划的目的

营销策划的目的部分主要是对本次营销策划所要实现的目标进行全面描述，它是本次营销策划活动的原因和动力。如《长城计算机市场营销企划书》文案中，对企划书的目的说明得非常具体。首先强调“90OOB 的市场营销不仅仅是公司的一个普通产品的市场营销”，然后说明 90OOB 营销成败对公司长远、近期利益和长城系列产品的重要性，要求公司各级领导及各环节部门达成共识，高质量完成任务。这一部分使整个方案的目标方向非常明确、突出。

2. 市场状况分析

着重分析以下因素：

（1）宏观环境分析。着重对与本次营销活动相关的宏观环境进行分析，包括政治、经济、文化、法律、科技等。

（2）产品分析。主要分析本产品的优势、劣势、在同类产品中的竞争力、在消费者心目中的地位、在市场上的销售力等。

（3）竞争者分析。分析本企业主要竞争者的有关情况，包括竞争产品的优势、劣势，竞争产品营销状况，竞争企业整体情况等。

以上市场状况的分析是在市场调研取得第一手资料的基础上进行的。

3. 市场机会与问题分析

营销方案是对市场机会的把握和策略的运用，因此，分析市场机会就成了营销策划的关键。只要找准了市场机会，策划就成功了一半。

（1）营销现状分析。对企业产品的现行营销状况进行具体分析，找出营销中存在的具体问题点，并深入分析其原因。

（2）市场机会分析。根据前面提出的问题，分析企业及产品在市场中的机会点，为营销方案的出台做准备。

4. 确定具体行销方案

针对营销中问题点和机会点的分析，提出达到营销目标的具体行销方案。行销方案主要由市场定位和 4P’s 组合两部分组成，具体体现为两个主要问题：

（1）本产品的市场定位是什么？

（2）本产品的 4P’s 组合具体是怎样的？具体的产品方案、价格方案、分销方案和促销方案是怎样的？

（六）预算

这一部分记载的是整个营销方案推进过程中的费用投入，包括营销过程中的总费用、阶段费用、项目费用等，其原则是以较少的投入获得最优效果。用列表的方法标出营销费用也是经常被运用的，其优点是醒目易读。

（七）进度表

把策划活动起止全部过程拟成时间表，具体到何日何时要做什么都标注清楚，作为策划进行过程中的控制与检查。进度表应尽量简化，在一张纸上拟出。

（八）人员分配及场地

此项内容应说明具体营销策划活动中各个人员负责的具体事项及所需物品和场地的落实情况。

（九）结束语

结束语在整个策划书中可有可无，它主要起到与前言的呼应作用，使策划书有一个圆满的结束，不致使人感到太突然。

（十）附录

附录的作用在于提供策划客观性的证明。因此，凡是有助于阅读者对策划内容理解、信任的资料都可以考虑列入附录。但是，可列可不列的资料还是以不列为宜，这样可以更加突出重点。附录的另一种形式是提供原始资料，如消费者问卷的样本、座谈会原始照片等图像资料。附录也要标明顺序，以便阅读者查找。

二、市场营销策划书的写作技巧

营销策划书和一般的报告文章有所不同，它对可信性和可操作性以及说服力的要求特别高，因此，运用写作技巧提高上述两个“性”一个“力”就成为撰写策划书追求的目标。

（一）寻找一定的理论依据

要提高策划内容的可信性并使阅读者接受，就必须为策划者的观点寻找理论依据。但是，理论依据要有对应关系，纯粹的理论堆砌不仅不能提高可信性，反而会给人以脱离实际的感觉。

（二）适当举例

这里的举例是指通过正反两方面的例子来证明自己的观点。在策划报告书中加入适当的成功与失败的例子，既能起调整结构的作用，又能增强说服力，可谓一举两得。需要指出，举例以多举成功的例子为宜，选择一些国外先进的经验与做法以印证自己的观点是非常有效的。

（三）利用数字说明问题

策划报告书是一份指导企业实践的文件，其可靠程度如何是决策者首先要考虑的。报告书的内容不能留下查无凭据的漏洞，任何一个论点最好都有依据，而数字就是最好的依据。在报告书中利用各种绝对数和相对数来进行比较对照是绝对不可少的。要注意的是，各种数字最好都有出处以证明其可靠性。

（四）运用图表帮助理解

运用图表能有助于阅读者理解策划的内容，同时图表还能提高页面的美观性。图表的主要优点在于有强烈的直观效果，因此，用图表进行比较分析、概括归纳、辅助说明等非常有效。图表的另一优点是能调节阅读者的情绪，有利于阅读者对策划书的深刻理解。

（五）合理利用版面安排

策划书视觉效果的优劣在一定程度上影响着策划效果的发挥。有效利用版面安排也是撰写策划书的技巧之一。版面安排包括打印的字体、字号大小、字与字的空隙、行与行的间隔、黑体字的采用以及插图和颜色等。如果整篇策划书的字体、字号完全一样，没有层次之分，那么这份策划书就会显得呆板，缺少生气。总之，通过版面安排可以使重点突出、层次分明、严谨而不失活泼。

（六）注意细节，消灭差错

这一点对于策划报告书来说十分重要，但却往往被人忽视。如果一份策划书中错字、别字连续出现的话，阅读者怎么可能对策划者抱有好的印象呢？因此，对打印好的策划书要反复仔细检查，不允许有任何差错出现，对企业的名称、专业术语等更应仔细检查。

本章小结

本章主要阐述了市场营销策划的环境分析以及具体的分析方法，市场营销策划书的撰写等。在本章的学习中通过具体的案例讨论与分析，从而形成对市场营销环境的理解，并且能对市场营销环境进行分析和策划。

复习思考

1. 市场营销环境有哪些特点？
2. 分析市场营销环境意义何在？
3. 市场营销策划书的内容主要有哪些？

技能训练

策划创意案例演讲赛

1. 演练项目：策划创意案例演讲赛。
2. 演练目的：通过策划创意演讲赛进一步理解并掌握创意是策划的核心。
3. 演练内容：要求学生收集企业某一项或某一方面的营销策划案例，如企业市场调研策划、市场定位策划、市场竞争策划、企业形象策划、顾客满意策划、产品策划、品牌策划、价格策划、分销策划、促销策划、知识营销策划、关系营销策划、网络营销策划、整合营销策划等，并改写成演讲稿，有叙有议，有点评，以演讲的形式发言。
4. 演练组织：把全班分成四大组或以寝室为组，首先自报选题，收集资料；其次，各小组评出 2 名学生参加全班决赛。
5. 演练考核：要求每位学生完成“策划创意案例演讲稿”，小组交流，全班评比。

同步测试

判断题

1. 市场营销环境是指与工商企业营销活动有关的外部因素和条件。 （ ）
2. 微观市场营销环境大致包括五个方面内容：政治环境、竞争环境、经济环境、法律环境、供应企业等。 （ ）
3. 对企业来说，分析市场营销环境，就是分析人口环境，因为人口因素是企业的市场营销机会。 （ ）
4. 恩格尔系数是用以衡量一个国家或一个家庭富裕程度的标准，它是指食物消费支出占总收入的比重，比重越大，越贫穷。 （ ）
5. 个人可支配的收入是指个人收入扣除税款、非税性负担以及维持生活的必需品支出后的余额，是影响消费结构的重要因素。 （ ）
6. 企业营销成败的关键在于能否适应不断变化着的营销环境。 （ ）

7. 市场营销环境包括宏观市场营销环境和微观市场营销环境。 (　　)

8. 营销咨询公司、广告公司、会计事务所均属于与工商企业营销活动有关的外部因素和条件。 (　　)

9. 营销人员要了解目标市场消费者的宗教信仰状况，要重视不同宗教信仰与禁忌，从而把握机会或采取措施避免或减少危险，趋利避害地开展营销活动。 (　　)

10. 企业要加强科技环境的研究，因为某些技术的出现，可能对人们的生活方式或企业的营销活动造成很大的改变。 (　　)

11. 企业要创造良好的市场营销环境，必须首先加强企业内部的自身建设，因为企业本身是开展市场营销活动的主体。 (　　)

12. 当企业面临环境威胁时，企业可以通过努力，在条件许可的情况下，变不利为有利，为企业发展创造新的机会。 (　　)

第三章

市场营销策划的调查研究

【学习目标】

知识目标：

（1）掌握调研方案拟定的内容与对象。

（2）掌握调研方案设计的主要技术。

（3）掌握调研活动方案的步骤与方法。

能力目标：

（1）具有收集、整理和分析资料的能力。

（2）具有制定调查提纲和调查问卷的能力。

（3）初步具有市场调查方案设计策划的能力。

【本章的知识体系】

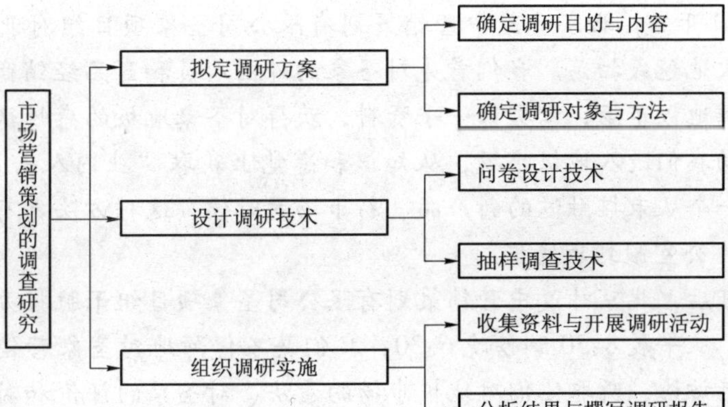

【引导案例】

圣象地板市场调研策划

一、确定合作——15 分钟的谈判

时间：1998 年 4 月 1 日

地点：北京皇冠大酒店

彭鸿斌带着呼呼的风声冲着我们的 12 号台而来，显然，我的帽子已经在跟

他打招呼了。

“叶茂中。”

“彭鸿斌。”

简单的介绍之后，谈话就切入正题。

“那么圣象的品牌形象应该是怎样的呢？”圣象老总彭鸿斌先生若有所思。

“您认为呢？”了解圣象创始人的想法对我是很重要的。

“圣象的德国商标是POWERDEKOR，意为装饰就是力量。圣象的感觉应该是很有力量，很有美感，并且有一点神秘。”

“中国有句古话：大象无形，大音稀声。为什么我们不可以将圣象塑造成一个大象无形的形象呢？我们甚至不需要强化我们产品的特性，而强化品牌的主张与内涵。跳出圣象的产品实体，我们所要传达的是一种精神与理念，产品只是外化的物质而已。”这是我思索了很久的一个想法，比较大胆，但也比较出位，充满大品牌的气势。

“我喜欢，我喜欢。”彭总连连拍案击掌。

“你说我们怎么开始吧？”彭总果然雷厉风行。

“从营销诊断和市场调研开始。”

二、认识圣象

（一）将办公室搬到市场里

营销诊断是由下而上、由内而外进行的。

4月12日开始，北京叶茂中营销策划有限公司圣象项目组对北京市的建材市场做了一次地毯式扫荡。我们首先对圣象的外围人员和商品经销商进行逐一访谈，初步了解地板市场，掌握第一手资料，获得对圣象地板的感性认识。这样做的好处是帮助我们进入地板市场，从知识和感觉上获取“业内人士资格”。尤其当我们接手一个从未接触过的新产品、新市场的时候，这种方法更有帮助。我们称之为“将办公室搬到市场里”。

一个星期后，北京叶茂中营销策划有限公司圣象项目组干脆将办公室搬到了圣象会议室。从早晨8:30到傍晚6:30，我们马不停蹄地对圣象营销各部门中的高层人员进行访谈，听取他们对地板市场的看法、对圣象的评价和对下一步工作的打算。更进一步范围的访问是发给圣象营销人员的问卷调查。

整理完对圣象北京总部的访谈结果，我们立即飞赴上海、深圳、成都等地，展开对各地市场及分公司的营销诊断。

4月底，带着沉沉的两箱资料、厚厚一摞笔记和整整三十盒录音带，我们回到了北京。面对摊满了会议桌的图片与文字，我们圣象项目组开始“吃”资料了。先是囫囵吞枣地装进脑袋，接着开动脑筋细细消化，再反复推敲、挖掘、取舍、综合，最终形成认识、结论与课题。

圣象的容貌在我们面前越来越清晰，地板市场的脉络也越来越明朗。先是电话预约，定好入户访问时间。然后，我们就开车带着马桶盖，开始了对圣象顾客的巡回采访。

（二）八十脚、二十脑

所谓的“八十脚、二十脑”其实是指我们的策划“80% 靠脚、20% 用脑”。我们一直奉行“真正的策划来自于市场”，所以对我们而言，做好策划先要练出一副铁脚板。怎么练就铁脚板？到市场中去。

好的开始是成功的一半，我们制订了详细的圣象地板市场调研计划，对此次调研的目的、范围、内容、要求、对象、方法、工作日程等进行了明确的规定。

（三）片段：带着马桶盖入户访问

圣象非常赞成我们对老客户访问，并且希望将它变成一次圣象售后服务行动，所以竭尽所能予以配合。当时，圣象刚好从中国台湾进口了一批最新全自动坐便器的盖子，是一种可以退前翻起的盖子，使用起来非常方便，尚未在中国大陆市场销售。听说我们正为入户访问准备礼品，圣象不由分说就送了 10 箱过来。

这种入户访问方法，花在寻找地址上的工夫与花在访问上的工夫几乎差不多，一个调研小组一天访问 8 个客户已经是很不错的了。

其他形式的调研，如专业数据收集、电话访问、定点访问等，也都全面展开。我们进行了为期 25 天的营销诊断和 60 天的市场调研，足迹由南到北，遍及深圳、广州、成都、武汉、杭州、上海、郑州、北京等地，地板市场的面纱一点点地被我们揭开了……

【引例分析】

以上实例充分说明，市场调研策划是市场营销策划的起点和基础。市场调研是了解消费者、竞争对手、市场状况最有利的工具，所谓知己知彼嘛，在对自己、对手、消费者、环境都有足够的认知后，市场营销策划才会更准确有效。

第一节　拟定调研方案

市场调研策划是市场营销策划的起点和基础。有效的市场调研策划有三个关键点，即明确的调研任务、可行的调研程序和方法、科学的调研技术。广义的市场调研策划包括了这三个方面的全部内容，狭义的市场调研策划则专指对市场调研过程的构思、设计与实施。本教材从狭义的角度，论述市场调研策划。

开展市场调查要有周密的计划，首先必须拟定市场调研的方案。市场调研方案一般包括以下几个方面内容。

一、确定调研目的与内容

（一）选定调研专题与调查目标

调研要有重点，在组织市场调研活动时应当首先找出需要解决的最关键的问题，选定调研的专题，明确调研的任务和目标。

在确定调研专题时，专题的界定不能太宽太空泛，以避免专题不明确、不具体。选题太宽将会使调研人员无所适从，在大量不必要的信息面前迷失方向，反而不容易发现真正需要的信息。专题的界定也不可以太窄、太细微，这样会使市场调研不全面，不能反映真实情况。

在确定调研目标时，应当努力使需要调研的问题定量化，提出具体的数量目标，以利于对调研结果的审核和评估。例如，把调研目标定为“我们的新产品是否会畅销？”在这里究竟多少是畅销呢？如果说明年销售额300万元为畅销，那么这个目标就明确多了。

根据调研专题的性质和调查目的不同，调研项目可以分为探索性调研、描述性调研、因果关系调研和预测性调研等四种类型。

1. 探索性调研

即收集一些初步的资料，更好地探明问题的性质和可能出现的某些问题。

2. 描述性调研

即调查和反映某一问题的一些影响因素以及这些因素的关联性。如关于市场规模、产品形象与特征、消费者购买行为、竞争对手的特点、市场占有率、经销方式、销售渠道的研究等。

3. 因果关系调研

即对企业市场营销活动中可控因素、不可控因素的因果关系所进行的一种研究。如政府的方针、竞争对手的行动、消费者爱好的变化所引起的企业销售量的变化、市场占有率的变化；企业产品价格、质量、花色、品种变化也会引起企业销量和市场占有率的变化。

4. 预测性调研

即专门为预测未来市场商情变动趋势而进行的调研。这一阶段的工作非常关键，它决定着整个调研活动的性质和方向。

（二）确定调研内容

市场调研的内容相当广泛，大致包括以下几个方面：

1. 市场需求调查

也就是市场消费群购买力及其投向的调查，目的在于掌握市场需求状况及其变化趋势。主要调查市场需求总量、需求构成及其变化趋势、市场面及本企业产品在各个市场面的占有率、商品购买率及本件耐用商品的普及率等。

2. 购买者调查

目的是了解谁决策、谁购买、为谁买、购买者的购买动机和购物行为等。主要调查：现有购买者和潜在购买者的数量、构成及其地区分布；购物者购买什么商品及购物动机，如何购买，购买时间、地点及购买规模；购买者对本企业产品的设计、性能、品质、包装、商标和服务的认识、评价以及对企业产品的信赖程度等。

3. 价格调查

主要研究价格对商品需求的影响。主要调查：商品价格的成本构成；价格变化的趋势；价格变动对商品销售带来的影响；影响价格变动的各种因素；商品价格的需求弹性；相关产品或代用品的价格；竞争者的价格及企业的价格策略等。

4. 分销调查

主要包括商品销售地区和销售网点的分布、潜在销售渠道分析、销售点服务品质、货铺调查、商品运输线路、商品库存策略、批发商分布等。

5. 市场竞争调查

目的是掌握竞争对手情况，使企业在竞争中处于主动地位。主要调查竞争对手的数目、经营规模、价格定位、流通渠道、市场占有率、未来发展趋势和经营商品的数量、品种、性能、质量、规格、包装、用途及其经营策略和经营手段等。

6. 促销调查

主要包括广告预测、广告测试、广告效果调查、直观信息调查、媒体的对象分析、综合媒体研究、人员推销、营业推广及直接激发消费者购买欲望的促销活动等。

二、确定调研对象与方法

（一）确定调研对象

根据调研内容可以列出市场调研所需收集资料的细目。这些资料分为现成资料和原始资料。现成资料又称第二手资料，是从实地调查以外有关方面得到的各种数据、图文、音像资料；原始资料也称第一手资料，是从特定目的出发对有关对象进行实地调查直接得到的各种数据、图文、音像资料。资料的类型不同，调研的对象也不同。

收集现成资料，调研对象一般分为企业内部和外部两种。在企业内部可调查统计、供销、财务以及档案室等部门以收集生产、销售、库存的原始记录和统计报表；收集销售记录、销售发票、订货合同、送货单、运输单、退货单、财务报表、进货成本、生产成本、流通费用、利润结构、资金周转速度、应收应付款等资料；查看工作总结、工作报告、业务建议、企业评估、用户意见、历次大中型营销活动策划方案及实施结果汇报等。在企业外部可调查政府有关职能部门、行业协会、社会团体、经销商、零售商、报社、电视台、电台以及各国政府派出机构以收集官方资料、报刊资料、商业资料、企业发布资料、商情资料以及各国有关资料。

在现成资料调查中，一般应访问负责人员和业务主管，同时对生产、经营第一线有关人员的访问也不可忽视。

收集原始资料，调查对象主要为消费者、代理商、批发商、零售商以及政府主管部门、各专业公司、行业协会、同行企业和有业务往来的企事业单位。在企业内部也可调查市场、销售、采购、财务、统计、运输、维修等部门的相关人员，同时也要重视对有关各类专家和业务人员的调查。通过调查上述人员，可以收集到有关消费需求、消费结构、市场竞争等方面的第一手资料，这些资料对于寻找市场机会具有十分重要的参考作用。

（二）确定调研方法

根据市场调研目的、调研内容、调研对象可以确定恰当的市场调研方法。市场调研方法常用的有以下几种。

1. 询问法

询问法又称直接调查法，它是以询问的方式了解情况、搜集材料以获得所需的各种情况和资料。其内容包括三个方面：一是事实询问，要求被调查人用事实来回答问题。例如，“请问您现在使用的香皂是什么品牌的?”二是意见询问，要求被调查人提出自己对所询问的事项的意见或评论性的见解。例如，针对某种品牌香皂的特定包装，询问被调查人认为哪一种包装比较漂亮？这类询问适宜了解人们的消费愿望与行为。三是阐述询问，要求被调查人阐述购买愿望与行为的理由。例如，“您为什么使用某种品牌的香皂?”

按调查者与被调查者的接触方式和询问表传递方式的不同，询问法又可分为信函调查、电话调查、当面调查、网络调查等。

2. 观察法

即调研人员到现场观察被调查者的行动来收集情报资料，也可以安装仪器进行收录和拍摄（如使用录音机、照相机、摄影机或某些特定的仪器）。观察的方式是到顾客购买现场观察或到使用现场观察。例如，在超级市场的天花板上安装电视摄像机，追踪顾客在店内的购物过程，据此来考虑重新陈列商品，以便于顾客选购；又如，在商店内某些罐头商品货架上安装摄像机，记录顾客目光的运动过程，以便摸清顾客如何浏览各种品牌。这种方法能客观地获得准确性较高的第一手资料，但调查面较窄，花费时间较长。

3. 试验法

通过小规模的试验来了解情况，取得资料。这种调查方法主要用于新产品的试销和新方案实施前的调查。如某新产品在大批量生产之前，先生产一小批投入市场进行销售试验。试验的目的：一是看该新产品的质量、品种、规格、外观是否受欢迎；二是了解产品的价格是否被用户所接受。试验法是比较科学的调查方法，取得的资料比较准确，但所花费用较高，时间也较长。

4. 问卷调查法

采用问卷调查可以了解人们的认识、看法和喜好程度等，并可以分析处理这些数据，得出结论。问卷调查的关键之一在于问卷设计的技巧。

以上四种方法中，问卷调查法适用于描述性调研；观察法与询问法适用于探索性调研；而试验法适用于因果性调研。

第二节　设计调研技术

【引导案例】

西安杨森采乐市场调研策划书

一、调研背景

近年来，宝洁公司凭借其强大的品牌运作能力以及资金实力，在洗发水市场牢牢地坐稳了第一把交椅。但随着竞争加剧，局势慢慢起了变化，联合利华强势跟进，夏士莲、力士等多个洗发水品牌从宝洁手中夺走了不少消费者。花王旗下品牌奥妮和舒蕾占据了中端，而底端的一块则归属了拉芳、亮庄、蒂花之秀、好迪等后起之秀。至此，中国洗发水行业呈现了一个典型的金字塔形品牌格局。通过市场细分，西安杨森于2002年推出了采乐，在药品和洗发水两个行业找到了一个交叉点。为了提高其在全国重点城市中的占有率，并为其今后的营销发展计划提供科学的依据，我市调公司在全国范围的重点城市进行一次专项市场营销调查。

二、调研目的

本次市场研究工作的主要目标是：

1. 分析采乐洗发水前期的营销计划（包括其销售渠道，媒体投放，产品终端以及产品情况）以及消费者的产品期望，明晰其自身的优势和弱势以及面临的机会和威胁。

2. 了解消费者对于去屑洗发水的认知，探察对于去屑洗发水的接受程度。

3. 了解产品的知名度以及美誉度，确定今后营销计划的重点。

三、调研内容

根据上述研究目的，我们确定本次调研的内容主要包括：

(1) 分析采乐洗发水前期的营销计划（包括其销售渠道，媒体投放，产品终端以及产品情况）以及消费者的产品期望，明晰其自身的优势和弱势以及面临的机会和威胁。本部分主要是针对其营销计划进行全面的分析，从而为其今后的营销计划提供科学的依据。本部分所需的主要信息点是：

① 消费者对于采乐洗发药的使用情况——是否用过，满意度以及关于产品的哪方面更加吸引消费者。

② 采乐在前期营销计划的情况了解——怎样知道采乐的，通过什么渠道购买到采乐的，是否有没有买到过采乐的情况，对于采乐使用过后的感觉以及可以在产品上改进的地方。

(2) 消费者对于去头屑这方面的认知。了解消费者对于去屑洗发水的认知，探察对于去屑洗发水的接受程度。本部分旨在了解消费者的观念以及对采乐前期的推广的深入程度做一个调查。

(3) 了解产品的知名度以及美誉度，确定今后营销计划的重点。本部分主要是对在产品前期的销售宣传中消费者传达的信息的一个反馈。主要信息点有：

① 对于采乐的了解程度——是否知道以及是否使用过。

② 对于采乐的印象的评价（五分法）。

③ 此外，我们还将收集包括消费者的年龄、性别、收入、职业以及消费者的发质在内的背景资料以备统计分析之用。

四、目标被访者定义

因本次调查是针对其前期的营销计划实施情况的一个效果的反馈，我们在样本定义时遵循以下原则：一是样本要有广泛的代表性，以期能够基本反映消费者对于采乐洗发水的看法以及能反映采乐前期营销计划的实施情况；二是样本要有针对性。由于采乐属于日用品，而且它主要是针对有头屑的人，还有它的价格也较高，所以就需要有一定的购买和支付能力。因此，此次调查主要是针对有使用经验的人，主要在全国的重点城市做调查。基于以上原则，我们建议采用如下标准甄选目标被访者：

20～45 周岁的城市居民。

本人及亲属不在相应的单位工作（如市调公司、广告公司以及洗发水行业等）。

在过去的六个月内未接受或参加过任何形式的相关市场营销调研。

五、数据收集方法

本项目的数据收集方法如下：

六人行市场调查公司将根据与西安杨森公司探讨所达成的共识设计问卷，问卷长度控制在半个小时左右，问卷经双方商讨确定之后正式启用。

问卷抽样方法：在北京、哈尔滨、上海、广州、长沙、成都、西安7个城市中各选择400人作为调查对象，在每个城市的电话簿中随机选择400个号码，打电话核实受访者。在不断淘汰受访者的情况下，多次随机选择，直到选够400人为止。

采用结构性问卷进行入户调查。

六、样本量

根据以往经验以及最大允许误差±2%，考虑到统计分析对样本量的要求和成本方面的经济性，我们建议本次研究所需要的样本量为每个城市400个。

七、质量控制与复核

本次访问复核率为30%，其中15%电话复核，15%实地复核；

我们将实行一票否决权，即发现访问员一份问卷作弊，该访问员的所有问卷作废；

为确保科学高效地完成调研工作，我们将成立专门的项目小组为客户服务。

八、数据录入与处理

参与此项目的所有数据录入及编码人员将参与问卷的制作与调查培训；在录入过程中需抽取10%的样本处理采用进行录入复核，以保证录入质量；数据处理采用SPSS软件进行。

九、研究时间安排（自项目确定之日起，见表1）

表1　研究时间安排

项目	一月一周	一月二周	一月三周	一月四周	二月一周	二月二周	二月三周	二月四周
方案与问卷设计								
问卷试访								
调查实施								
数据处理								
报告撰写与发布								

十、报告提交

由六人行市场调查公司向西安杨森公司提交调研报告一份及所有的原始问卷，并提供市场调研报告、数据分析。如有需要，我们将向西安杨森公司做口头汇报。

十一、费用预算

项目费用预算约为6.7万元，其用途分别如表2所示。

表2 费用预算

	问卷设计，问卷印刷	2万元
	调查与复核费用	1万元
	数据处理（编码、录入、处理、分析）	1.5万元
	地区市调公司代理费用	1.4万元
	差旅及其他杂费	0.8万元
合计	（人民币）元整	6.7万元

六人行市场调查公司
2003年11月17日

附问卷：

问卷编号：

调查人员：

调查时间：

调查地点：

甄别问卷

请问您的年龄在20～45岁吗？

（如果是则预约时间入户访谈，不是则结束电话调查）

请问您或您的家庭成员有在市场调研公司、广告公司或洗发水行业工作的吗？

关于西安杨森采乐洗发水的市场调查问卷

您好！我是六人行市场调查公司的市场访问员，我们正在做的是关于西安杨森公司的市场调查，需要您的帮助。您的客观意见对我们的市场研究非常重要，希望您能回答以下的小问题（您在回答完问题之后，将会获得一份精美的小礼品），也希望我们能成为很好的朋友！最后祝您家庭幸福，生活美满！

在你要选择的项目前打钩。

1. 您用过去头屑洗发水吗？

A. 用过　　B. 没有（跳至问题5）

2. 您现在所用的最常用的洗发水品牌是＿＿＿＿＿＿＿＿＿＿

3. 您对它的哪方面最满意？

A. 去屑　　B. 产品口碑好或企业知名度高

C. 销售点多，购买方便　　D. 集多种护发功能于一体

4. 您在购买之前是怎样知道该产品的？（可多选）

A. 电视　　B. 报纸　　C. 杂志　　D. 广播

E. 熟人告知　　F. 店内广告　　G. 其他

5. 如果有人说头皮屑是一种病，您对于这个问题的态度是：

A. 同意　B. 无所谓　C. 不同意　D. 拒绝回答

6. 您听说过西安杨森出品的采乐洗发水吗？

A. 听说过　B. 没有（跳至问题 18）

7. 您是怎样知道采乐洗发水的？（可多选）

A. 电视　B. 报纸　C. 杂志　D. 广播

E. 熟人告之　F. 店内广告　G. 其他

8. 据您所知，从哪可以买到该产品？（可多选）

A. 超市商场　B. 化妆品专卖店　C. 零售店　D. 药店或医院

9. 你用过该产品吗？

A. 用过　B. 没有（跳至问题 18）

10. 您觉得用了采乐之后是否有以下感觉：（可多选）

A. 头屑效果十分明显　B. 无效

C. 效果一般　D. 有副作用

11. 您对采乐的哪些方面比较满意？（可多选）

A. 去屑效果明显　B. 产品口碑好或企业知名度高

C. 价格合理　D. 其他

12. 你买过几次采乐？__________

13. 您有没有遇到过没有买到采乐的情况？

A. 很多次　B. 偶尔　C. 没有

14. 您没有买到该产品的原因是：

A. 脱销　B. 没有该产品上柜　C. 不清楚

15. 销售人员或医生会主动向您介绍该产品吗？

A. 会　B. 不会

16. 如果采乐增加了香味，您觉得怎么样？

A. 好　B. 无所谓　C. 不好（跳至问题 17）

17. 您希望采乐有什么香味？

A. 花香　B. 水果香　C. 绿茶、薄荷等香味

18. 如果以满分 10 分为标准的话，请您对下列产品的去屑功能打分？（不知道的产品打零分）

A. 海飞丝（　）　B. 夏士莲（　）

C. 采乐（　）　D. 舒蕾（　）

E. 亮庄（　）

19. 采乐洗发水是一种非处方药，如果一个人为了去除头屑烦恼选择采乐，你觉得他或她是一个什么样的人？

A. 偏向理性的人　B. 偏向感性的人

C．没有偏向的感觉

20. 您知道的还有哪些专业去屑的洗发水？＿＿＿＿＿＿＿＿

21. 我们可以分享您对采乐的个人意见吗？

个人意见：＿＿＿＿＿＿＿＿＿＿＿＿＿＿＿＿

22. 您的性别：□ 男　□ 女

23. 您的年龄：□ 20～24 岁　□ 25～29 岁　□ 40～45 岁

24. 您头发的类型：□ 油性　□ 中性　□ 干性　□ 不知道

25. 您的月收入：□ 1 000 元以下　□ 1 001～3 000 元　□ 3 001～5 000 元　□ 5 000 元以上

26. 您的职业：

＿＿＿＿＿＿＿＿＿＿＿＿＿＿＿＿＿＿＿＿＿＿

27. 访员后记：

谢谢您的参与！

【引例分析】

市场调研不仅要制订完备的调研方案、选择合适的调研方法，还要善于运用各种调研技术，才能获得完整、准确的资料。调查问卷设计、抽样方法选择、市场预测等是市场调研中常用的基本技术。

一、问卷设计技术

调查问卷也叫调查表、调查提纲，是收集第一手资料常用的表格形式。调查问卷的设计是市场调研中的一项基础性工作，直接体现市场调研的目的、价值、效率。

（一）问卷的结构

通常，一份调查问卷应包含以下基本要素：

（1）开场白。表明对被调查者合作、支持的希望或予以酬谢的允诺以及调查问卷的说明和填写要求。开场白应言简意赅，强调调查工作的重要性，消除被调查者的疑虑，同时使之引起共鸣，产生兴趣。

（2）调查的问题。这是调查问卷的主体，具体内容应视调研目的和任务而定。

（3）被调查者的情况。如年龄、性别、职业、住址、教育程度等，以备分类研究之用。

（4）编号。

（二）问卷设计的主要步骤

（1）确定所要收集的资料、资料的具体内容和提出的问题。

（2）确定提问的方式。

（3）确定每个问题的措辞。

（4）确定每个问题的顺序。

（5）从总体上设计调查问卷的结构。

（6）送审与修改。将调查问卷送有关领导、专家或同行审阅，征求意见，全面修改。

（7）试查。调查问卷修改、整理后，复制 20 ~ 30 份发放到一定范围，然后回收，看能否获得所需资料，是否还有错误和问题，了解试查对象的态度和反应。

（8）定稿和复制。试查后，若调查问卷需要过多修改，则应修改后再一次试查。如果只需修改少量地方，修改后便可定稿、复制并正式使用。

（三）问卷设计的注意事项

（1）问卷开始时必须说明调研的目的，并感谢被调研者的合作。

（2）问句必须简单明了、含义清楚，避免使用语意模糊的问句。

（3）不要问难以回忆的问题。例如，“请问您自去年以来用什么牌子的牙膏，一共买了几支?”

（4）问卷提问中所采用的措辞或语气不能带有某种倾向或暗示。

（5）问卷要简短，全部问题最好能在 15 分钟内回答，以免被调查者产生厌烦情绪。此外，问卷的形式也会影响到问卷质量。

在调查中，问卷有两种类型。一种是封闭式，调研人员事先准备好所有可能的答案，被调查者从中选择回答。这种方式更易进行统计分析。另一种是开放式，由被调查者用自己的话回答。这种方式有可能得到更多的信息。

二、抽样调查技术

在许多调研对象中，如何以最少的时间、费用与手续获得最佳的调研结果，这就有赖于抽样调研。所谓抽样调研是从需要调查的对象总体中抽取若干样本进行调查，并根据调查的情况推断总体特征的一种调研。采用抽样调研要注意以下几点：第一，确定抽样对象。这是解决向什么人调研的问题。例如，要想了解家庭购买住房的决策过程，应调研丈夫、妻子还是其他成员？第二，选择样本大小，即调研多少人的问题。第三，确定抽样方法。抽样调研法可分为两大类：一类是随机抽样，另一类是非随机抽样。

（一）专家调查法

此法又称特尔菲法，是美国兰德公司20世纪40年代创始的。具体做法是：将征询的问题分别寄给选定的若干专家，请他们分别填写后寄回，然后主持人将这些意见分别归纳并形成文字，再一次寄给专家，请他们再次填写并寄回。直到经过多次反复，意见逐步趋向集中，并得出比较一致的结论为止。此法操作简单、科学性强，在缺乏资料、无法应用数据模型的条件下被广泛采用。其主要特征是：

（1）匿名性。由于专家们分别填写自己的意见，互不相知，因而既能避免受权威左右，又不会损害非权威者的面子，可以畅所欲言。

（2）反馈性。由于多次征询与反馈，使原来比较分散的预测意见逐渐达到相对一致，结果比较可靠。

（3）不足之处在于信函往返耗费时间较长，对预测意见的分类、整理、归纳需花费较多的人力。

（二）社会调查法

即通过座谈、访问或信件、电话、报表、展览等手段，直接向有关人员进行调查，加以分析和综合进行预测的方法。例如，日本三菱电机公司第五任总经理进藤贞和在20世纪70年代为扭转家电的困难局面，亲自调查了全国3 000多个销售点。店主们对产品提出了许多意见，有的店主向他抱怨，有的对产品的缺点抓住不放。进藤贞和再三道歉，并表示要加以改进。由于取得了确切的信息，企业及时改进了生产，使得三菱电机公司的销售额增长了10倍。如今三菱电机已主宰了日本整个家电市场，进藤贞和被人们誉为“三菱霸主”。

（三）时间序列预测法

时间序列预测法是把过去的历史资料和数据按时间顺序加以排列，构成一个数字序列，再对此序列中数值的变化加以延伸进行推算，判断市场未来发展趋势的方法。此法比较简便，适用性强，但不能反映事物的因果关系，需要用其他预测法加以补充和校正。主要有简单平均法、移动平均法和加权移动平均法等。

（四）因果关系分析法

即利用市场营销活动中各种因素之间的因果关系，找出影响预测结果的主要原因，并计算出原因与结果之间的数量关系，根据此数量关系测算出预测值的方法。此法结果比较准确，但需要一定的数学知识与计算技术。主要有回归分析法、相关分析法和基数叠加法等。

第三节　组织调研实施

【引导案例】

失败的市场调研

一、数据给企业带来的噩梦

上海的柴远森先生出差来北京的时候，在西单买了一本有关市场调查的书。3个月以后，他为这本书付出了30多万元的代价。更可怕的是，这种损失还在继续，除非柴先生的宠物食品公司关门，否则那本书会如同魔咒般伴随着他的商业生涯。

为了能够了解更多的消费信息，柴先生设计了精细的问卷，在上海选择了1 000个样本，并且保证所有的抽样在超级市场的宠物购物人群中产生，内容涉及：价格、包装、食量、周期、口味、配料等6大方面，覆盖了他所能想到的全部因素。沉甸甸的问卷让柴氏企业的高层着实振奋了一段时间，谁也没有想到市场调查正把他们拖向溃败。

2005年年初，上海柴氏的新配方、新包装狗粮产品上市了，短暂的旺销持续了一星期，随后就是全面萧条，后来产品在一些渠道甚至遭到了抵制。过低的销量让企业高层不知所措，当时远在美国的柴先生更是惊讶："科学的调研为什么还不如以前我们凭感觉定位来的准确?"到2005年2月初，新产品被迫从终端撤回，产品革新宣布失败。

柴先生告诉《中国财富》："我回国以后，请了十多个新产品的购买者回来座谈，他们拒绝再次购买的原因是宠物不喜欢吃。"产品的最终消费者并不是"人"，人只是一个购买者，错误的市场调查方向，决定了调查结论的局限，甚至荒谬。

经历了这次失败，柴先生认识到了调研的两面性，调研可以增加商战的胜算，而失败的调研对企业来说是一场噩梦。

二、中国人不喝冰红茶

在一间宽大的单边镜访谈室里，桌子上摆满了没有标签的杯子，有几个被访问者逐一品尝着不知名的饮料，并且把口感描述出来写在面前的卡片上……这个场景发生在1999年，当时任北华饮业调研总监的刘强组织了5场这样的双盲口味测试，他想知道，公司试图推出的新口味饮料能不能被消费者认同。

此前调查显示：超过60%的被访问者认为不能接受"凉茶"，他们认为中国人忌讳喝隔夜茶，冰茶更是不能被接受。刘强领导的调查小组认为，只有进行了实际的口味测试才能判别这种新产品的可行性。

等拿到调查的结论，刘强的信心被彻底动摇了，被测试的消费者表现出对冰茶的抵抗，一致否定了装有冰茶的测试标本。新产品在调研中被否定。

直到2000年、2001年，以旭日升为代表的冰茶在中国全面旺销，北华饮业再想迎头赶上为时已晚，一个明星产品就这样穿过详尽的市场调查与刘强擦肩而过。说起当年的教训，刘强还满是惋惜："我们举行口味测试的时候是在冬天，被访问者从寒冷的室外来到现场，没等取暖就进入测试，寒冷的状态、匆忙的进程都影响了访问者对味觉的反应。测试者对口感温和浓烈的口味表现出了更多的认同，而对清凉淡爽的冰茶则表示排斥。测试状态与实际消费状态的偏差让结果走向了反面。"

"驾驭数据需要系统谋划。"好在北华并没有从此怀疑调研本身的价值，"去年，我们成功组织了对饮料包装瓶的改革，通过测试，我们发现如果在塑料瓶装的外形上增加弧形的凹凸不仅可以改善瓶子的表面应力，增加硬度，更重要的是可以强化消费者对饮料功能性的心理认同。"

采访中，北京普瑞辛格调研公司副总经理邵志刚先生的话似乎道出了很多企业的心声："调研失败如同天气预报给渔民带来的灾难，无论多么惨痛，你总还是要在每次出海之前，听预报、观天气、看海水。"

三、3个小细节，1千万大风险

普瑞辛格调研公司给《中国财富》出示了两组数据，来说明调研的严谨性。同样的调研问卷，完全相同结构的抽样，两组数据结论却差异巨大。邵志刚介绍说，国内一家知名的电视机生产企业，2004年年初设立了20多人的市场调研部门，就是因为下面的这次调查，该部门被注销、人员被全部裁减。

问题：列举您会选择的电视机品牌？

其中一组的结论是：有15%的消费者选择本企业的电视机；另一组得出的结论却是：36%的消费者表示本企业的产品将成为其购买的首选。巨大的差异让公司高层非常恼火，为什么完全相同的调研抽样，会有如此矛盾的结果呢？公司决定聘请专业的调研公司来进行调研诊断，找出问题的真相。

普瑞辛格的执行小组受聘和参与调查执行的访问员进行交流，并很快提交了简短的诊断结论：第二组在进行调查执行过程中存在误导行为。调研期间，第二组的成员佩戴了公司统一发放的领带，而在领带上有本公司的标志，其尺寸足以让被访问者猜测出调研的主办方；其次，第二组在调查过程中，把选项的记录板（无提示问题）向被访问者出示，而本企业的名字处在侯选题板的第一位。

以上两个细节，向被访问者泄露了调研的主办方信息，影响了消费者的客观选择。这家企业的老总训斥调研部门的主管："如果按照你的数据，我要增加一倍的生产计划，最后的损失恐怕不止千万。"

【引例分析】

市场调查是直接指导营销实践的大事，对错是非可以得到市场验证，只是人们往往忽视了市场调查实施过程中带来的风险。一句“错误的数据不如没有数据”，包含了众多中国企业家对数据的恐慌和无奈。

一、收集资料与开展调研活动

开展调研活动，调研人员必须收集资料。资料的准确程度与调研人员素质和被调查者状况有关，所以，应当选派有一定政治思想水平、懂业务、懂技术，又有一定调研经验的人员参加。必要时可对他们进行短期培训。调查时，有的被调查者不予合作，调研人员必须设法妥善解决，或另找被调研者，或重新约定调查时间。运用试验法时，调研人员还必须考虑：怎样使试验组和控制组相匹配；在试验对象都在场的情况下，如何防止他们互相影响；如何用统一的方法对试验条件进行管理和控制外来因素。总之，采用每一种调研方法都可能遇到困难，要尽可能排除干扰，按预定计划的要求收集资料。

根据设计的调研方案，由调研人员开展调研活动。在调研实施过程中要求调研人员严格按照操作规范，采用规定的调研方法实施调研；要求调研人员坚持求实的态度，发扬严肃认真的工作作风，认真踏实地完成任务。在调研现场一般要对访问内容进行现场编校，迅速复查一遍问卷，发现有错误、遗漏之处应及时修正。在调研实施中还应控制现场访问质量，设立督导员岗位。督导员应对调研人员的工作态度和工作质量进行严格的检查。在开展调研活动时，还应对所查结果进行复查，检查调研人员的访问质量，了解调研人员是否进行访问、访问时间及访问中主要问题的回答内容是否属实，发现问题及时解决。

二、分析结果与撰写调研报告

调研的最后一个阶段是对所得资料进行处理，根据分析结果编写调研报告，并将调研结果提供给决策部门参考。

（一）处理资料

处理所得资料包括：① 整理。对所得资料进行筛选，剔除谬误、不实和含糊之处，如调研人员的偏见、被调查者的敷衍了事、有矛盾的回答等。② 分类。根据调研目标对所得资料按一定标准归类，统一编号。③ 列表。将所得资料编制成各种图表，以便进一步分析。

（二）编写调研报告

调研报告是调研工作的最终成果。调研报告的编写要客观完整、重点突出、紧扣主题、简明扼要、层次分明。

调研报告包括：① 前言。概述调研宗旨、经过、调研目的、调研方法和技术以及必要的谢辞等。② 正文。包括调研目的、调研任务的详细说明，调研结果的阐述，对策建议等。③ 附件。

知识经济时代的到来和信息技术的广泛运用，使市场调研活动变得非常快捷，调研成果更加准确可靠。整个市场调研的进程就可能演变为如下形式：客户通过自身的营销售后、管理系统识别所面临的问题之后，通过网络将要调研的问题以 E-mail 形式告知专业性的调研公司；接到客户的调研任务书后，调研公司就可通过人工智能计算机分析判断调研目标是否切中经营问题的要害，并依据计算机的分析结论设计调研方案与抽样方案，合理设计访问地图和访问线路，甚至可通过无纸化的调查问卷直接在网上进行访问和记录，对获取的所有被访者的第一手资料采用对应的统计分析程序（如 SPSS、SAS 等）汇总分析后，撰写调研报告，并由网上返回客户。可以看到，市场调研的整个进程都是借助于计算机在网上进行的，实现了调查无纸化，节省了大量访问时间和费用，效率得以大大提高，满足了企业经营决策对时限的要求。例如，观看中央电视台体育频道的“足球之夜”节目就可发现，观众可在网上判断、回答当晚提出的舆论调查题目，之后迅速返回电视台，电视台很快就能统计出调查结论，主持人可在当晚的节目中及时向观众公布调查结果。这就是信息时代调研的一个雏形。

本章小结

本章主要阐述了市场营销调研方案的拟订方法，市场调研技术以及如何实施市场调研。在本章的学习中通过理解和掌握拟定市场调研方案、市场调研技术，从而形成对市场调研的理解，并且能够设计和实施市场调研方案。

复习思考

1. 为什么说市场调研策划是营销策划的起点和基础？
2. 市场调研方案主要包括哪些内容？
3. 市场调研有哪些主要方法？
4. 问卷的结构、设计、步骤和注意事项有哪些？
5. 如何撰写调研报告？

技能训练

抗感冒药零售市场调查策划

1. 演练项目：抗感冒药零售市场调查策划。

2. 演练目的：通过对零售药市场调查与分析，明确营销策划的起点是市场调查策划，进一步掌握市场调查的程序与方法。

3. 演练内容：问卷调查；对药品专柜销售人员的调查；直销中调查；用药后的跟踪调查。

4. 演练组织：根据班组实际情况，要求学生在每家药店至少访问一名营业人员，获取有效样本，调查每家药店销售的抗感冒药物的主要品种、价格水平、销售量及排序、消费特点、作用及效果等。

5. 演练考核：要求学生完成“抗感冒药零售市场调查策划或调研方案”。

同步测试

一、单项选择题

1. 开展市场调研首先必须拟定市场调研的方案，市场调研方案是从以下哪项内容开始的（　　）。

A. 确定调研目的与内容　　B. 确定调研对象与方法

C. 设计调查问卷　　D. 组织调研实施

2. 以下市场调研方法中，收集到的资料是二手资料的是（　　）。

A. 直接询问法　　B. 观察法

C. 实验法　　D. 查阅文献法

3. 以下几种市场调查的方法中，主要用于新产品试销和新方案实施前的调查的是（　　）。

A. 询问法　B. 观察法　C. 试验法　D. 问卷法

4. 以下几种市场调查的方法中，成本最高的是（　　）。

A. 信函调查　B. 电话调查　C. 当面调查　D. 网络调查

二、案例分析

可口可乐——一次市场调研失败的教训

20 世纪 70 年代中期以前，可口可乐一直是美国饮料市场的霸主，市场占有率一度达到 80%。然而，自 20 世纪 70 年代中后期开始，它的老对手百事可乐迅速崛起。1975 年，可口可乐的市场份额仅比百事可乐多 7%；9 年后，这个差距又缩小到 3%，微乎其微。

百事可乐的营销策略是：

（1）针对饮料市场的最大消费群体——年轻人，以“百事新一代”为主题推出一系列青春、时尚、激情的广告，让百事成为“年轻人的可乐”。

（2）进行口味对比。请毫不知情的消费者分别品尝没有贴任何标志的可口可乐与百事可乐，同时百事可乐公司将这一对比实况进行现场直播。结果是，有

80%的消费者回答百事可乐的口感优于可口可乐，此举马上使百事可乐的销量激增。

针对百事可乐的营销策略，可口可乐进行了一系列活动：

1. 耗资数百万的口味测试

对手的步步紧逼让可口可乐感受到极大的威胁，它试图尽快摆脱这种尴尬的境地。1982年，为找出可口可乐衰退的真正原因，可口可乐决定在美国10个主要城市进行一次深入的消费者调查。

可口可乐设计了“你认为可口可乐的口味如何?”“你想试一试新饮料吗?”“可口可乐的口味变得更柔和一些，您是否满意?”等问题，希望了解消费者对可口可乐的评价并征询对新可口可乐口味的意见。调查结果显示，大多数消费者愿意尝试新口味可口可乐。

可口可乐的决策层以此为依据，决定结束可口可乐传统配方的历史使命，同时开发新口味可乐。没过多久，比老可乐口感更柔和、味道更甜的新可口可乐样品便出现在世人面前。

为确保万无一失，在新可口可乐正式推向市场之前，可口可乐公司又花费数百万美元在13个城市中进行了口味测试，邀请了近20万人品尝无标签的新、老可口可乐。结果让决策者们更加放心，因为六成的消费者回答说新可口可乐味道比老可口可乐要好，认为新可口可乐味道胜过百事可乐的也超过半数。至此，推出新可口可乐似乎是顺理成章的事了。

2. 被遗失的美国精神

可口可乐不惜血本协助瓶装商改造了生产线，而且，为配合新可口可乐上市，可口可乐还进行了大量的广告宣传。1985年4月，可口可乐在纽约举办了一次盛大的新闻发布会，邀请200多家新闻媒体参加，依靠传媒的巨大影响力，新可口可乐一举成名。

看起来一切顺利，刚上市一段时间，有一半以上的美国人品尝了新可口可乐。但让可口可乐的决策者们始料未及的是，噩梦正向他们逼近——很快，越来越多的老可口可乐的忠实顾客开始抵制新可口可乐。对于这些顾客来说，传统配方的可口可乐意味着一种传统的美国精神，放弃传统配方就等于背叛美国精神，“只有老可口可乐才是真正的可乐”。有的顾客甚至扬言将再也不买可口可乐了。

每天，可口可乐公司都会收到来自愤怒的顾客的成袋信件和上千个批评电话。尽管可口可乐竭尽全力平息顾客的不满，但他们的愤怒情绪犹如火山爆发般难以遏止。

迫于巨大的压力，决策者们不得不作出让步，在保留新可口可乐生产线的同时，再次启动近100年历史的传统配方，生产让美国人视为骄傲的“老可口可乐”。

仅仅 3 个月的时间，可口可乐的新可口可乐计划就以失败告终。

案例思考：

1. 你认为可口可乐的失误在哪里？有什么方法可以避免？
2. 请就这两个问题谈谈你的看法。

第四章

产品策划

【学习目标】

知识目标：

（1）了解产品策划的各种具体策划方式及其含义。

（2）掌握新产品开发与推广策划、新产品策划的过程等。

能力目标：

（1）能运用产品实体策划、品牌策划的方法进行简单的策划。

（2）学会推广之后的产品管理方法。

【本章的知识体系】

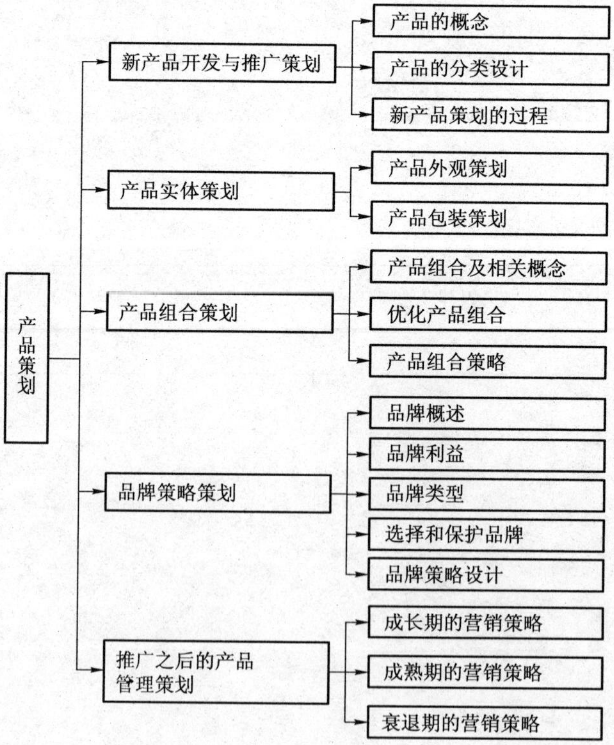

【引导案例】

产品创新锻铸娃哈哈非常竞争力

2007 年 2 月 12 日，北京。商务部与中央电视台联合举办的“中国品牌之路”主题晚会，在这里隆重举行。“2006 年中国最具市场竞争力品牌”震撼发布，19 个类别的 220 个国内知名品牌，成为万众瞩目的焦点。其中，娃哈哈以绝对的市场竞争优势，名列饮料品牌榜首。

放眼中国纵横广阔的饮料市场，娃哈哈的身影无处不在。AD 钙奶、非常可乐、营养快线、爽歪歪等一大批拥有自主知识产权的娃哈哈产品，几乎渗透到了所有饮料品类。

产品创新带动利润：

在人们并不久远的记忆中，所谓的饮料就是汽水。那时我国饮料市场产品十分单一，在可口可乐出现以前，基本上只有那种瓶装的汽水饮料。而如今，我国饮料市场品种繁多，新品迭出，让人眼花缭乱。如今，娃哈哈集团生产销售乳饮料、瓶装水、碳酸饮料、茶饮料、果汁饮料、罐头食品、医药保健品、休闲食品等八大类近 300 个品种的产品。

“没有自己的产品，企业的命运就无法掌握在自己手里。”1987 年，娃哈哈创始人宗庆后就意识到原始创新的重要性。在对杭州 3 000 名小学生进行调查，发现有近半学生因挑食导致不同程度的营养不良后，宗庆后马上找到浙江医科大学营养系朱寿民教授，根据中医食疗原理，采用红枣、桂圆、山楂、花生等全部天然原料合理配制，开发针对儿童市场空白的营养液。

第二年，中国第一支儿童营养液呱呱坠地。“喝了娃哈哈，吃饭就是香。”凭借可靠的疗效，娃哈哈营养液一炮打响。第一年销售额为 488 万元，第二年达到 2 712 万元，第三年就接近亿元大关。营养液的成功使宗庆后进一步认识到产品创新的重要性。当保健产品方兴未艾之时，他又把目光瞄准含乳饮料。2005 年，娃哈哈经过大量的市场调研，根据国人独特膳食结构和营养状况研制了一款名叫“营养快线”的牛奶加果饮品。2006 年年初上市的爽歪歪益生菌发酵酸奶饮品，是娃哈哈在儿童乳饮料领域取得的生物科技新成果。

产品常新，企业常青。娃哈哈每年都有新产品，每年都有新的利润增长点。以 2006 年为例，新产品销售收入达到 40 多亿元，占了总销售的 30%，实现利润 9 亿元，新产品的利润贡献率达到 40%。品种齐全的产品链，解决了产品生命周期影响企业生命周期的问题，从而保证了企业经济的高速增长。

【引例分析】

1. 娃哈哈成功的关键是什么?

2. 娃哈哈的产品创新确实为企业的高速发展做出了很多贡献，然而“创新是把双刃剑”，娃哈哈的产品创新存在哪些隐患呢？

第一节　新产品开发与推广策划

一、产品的概念

产品是指能够提供给市场以满足需要和欲望的任何东西，包括有形物品和无形服务。消费需求不断地扩展和变化使产品的内涵和外延不断扩大。从内涵看，产品从有形实物产品扩大到服务、人员、地点、组织和观念。从外延上看，产品从核心产品、形式产品向期望产品、附加产品和潜在产品拓展。从整体上对产品进行研究，提出整体产品的概念，如图 4－1 所示。

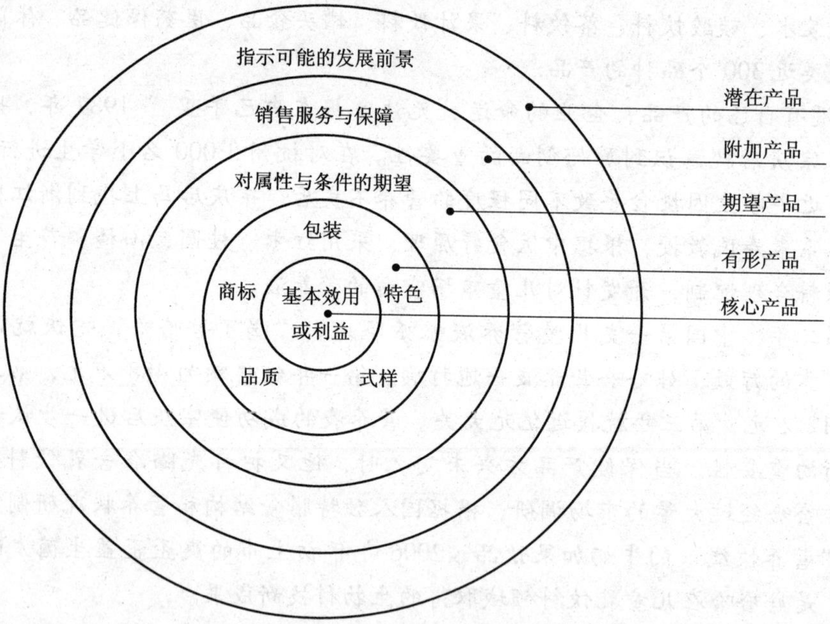

图 4－1　整体产品层次

（1）核心产品，是指整体产品向顾客提供的基本效用或利益。例如，购买洗衣机可以使消费者省时、省力、快速地清洁衣饰和其他物品。因此，企业在设计和开发新产品时，应考虑如何使产品的基本效用或利益最大化以满足顾客的需求。

(2) 有形产品，是核心产品借以实现的形式，即向市场提供的实体和服务的形象。如果有形产品是实体品，则它在市场上通常表现为产品质量水平、外观特色、式样、品牌名称和包装等。产品的基本效用必须通过某些具体的形式才能得以实现。市场营销者应首先着眼于顾客购买产品时所追求的利益，以求更完美地满足顾客需要，从这一点出发再去寻求利益得以实现的形式，进行产品设计。

(3) 期望产品，是指购买者购买某种产品通常所希望和默认的一组产品属性和条件。一般情况下，顾客在购买某种产品时，往往会根据以往的消费经验和企业的营销宣传，对所欲购买的产品形成一种期望，如对于旅店的客人，期望的是干净的床、香皂、毛巾、热水、电话和相对安静的环境等。顾客所得到的，是购买产品所希望得到的，也是企业在提供产品时应该提供给顾客的，对于顾客来讲，在得到这些产品基本属性时，并没有太多的喜悦和形成偏好，但是如果顾客没有得到这些，就会非常不满意，因为顾客没有得到他应该得到的东西，即顾客所期望的一整套产品属性和条件。

(4) 附加产品，是顾客购买有形产品时所获得的全部附加服务和利益，包括提供信贷、免费送货、质量保证、安装和售后服务等。附加产品的概念来源于对市场需要的深入认识。因为购买者的目的是为了满足某种需要，因而他们希望得到与满足该项需要有关的一切。

(5) 潜在产品，是指一个产品最终可能实现的全部附加部分和新增加的功能。许多企业通过对现有产品的附加与扩展，不断提供潜在产品，所给予顾客的就不仅仅是满意，还能是顾客在获得这些新功能的时候，感到喜悦。所以潜在产品指出了产品可能的演变，也使顾客对于产品的期望越来越高。潜在产品要求企业不断寻求满足顾客的新方法，不断将潜在产品变成现实的产品，这样才能使顾客得到更多的意外惊喜，更好地满足顾客的需要。

二、产品的分类设计

(一) 根据产品的耐用性和有形性分类（如图 4-2 所示）

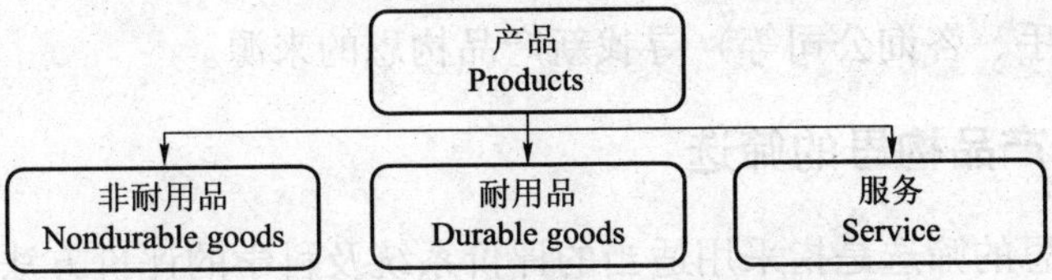

图 4-2 产品根据耐用程度及有形性分类

（二）消费品的分类（如图 4-3 所示）

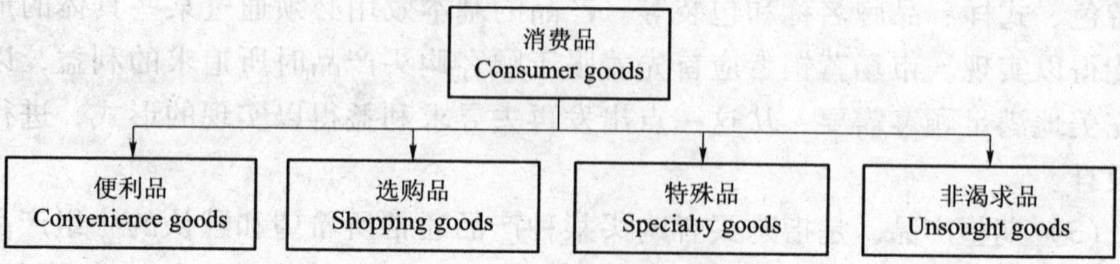

图 4-3 消费品的分类

（三）产业用品的分类（如图 4-4 所示）

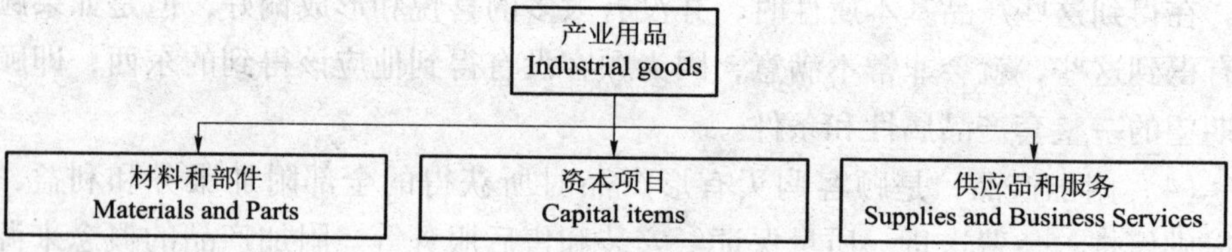

图 4-4 产业用品的分类

三、新产品策划的过程

企业可以通过两种基本方式策划新产品：一是购买企业外部的技术专利或特许权，取得经营权利；二是企业自己设立研究部门，自行研究开发新产品，或与专门的研究开发机构签约，委托它们为企业开发特定新产品。

企业在策划新产品开发时，为了避免风险，提高成功率，必须建立和遵循一定的科学程序。新产品策划过程包括八个阶段：

（一）构思

产生一个好的新产品构思或创意是新产品成功的关键。企业通常可以从企业内部（如研究开发部门、销售人员、高层管理部门等）和企业外部（顾客、中间商、竞争对手、咨询公司等）寻找新产品构思的来源。

（二）新产品构思的筛选

新产品构思的筛选是指采用适当的评价系统及科学的评价方法对各种创意进行分析比较，选出最佳创意的过程。在这一过程中，应力求做到除去亏损最大和必定亏损的新产品构思，选出潜在盈利大的新产品创意。

（三）产品概念形成与测试

新产品概念是企业从消费者的角度对产品构思进行的详尽描述，即构思的具体化，如描述出产品的性能、具体用途、形状、优点、价格和提供给消费者的利益等。同时将筛选出的构思用文字描绘或制作成实体，提交给特定的目标顾客，针对产品概念中的用途、价格、特性等问题与同类产品比较，听取和收集意见，了解他们的反应。为进一步的决策提供依据。

（四）初拟营销计划

企业选择了最佳产品概念后，应制订将这种产品引入市场的初步营销计划，并在以后的各阶段不断完善。该计划包括：目标市场的具体描述，如规模、消费者的购买行为、产品的市场定位、利润目标等；产品预期价格、分销渠道等的概述；投产后几年内的销售额、投资收益率等。

（五）商业分析

对新产品估计的销售量、成本和利润等财务情况以及消费者满意程度、市场占有率等情况进行综合分析，判断该产品是否满足企业开发的目标。如果满足可以进入下一个阶段。常用的商业分析方法有盈亏平衡分析法、产品会审法等。

（六）新产品试制

这是新产品开发的一个重要环节，主要解决产品构思能否转化为在技术上和商业上可行的产品。经过商业分析之后的新产品概念，交由工艺部门研制出不同的产品样品后，还需对其从技术和经济上进行全面鉴定。

（七）市场试销

将正式产品，投放到有代表性的小范围市场上进行试销，旨在检查该产品的市场效应，然后决定是否大批量生产。通过试销可为新产品能否全面上市提供全面、系统的决策依据，也为新产品的改进和市场营销策略的完善提供启示，有许多产品是通过试销改进后才取得成功，但并非所有的新产品都要经过试销，可根据新产品的特点及试销对新产品的利弊分析来决定。

（八）新产品正式上市

新产品试销成功后，就可以正式批量生产，全面推向市场。这时企业需要投入大量的资金，用来购置设备和原材料，组织生产；同时用来培训推销人员，进行媒介宣传。因此，新产品推出的初期往往是亏损的。为了新产品能够成功推出，在此阶段企业应从以下几方面做好决策。

（1）何时推出新产品。即在什么时候将产品推入市场最适宜，针对竞争者而言，可以做三种选择：首先进入、平行进入和后期进入。

（2）何地推出新产品。即选择哪个地方的目标顾客为其推出新产品。

（3）向谁推出新产品。企业可以把分销和促销目标面向最理想的消费者，利用他们带动其他消费者。

（4）如何推出新产品。即企业应制订较为完善的营销方案，有计划地进行营销活动。

小组活动

温州某眼镜公司是当地的一家明星企业，1996 年曾经创下年度创汇数千万美元的纪录，在此之前，公司领导与科技人员一起，搜集市场信息，不断地推出新的眼镜品种和款式，获得国外消费者的好评，但公司进入巅峰后，公司领导开始懈怠，也不在意新产品的开发，几乎放弃了新的技术和人才的引进工作，使公司产品落后于时代的要求，当然也不能满足国外消费者的需要，最终于2000 年宣布破产。针对这个例子请小组讨论新产品开发对企业的重要性。

第二节　产品实体策划

【引导案例】

目标市场的判断与选择

美国一个制鞋公司要寻找国外市场，公司派了一个业务员去非洲一个岛国，让他了解一下能否将本公司的鞋销给他们。这个业务员到非洲后待了一天发回一封电报："这里的人不穿鞋，没有市场。我即刻返回。"公司又派出了一名业务员，第二个人在非洲待了一个星期，发回一封电报："这里的人不穿鞋，鞋的市场很大，我准备把本公司生产的鞋卖给他们。"公司总裁得到两种不同的结果后，为了解到更真实的情况，于是又派去了第三个人，该人到非洲后待了三个星期，发回一封电报："这里的人不穿鞋，原因是他们脚上长有脚疾，他们也想穿鞋，过去不需要我们公司生产的鞋是因为我们的鞋太窄。我们必须生产宽鞋，才能适合他们对鞋的需求，这里的部落首领不让我们做买卖，除非我们借助于政府的力量和公关活动进行市场营销。我们打开这个市场需要投入大约1.5 万美元，这样我们每年能卖大约 2 万双鞋，在这里卖鞋可以赚钱，投资收益率约为 15% 。"

【引例分析】

第一个业务员只会盯着既有市场，缺乏发现目标市场的能力；第二个业务员能寻找到目标市场，但是缺乏市场分析能力；第三个业务员显然是成功的，他找出了潜在市场，对目标市场进行了差异化分析，并且拿出了合理的调整方案。从该案例可以看出：

(1) 合格的企业营销人员不能只针对存在的市场进行营销，还要善于发现潜在的市场。

(2) 合格的企业营销人员在发现了潜在市场后要善于对市场进行差异化分析，找出目标市场的需求。

(3) 合格的企业营销人员在确定了目标市场，找出了目标市场偏好后能及时对自有产品进行调整，让调整后的产品既能适应新市场的需求，又能保证生产利润。

思考：你认为选择目标市场还应该注意什么问题？

一、产品外观策划

在做产品外观策划时，不应仅仅考虑设计一个漂亮的产品外观或者做一个华丽的包装而已，必须首先考虑以下因素。

1. 产品本质的分析

(1) 产品的质量。

产品是否属于高质量的产品？

消费者对产品质量的满意程度如何？

产品的质量能继续保持吗？

产品的质量有无继续提高的可能？

(2) 产品的性能。

产品的性能有哪些？

产品最突出的性能是什么？

产品最适合消费者需求的性能是什么？

产品的哪些性能还不能满足消费者的需求？

(3) 产品的价格。

产品价格在同类产品中居于什么档次？

产品的价格与产品质量的配合程度如何？

消费者对产品价格的认识如何？

(4) 生产工艺。

产品通过什么样的工艺生产？

在生产工艺上有无特别之处？

消费者是否喜欢通过这种工艺生产的产品？

(5) 产品的材质。

产品的主要原料是什么？

产品在材质上有无特别之处？

消费者对产品材质的认识如何？

(6) 产品的外观与包装。

产品的外观和包装是否与产品的质量、价格和形象相称？

产品在外观和包装上有没有欠缺？

外观和包装在货架上的同类产品中是否醒目？

外观和包装对消费者是否具有吸引力？

消费者对产品外观和包装的评价如何？

(7) 与同类产品的比较。

在性能上有何优势？有何不足？

在质量上有何优势？有何不足？

在价格上有何优势？有何不足？

在材质上有何优势？有何不足？

在工艺上有何优势？有何不足？

在消费者的认知和购买上有何优势？有何不足？

2. 产品寿命周期分析

(1) 产品生命周期的主要标志。

(2) 产品处于什么样的生命周期。

(3) 企业对产品生命周期的认知。

3. 产品的标杆形象分析

(1) 企业赋予产品的形象。

企业对产品形象有无考虑？

企业为产品设计的形象如何？

企业为产品设计的形象有无不合理之处？

企业是否将产品形象向消费者传达？

(2) 消费者对产品形象的认可。

消费者认为产品形象如何？

消费者认知的形象与企业设定的形象符合吗？

消费者对产品形象的预期如何？

产品形象在消费者认知方面有无问题？

4. 产品定位分析

(1) 产品的预期定位。

企业对产品定位有无设想？

企业对产品定位的设想如何？

企业对产品的定位有无不合理之处？

企业是否将产品定位向消费者传达？

（2）消费者对产品定位的认知。

消费者认为的产品定位如何？

消费者认知的定位与企业设定的定位符合吗？

消费者对产品定位的预期如何？

产品定位在消费者认知方面有无问题？

（3）产品定位的效果。

产品的定位是否达到了预期的效果？

产品定位在营销中是否有困难？

5. 产品分析的成果

（1）产品特性。

机会与威胁。

优势与劣势。

主要问题点。

（2）产品的生命周期。

机会与威胁。

优势与劣势。

主要问题点。

（3）产品的形象。

机会与威胁。

优势与劣势。

主要问题点。

（4）产品定位。

机会与威胁。

优势与劣势。

主要问题点。

只有完成以上的分析才能对产品的外观进行设计与制作。

二、产品包装策划

包装是产品的容器或外部包扎物，是产品整体概念的重要组成部分。产品包装是一项技术性和艺术性很强的工作，通过对产品的包装可以达到多种效果。

（一）包装的作用

（1）保护产品。即保护产品质量安全和数量的完好无损，是产品包装的最原始、最基本的目的。产品在从生产领域向消费领域转移过程中，要经过多次运输和储存的环节，其中会出现震动、挤压、碰撞、日晒、变质等情况，包装可以有效地预防以上情况的出现或降低损失的程度。

（2）便于运输、携带和储存。产品的物质形态有气态、液态、固态和胶态等，它们的理化性质也各异，可能是有毒的、有腐蚀性的或易挥发、易燃、易爆等，外形上可能有棱角、刃口等危及人身安全的形状。进行合理的包装，便于产品的运输，便于储存和点检，合理堆砌，保护产品品质，同时便于计数，有利于管理。

（3）便于使用。适当的包装可以起到便于使用和指导消费者的作用。

（4）美化产品，促进销售。产品采用包装后，首先进入消费者视觉的往往是包装。产品经过包装，尤其加上装潢后，产品更加美化，一个好的包装还可以增加产品的价值，起到"无声推销员"的作用，引起或刺激消费者的兴趣，促进产品的销售。

（5）增强竞争力。不同厂家不同品牌采用不同的包装，可以使消费者易于识别。同时，通过包装，使产品不易仿制和伪造，有利于维护企业信誉，增强企业竞争力，提高经济效益。

（6）增收开支。首先在运输过程中，包装能减少损坏、变质等情况，减少损耗，从而减少支出，增加利润；其次在销售中，由于可以刺激消费者的消费，使销售量增加，进而也增加利润。

（二）包装策划需要考虑的因素

传统上的包装被认为是一种附带的营销决策。包装策划主要是基于成本和生产的考虑；包装的主要功能是包容和保护产品。近年来随着自助服务销售方式的增加，产品的包装必须执行许多销售任务，包装已经成为一项重要的营销工具。它必须吸引顾客注意，描述产品的功能特色，给顾客以信心，使产品在顾客心目中有一个很好的印象。公司包装决策应当要考虑以下方面：

（1）正当的包装和标签。社会大众关心产品的包装或标签是否真实，是否会引起误解。不实或引起误解的标签或包装，属于不公平竞争。消费者往往会因为那些令人混淆不清的包装形状及大小而难以在价格上加以比较。

（2）过高成本。许多人批评某些产品由于包装过度，致使售价上扬；特别是那些买来后就丢弃的次级包装，对消费者根本没有什么价值，有些包装的成本甚至比产品本身还高。

（3）资源有限。纸张、铝以及其他原料的短缺正逐渐引起关注，因此人们建议企业应该努力减少产品的包装。

（4）污染。绿色环保观念正逐渐形成潮流，营销人员在设计产品包装时应设法使其符合生态环境的要求。

（三）包装策略

所谓包装策划，就是对某企业的产品包装或某项包装开发与改进之前，根据企业的产品特色与生产条件，结合市场与人们的消费需求，对产品的市场目标、包装方式与档次进行整体方向性规划定位的决策活动。

包装策略是营销策划活动中的核心内容，企业除了使包装能充分展现产品的特色外，还需要运用适当的包装策略，使包装成为强有力的营销手段。常用的包装策略主要有以下几种：

（1）类似包装。即企业所有产品的包装，在图案、色彩等方面均采用相同或类似的形式。这样可以降低包装的成本，扩大企业的影响，特别是在推出新产品时，使顾客首先从包装上辨认出产品，迅速打开市场。

（2）组合包装。即把若干有关联的产品，包装在同一容器中，如化妆品的组合包装。组合包装不仅能促进消费者的购买，利于企业推销产品，特别是推销新产品时，可将老产品组合出售，创造条件使消费者接受、试用。

（3）附赠品包装。这种包装的主要方法是在包装物中附赠一些物品，从而引起消费者的购买兴趣，有时，还能造成顾客重复购买的意愿。例如，在珍珠霜盒里放一颗珍珠，顾客买了一定数量的本产品之后，就能串成一条项链。

（4）再使用包装。这种包装物在产品使用完后，还可移作其他的用途。这样，购买者可以得到一种额外的满足，从而激发其购买产品的欲望。如设计精巧的果酱瓶，在果酱吃完后可以作旅行杯用。包装物在继续使用过程中，实际还起到了经常性的广告作用，增加了消费者重复购买的可能。

（5）分组包装。即对同一种产品，可以根据消费者的不同需要，采用不同级别的包装。如用作礼品，则可以精致地包装；若自己使用，则只需要简单包扎。此外，对不同等级的产品，也可采用不同的包装。

（6）改变包装。当由于某种原因使产品销量下降，市场声誉跌落时，企业可以在改进产品质量的同时，改变产品的包装形式，从而以新的产品形象出现在市场，改变产品在消费者心目中的不良形象。这种做法，有利于迅速恢复企业声誉，重新扩大市场份额。

典型案例

奇瑞 QQ——“年轻人的第一辆车”

在北京街头已经能时不时遭遇“奇瑞 QQ”的靓丽身影了，虽然只是 5 万元的小车，但是“奇瑞QQ”那绚丽的颜色、玲珑的身段、俏皮的大眼睛、邻家小女儿般可人的笑脸，在滚滚车流中是那么显眼，仿佛街道就是她一个人表演的T形台！

许多时尚男女都因为QQ的靓丽、高配置和高性价比就把这个可爱的小精灵领回家了，从此与QQ成了快乐的伙伴。

分析：你认为奇瑞QQ汽车产品的外观成功在哪儿？为什么？

第三节　产品组合策划

【引导案例】

福特汽车公司的“埃德塞尔”

1957年，福特汽车公司着手生产一种新汽车，牌子叫“埃德塞尔”，为了激起公众对新汽车的兴趣，在“埃德塞尔”实际问世之前一年就大肆进行广告宣传。根据福特公司一位高级经理所说，在第一年中，计划是生产20万辆。大约两年后，福特公司无可奈何地宣布，它犯了一个代价最昂贵的错误，在花了几乎2.5亿美元进入市场之后，“埃德塞尔”在问世两年内估计亏损2亿多美元。

福特公司的战略是想利用“埃德塞尔”同通用汽车公司和克莱斯勒公司在中等价格的汽车市场进行竞争。在制造分别适合美国社会的各种社会经济水平的不同类型的汽车方面，尤其是通用汽车公司一直是非常成功的。在福特公司决定从大众化车型转向生产比较昂贵的汽车时，福特公司就丧失了很大一部分顾客给通用汽车公司和克莱斯勒公司了。

【引例分析】

很多理由可以说明“埃德塞尔”未能在汽车市场上取得立足点。其一是，“埃德塞尔”是在经济衰退时期中等价格汽车市场收缩的情况下进入市场的；其二是，国外进口的经济型小汽车正开始赢得顾客的赞许；最后是，“埃德塞尔”的车型性能没有达到其他中等价格汽车的标准。

“埃德塞尔”的总部竭尽全力想出各种办法来防止全面的失败。他们向经销商提供折价出售“埃德塞尔”的方法作为销售额外分红，并且组织了一个有关车型、颜色、大小等方面的经验交流会。全国性的广告预算大约增加了2 000万美元。折价出售“埃德塞尔”给州公路局官员，为的是使人们能在公路上看到这种小汽车，为了招徕顾客，还发动了一次规模巨大的驾车游行的推销活动，让有可能成为顾客的50万人参加。

思考：如果你是福特汽车公司总裁，你会采取什么办法防止全面的失败?

一、产品组合及相关概念

（一）产品组合、产品线和产品项目

产品组合是企业生产和销售的全部产品线及产品项目构成的整体，即企业的业务经营范围。产品线是指企业供给市场的所有产品中，在技术上和结构上密切相关、具有相同的使用功能、满足同类需要的一组产品。产品线是一组密切相关的产品项目。产品项目是同一类产品系列中不同品种的产品。

（二）产品组合的长度、宽度、深度和关联度

产品组合的长度是企业产品组合中产品项目的总数，以产品项目总数除以产品线数目即可得到产品线的平均长度。产品组合的宽度是企业产品组合中产品线的数目。产品组合的深度是企业各产品项目内不同规格、型号、花色、价格等的具体产品数量。产品组合的关联度是企业各条产品线在最终用途、生产条件、分销渠道或其他方面相互关联的程度。

例如，宝洁公司的产品组合：产品组合见下表4－1。

表4－1

清洁剂	牙膏	条状肥皂	纸尿布	纸巾
象牙雪 1930	格利 1952	象牙 1879	帮宝适 1961	媚人 1928
德来夫特 1933	佳洁士 1955	柯克斯 1885	露肤 1976	粉扑 1960
汰渍 1946		洗污 1893		旗帜 1982
快乐 1950		佳美 1926		绝顶 1100's1992
奥克雪多 1914		爵士 1952		
德希 1954		保洁净 1963		
波尔德 1965		海岸 1974		
圭尼 1966		玉兰油 1993		
伊拉 1972				

二、优化产品组合

产品组合状况直接关系到企业销售额和利润水平，企业必须对现行产品组合做出系统的分析和评价，并决定是否加强或剔除某些产品线或产品项目。

（一）优化产品组合的步骤

优化产品组合的过程，通常是分析、评价和调整现行产品组合的过程。包括两个重要的步骤：

（1）产品线销售额和利润分析：主要是指分析、评价线性产品线上不同产品项目所提供的销售额和利润水平。

（2）产品项目市场地位分析：将产品线中各产品项目与竞争者的同类产品作对比分析，全面衡量各产品项目的市场地位。

（二）优化产品组合的方法

企业优化产品组合所采用的方法。主要有产品环境分析法、产品系列平衡法、四象限评价法、资金利润率法等。这些方法主要用于评价产品优劣，进而达到产品组合优化的目的。

1. 产品环境分析法

该方法是把企业的产品分为六个层次，然后分析研究每一种产品在未来的市场环境中的销路潜力和发展前景，其具体内容有：目前企业的主要产品根据市场环境的分析是否继续发展。企业未来的主要产品，一般是指新产品投入市场后能打开市场销路的产品。在市场竞争中，能使企业获得较大利润的产品。过去是主要产品而现在销路已日趋萎缩的产品，企业应决定是采取改进还是缩小或淘汰的决策。对于尚未完全失去销路的产品，企业可以采取维持或保留的产品决策；对于完全失去销路的产品，或者经营失败的新产品，一般应进行淘汰或转产。

2. 产品系列平衡法（又叫 PPM 法）

它是把企业的生产经营活动作为一个整体，围绕实现企业目标，从企业实力（竞争力）和市场引力（发展性）两个方面，对企业的产品进行综合平衡，从而作出最佳的产品决策。产品系列平衡法可分为四个步骤进行：评定产品的市场引力（包括市场容量、利润率、增长率等）；评定企业实力（包括综合生产能力、技术能力、销售能力、市场占有率等）；作产品系列平衡象限图；分析与决策。这里将 PPM 法的各个策略列表 4－2 如下。

表 4－2　产品系列平衡法

项　目		企业实力		
		小	中	大
市场引力	大	提高占有率 选择性投资	加强扩大 敢冒风险	发挥优势 积极投资
	中	选择性投资 或者淘汰	稳定策略 重视平衡	维持现状 争取多盈利
	小	淘汰 力争 最小损失	选择性投资 或者停止投资	回收资金 选优少量投资

3. 四象限评价法

这是一种根据产品市场占有率和销售增长率来对产品进行评价的方法，是由美国波士顿咨询公司提出的一种评价方法，因此，又称波士顿矩阵法。其内容如下：由市场占有率和销售额增长率这两个指标以及它们的组合，应该有四种组合方式。

从而将产品分为四类。用四象限图表示如下：

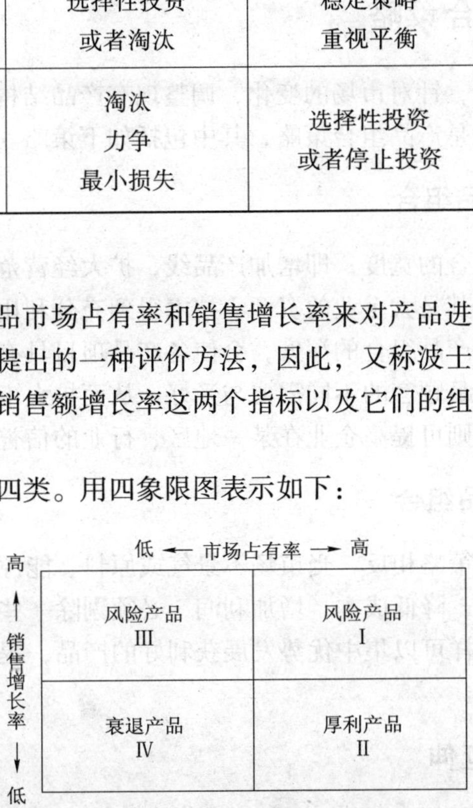

第Ⅰ类产品，是市场占有率高、销售增长率高的产品，很有发展前途，一般处于生命周期的成长期，它是企业的名牌产品。对这类产品，企业要在人、财、物诸方面给予支持，保证其现有地位及将来发展。第Ⅱ类产品，是市场占有率高、销售增长率低的产品，能带来很大的利润，是企业目前收入的主要来源，一般处于生命周期的成熟阶段，它是企业的厚利产品。对这类产品企业应采取维持现状和提高盈利的对策。第Ⅲ类产品，是市场占有率低、销售增长率高的产品，处于生命周期的成长期，很有发展前途，但企业尚未形成优势，是带有经营风险的产品，叫风险产品。这类产品的对策是：集中力量，消除问题，扩大优势，创立名牌。第Ⅳ类产品，它的市场占有率和销售增长率都低，说明产品无利或微利，处于衰退期，是衰退产品，应淘汰。

4. 资金利润率法

资金利润率是一个表示产品经济效益的综合性指标，它把生产一个产品的劳动耗费，劳动占用和企业的经营成果结合在一起，应用这种方法，把产品资金利润率分别与行业的资金利润率水平、同行业中先进企业产品的资金利润率，或企业的经营目标相比，达不到目标水平的，说明盈利能力不高。

三、产品组合策略

根据产品线分析，针对市场的变化，调整现有产品结构，从而寻求和保持产品结构最优化，这就是产品组合策略，其中包括如下策略。

（一）拓展产品组合

企业增加产品组合的宽度，即增加产品线，扩大经营范围，可以充分发挥企业的特长，使企业尤其是大企业的资源、技术得到充分利用，亦可以分散企业的投资风险；企业增加产品组合的深度，会使各产品项目具有更多规格、型号和花色的产品，更好地满足顾客的不同需要与爱好，从而扩大市场占有率；企业增强产品组合的关联性，则可提高企业在某一地区、行业的信誉。

（二）缩减产品组合

与拓展产品组合策略相反，当市场不景气或原料、能源供应紧张时，企业为了减少不必要的投资，降低成本，增加利润，必须剔除一些发展、获利较少的产品线和产品项目，这样可以集中优势发展获利好的产品，提高专业化水平，但增加了企业的市场风险。

（三）产品线延伸

企业根据市场的需求，重新对全部或部分产品进行市场定位，具体有三种实现方式：

（1）向下延伸。企业把原来定位于高档市场的产品线向下延伸，在高档产品线中增加低档产品项目。一般来讲，高档产品销售增长缓慢，企业的市场范围有限，资源设备没有得到充分利用，向下延伸一方面补充了企业的产品线空白，另一方面可以利用高档名牌产品的声誉，吸引购买力水平较低的顾客慕名购买此产品线中的廉价产品。这种延伸极易损害原有产品的信誉，风险很大，企业应权衡之后再做决策。

（2）向上延伸。原来定位于低档产品市场的企业，在原有的产品线内增加高档产品项目。当企业的技术设备和营销能力已具备加入高档产品市场的条件时，应重新进行产品线定位，以赢得高档产品市场的潜在成长率和较高利润率。

（3）双向延伸。原定位于中档产品市场的企业在掌握了市场优势以后，向产品线的上下两个方向延伸，一方面增加高档产品，一方面增加低档产品。

小组讨论

2003 年，在中国大陆市场上，位于河北省邢台市隆尧县的华龙集团以超过 60 亿包的方便面产销量排在方便面行业第二位，仅次于康师傅。同时与“康师傅”“统一”形成了三足鼎立的市场格局。“华龙”真正地由一个地方性方便面品牌转变为全国性品牌。

作为一个地方性品牌，华龙方便面为什么能够在“康师傅”和“统一”这两个巨头面前取得全国产销量第二的成绩，从而成为中国大陆方便面行业又一股强大的势力呢？

从市场角度而言，华龙的成功与它的市场定位、通路策略、产品策略、品牌战略和广告策略等都不无关系，而其中产品策略中的产品市场定位和产品组合的作用更是居功至伟。

讨论：华龙是如何运用产品组合策略的？

第四节　品牌策略策划

【引导案例】

“白加黑”的震撼

盖天力制药厂的“白加黑”感冒片，1995 年上市仅半年营销额就突破了 1.6 亿元，分割了全国 15% 的感冒药市场。这一现象，被称为“白加黑”震撼，在营销传播界产生了强烈的冲击。

感冒药市场早已有之，难以新鲜，而且，同类药品甚多，层出不穷竞争的市场已呈高度同质化状态。无论中、西成药，都难以作出实质性的突破。康泰克、三九、丽珠和神奇等“大腕”，凭着强大的广告攻势，才各自占领了一块地盘，而盖天力这家实力并不十分雄厚的药厂，竟然在短短半年里就后来者居上，的确不同凡响。它的成功，给营销传播界以诸多启迪。

一般认为，在同质化市场中，很难发掘出“独特的销售主张”（USP）。言下之意是 USP 策略已经过时，与其费力不讨好地去说产品的微不足道的“特点”，还不如去形象阐释产品“是什么”。因而，时下感冒药的广告多采用“形象策略”。例如，康泰克的“出嫁篇”，三九感冒冲剂的“贺年篇”“断桥篇”等，都在走情感诉求的路数，而且场面宏大，制作费用不菲。虽说这些广告之中，也不乏有上乘的表现，但在创意策略上，总让人感到有些似曾相识的无奈。如果盖天力也走同样的路数，按常理，必须付出比已经雄居市场的竞争品牌高得多的传播费用。即便如此，也不见得就能分割他人的市场。

【引例分析】

“白加黑”，是个了不起的创意。它看似简单，只把感冒药分成白片和黑片，并把感冒药中的镇静剂“扑尔敏”放在黑片中，其他什么也没做；实则很不简单，它不仅在品牌的外观上与竞争品牌形成很大的差别，更重要的是它与消费者的生活形态相符合，达到了引起共鸣和联想的强烈传播效果。普通感冒药的缺点是服用后容易瞌睡（药中含有“扑尔敏”所致），这对大多数白天要上班、上学的消费者来说，无疑是个大的心理障碍。而“白加黑”感冒片“白天吃白片，不瞌睡；晚上吃黑片，睡得香”的承诺，正中消费者的下怀。这一来，“白加黑”就不仅仅是感冒药了，它还给消费者解决感冒疾病与日常生活的矛盾提供了一个良好的方案，同时也不言自明地体现出厂家对消费者细致入微的关怀。伟大的，往往也是简单的。它的奥秘在于一切从消费者出发，挖掘出了易为消费者接受的品牌传播支撑点。

“黑白分明”的成功传播，向人们昭示：现代营销传播比任何时候都更加需要想象力。抓住想象力，是成功的关键。如果发展出一个在理念上非常合理的策略，但却用呆板、平庸的方式去表现，你的广告费将会以难以想象的速度“蒸发”掉。正确的策略（即“说什么”），可以靠科学的方法寻出；有吸引力的表现（即“怎么说”），则要靠想象力。“白加黑”的产品概念，虽然为广告片的创意提供了很好的支撑点，但是，将广告片制作得如此简洁有力，却要依仗广告人的联想、提炼和升华。

它的广告语“治疗感冒，黑白分明”，就表现出很强的张力。这一句广告语，即把品牌的外观、内质、个性极明快地道出，又具有引发联想的隐喻功能。看似简单，实则精深，它统领着整个广告的创作风格。

它一反其他品牌广告五彩缤纷的大场面、大制作的路数，而用小场景、大特写，在几乎“无”色彩的情况下，简洁明了地表现了产品独特销售主张，体现出清朗、明快的艺术风格。这种“黑白分明”的风格，与品牌个性非常和谐，相得益彰。

这个广告片粗看起来似乎平铺直叙，但细看起来，却处处都显匠心。它的开头，便是使屏幕上布满了“雪花点”让许多受众莫名其妙，还以为是电视台的信号出了问题，直到画面适时出现字幕：“感冒了，怎么办……”，才明白这是一个广告片。这种开头创意至少达到了两个目的，其一，可以增强“吸引注意率”；其二，可以有效“清理”广告环境，黑白分明地与其他相邻的广告区别开来。

此外，这支广告片在细节处理上也很用心。例如，晚上“睡得香”，就颇不易表现。如果以鼾声大作的自然主义画面来表现，必定大失品位。创作者让演员戴上宇航员式的密封头盔，既具有观赏性，又隐喻吃黑色药片之后就像戴上隔音头盔那般，能极安静地睡着。这体现了广告创作人员从“大处着眼，细处着手”的专业风格。

“白加黑”感冒药以迅雷不及掩耳之势在一片混沌的感冒药市场上崛起，短短半年就攻占了第二品牌的地位（仅次于康泰克），这在中国大陆营销传播史上，堪称奇迹。

思考：试分析“白加黑”的策略。

一、品牌概述

（一）品牌的含义

有人认为：“品牌资产是这样一种资产，它能够为企业和顾客提供超越产品或服务本身利益之外的价值；同时品牌资产又是与某一特定的品牌紧密联系的；如果说品牌文字、图形作改变，附属于品牌之上的财产将会部分或全部丧失。”

品牌策划主要有：品牌化决策、品牌使用者决策、品牌名称决策、品牌战略决策、品牌再定位决策、品牌延伸策略和品牌的更新。

品牌策划是通过品牌上对竞争对手的否定、差异、距离来引导目标群体的选择。品牌策划更注重的是意识形态和心理描述，也就是对消费者的心理市场进行分析、规划、引导和激发。品牌策划本身并非是一个无中生有的过程，而是把人们对品牌的模糊认识清晰化的过程。

（二）品牌的作用

1. 品牌对于企业的作用

（1）存储功能。品牌可以帮助企业存储商誉、形象。“品牌就是一个创造、存储、再创造、再存储的经营过程。”

（2）维权功能。通过注册专利和商标，品牌可以受到法律的保护，防止他人损害品牌的声誉或非法盗用品牌。

（3）增值功能。品牌是企业的一种无形资产，它所包含的价值、个性、品质等特征都能给产品带来重要的价值。即使是同样的产品，贴上不同的品牌标识，也会产生悬殊的价格。

（4）形象塑造功能。品牌是企业塑造形象、知名度和美誉度的基石，在产品同质化的今天，为企业和产品赋予个性、文化等许多特殊的意义。

（5）降低成本功能。平均而言，赢得一个新客户所花的成本是保持一个既有客户成本的6倍，而品牌则可以通过与顾客建立品牌偏好，有效地降低宣传和新产品开发的成本。

2. 品牌对于消费者的作用

（1）识别功能。品牌可以帮助消费者辨认出品牌的制造商、产地等基本要素，从而区别于同类产品。

（2）导购功能。品牌可以帮助消费者迅速找到所需要的产品，从而减少消费者在搜寻过程中花费的时间和精力。

（3）降低购买风险功能。消费者都希望买到自己称心如意的产品，同时还希望能得到周围人的认同。选择信誉好的品牌则可以帮助消费者降低其精神风险和金钱风险。

（4）契约功能。品牌是为消费者提供稳定优质产品和服务的保障，消费者则用长期忠诚的购买回报制造商，双方最终通过品牌形成一种相互信任的契约关系。

（5）个性展现功能。品牌经过多年的发展，能积累独特的个性和丰富的内涵，而消费者可以通过购买与自己个性气质相吻合的品牌来展现自我。

3. 名牌效应

名牌是知名品牌或强势品牌，其巨大的作用在于它的名牌效应。

（1）聚合效应。名牌企业或产品在资源方面会获得社会的认可，社会的资本、人才、管理经验甚至政策都会倾向名牌企业或产品，使企业聚合了人、财、物等资源，形成并很好地发挥名牌的聚合效应。

（2）磁场效应。企业或产品成为名牌，拥有了较高的知名度，特别是较高的美誉度后，会在消费者心目中树立起极高的威望，表现出对品牌的极度忠诚。企业或产品就会像磁石一样吸引消费者，消费者会在这种吸引力下形成品牌忠诚，反复购买、重复使用，并对其不断宣传，而其他品牌产品的使用者也会在名牌产品的磁场力下开始使用此产品，并可能同样成为此品牌的忠实消费者，这样品牌实力进一步巩固，形成了品牌的良性循环。

（3）衍生效应。名牌积累、聚合了足够的资源，就会不断衍生出新的产品和服务，名牌的衍生效应使企业快速地发展，并不断开拓市场，占有市场，形成新的名牌。例如，海尔集团首先是在冰箱领域创出佳绩，成为知名企业知名品牌后，才逐步将其聚合的资本、技术、管理经验等延伸到空调、洗衣机、彩电等业务领域。

（4）内敛效应。名牌会增强企业的凝聚力。比如，中国的联想集团、以民族品牌为号召的四川长虹和“明天会更好”的海尔集团等，它们的良好形象使生活、工作在这样企业中的员工会产生自豪感和荣誉感，并能形成一种企业文化，工作氛围，给每一位员工以士气、志气，使员工精神力量得到激发，从而更加努力、认真地工作。名牌的内敛效应聚合了员工的精力、才力、智力、体力甚至财力，使企业得到提升。

(5) 宣传效应。名牌形成后，就可以利用名牌的知名度、美誉度传播企业名声，宣传地区形象，甚至宣传国家形象。比如，宝洁公司的知名产品飘柔、海飞丝等，人们因为了解这些产品而认识了宝洁公司或者说加深了对宝洁公司的认识；四川长虹集团在彩电业的成名不仅宣传了长虹企业，也使人们更多地提及四川省，使人们了解了绵阳市，使人们更多地关心这一地区；海尔家电在世界上创出了名牌，这一名牌不仅宣传了海尔企业，也使世界人民看到“Hair China”。

(6) 带动效应。名牌的带动效应是指名牌产品对企业发展的拉动，名牌企业对城市经济、地区经济、甚至国家经济的带动作用。名牌的带动效应也可称作为龙头效应，名牌产品或企业像龙头一样带动着企业的发展，地区经济的增长。另外，名牌对产品销售、企业经营、企业扩张都有一种带动效应，这也是国际上所谓的“品牌带动论”。

(7) 稳定效应。当一个地区的经济出现波动时，名牌的稳定发展一方面可以拉动地区经济，另一方面起到了稳定军心的作用，使人、财、物等社会资源不至于流失。

我们在看到名牌的正面效应的同时，也要看到名牌的负面效应。一是名牌会引来众多的仿冒者，给企业造成很大的麻烦，甚至使名牌名声扫地。二是名牌成名后，受关注度提高，形象维护难度加大，一旦维护不当，便会出现负面评价，将对名牌的信誉影响很大。

二、品牌利益

(一) 品牌利益的含义

品牌利益是指品牌为消费者提供的之所以购买该品牌产品而非其他产品或品牌的利益或理由。品牌利益主要有两个方面：功能性利益和精神性利益。功能性利益指缘于品牌属性使消费者获得的独特效用，满足的是消费者对品牌的功能需求；精神性利益指缘于精神因素而使消费者获得的满足。

品牌利益可以通过对特定消费群的研究分析来确定。只有让品牌利益准确、独特地满足消费者的需求，品牌利益才能让品牌与竞争品牌区分开来，吸引消费者购买此品牌而非彼品牌。

(二) 品牌利益的分类

品牌利益分为情感型利益、自我表现型利益、功能型利益。

1. 情感型利益

情感型利益指的就是消费者在购买使用某品牌的过程中获得的情感满足。“钻石恒久远，一颗永留传”能让我们洗却浮躁，以一颗宁静的心灵感动于纯真爱情的伟大。“不在乎天长地久，只在乎曾经拥有”让每位历经沧桑不禁感叹“此情可待已成追忆”的老人回首往事时，有铭心刻骨的共鸣；美加净护手霜“就像妈妈的手温柔依旧”让我们的内心世界能掀起阵阵涟漪，觉得美加净的呵护有如妈妈一样温柔；大白兔奶糖让人们沉浸在对童年天真无邪岁月的温馨回忆。品牌的情感性利益让消费者拥有一段美好的情感体验。在产品同质化、替代品日益丰富的时代，如果产品只有功能性利益没有“爱、友谊、关怀、牵挂、温暖、真情……”，那就会变得十分苍白无力。如果丽珠得乐仅仅是高科技的胃药，没有“其实男人更需要关怀”的情感价值去感动人们的内心世界，就会沦落为与一般胃药没什么区别的东西。

2. 自我表现型利益

当品牌成为消费者表达个人价值观、财富、身份地位与审美品位的一种载体与媒介的时候，品牌就有了独特的自我表现型利益。“午夜妖姬”的首饰，名字十分鬼魅与香艳撩人，它所折射出来的品牌内涵“游离于主流价值观”，很有不可思议的味道。这种品牌内涵正好与另类人士表达自我，张扬“叛逆、酷、有新意”的个性，并以此界定自己的身份、确立自我形象的动机十分吻合。“午夜妖姬”所具有的自我表现型利益打造出一个颇为诱人的购买动机；可口可乐宣扬的“从来就是这么酷”、佳得乐“我有我可以”获得渴望长大与独立的少年的热烈追捧；全球通“积极、掌控、品位”意味着一个精英人士“积极挑战、有能力给家人和社会以关爱”的形象和价值观；百事可乐则张扬着“青春的活力与激情”；奔驰车则代表着“权势、成功、财富”；沃尔沃则代表着“含而不露的精英阶层”。这些品牌都是以给予消费者自我表现型利益而成为强势品牌。不过，规划品牌的自我表达型利益，一定要切忌只是狭隘地围绕财富、地位、社会阶层等概念，其实随着社会的进步，人们知识水平和个人修养的提高，刻意获得人家羡慕和认同的自我表达型利益有时反倒起副作用，而消费者越来越注重自己的心理体验，这时输出自我的价值观、审美品位等就很容易真正触动消费者的内心深处。美特斯邦威“不走寻常路”把年轻人追求自我、特立独行的价值彰显出来，市场效果非常明显。美特斯邦威是中低价的休闲服，走“品位、身份”的路线反而有点不伦不类了。

3. 功能型利益

功能型利益是情感型利益、自我表现型利益的强力支撑。当然也有很多品牌的核心价值就是三种利益的和谐统一。没有功能型利益，情感型利益与自我表达型利益就没有根基，像随波逐流的浮萍。尽管，前面提到的阿迪达斯现在以强调个性与情感利益为主，却仍旧大力宣传先进的产品和技术创新，因为阿迪达斯深知品牌需要物质的支持，阿迪达斯从一开始就形成了技术创新的传统，不断创造令人心动的产品，提供实在的功能利益。又如，欧米茄表的确在走时准确与防水防震等品质上有其非凡表现，有人曾做过试验，此种表不仅常温下能防水，而且在接近零度的水里和蒸汽房里放一个多小时也不会浸水。这是几百元和一千来块的日本品牌如西铁城、精工等所做不到的。欧米茄牌手表凭借走时准确，做工精良，多次被选为重大的世界公众活动计时之用。1969 年太空人阿姆斯特朗戴着它登上月球，使其声望大增。从 1932 年起世界奥林匹克运动会 50 多年间一直采用欧米茄表计时。可见欧米茄的品质与计时的准确性极受信赖，这种硬碰硬的功能型利益是欧米茄“代表成就与完美”的情感与自我表现型利益的基石。功能型利益不是万能的，但仅有功能型利益是万万不能的。功能型利益是皮，情感型利益和自我表现型利益是毛。

品牌的核心价值既可以是功能型利益，也可以是情感型和自我表现型利益，对于某一个具体品牌而言，它的核心价值究竟是以哪一种为主？这主要应按品牌核心价值对目标消费群起到最大的感染力，并与竞争者形成鲜明的差异为原则。

三、品牌类型

品牌可以依据不同的标准划分为不同的种类：

（一）根据品牌知名度的辐射区域划分

根据品牌的知名度和辐射区域划分，可以将品牌分为地区品牌、国内品牌、国际品牌和全球品牌。

地区品牌是指在一个较小的区域之内生产销售的品牌，例如，地区性生产的销售的特色产品。这些产品一般在一定范围内生产、销售，产品辐射范围不大，主要是受产品特性、地理条件及某些文化特性影响，这有点像地方戏种，比如，秦腔主要在陕西，晋剧主要在山西，豫剧主要在河南等的现象。

国内品牌是指国内知名度较高，产品辐射全国，在全国销售的产品。例如，电脑巨子——海尔；香烟巨子——红塔山；饮料巨子——娃哈哈。

国际品牌是指在国际市场上知名度、美誉度较高，产品辐射全球的品牌。例如，可口可乐、麦当劳、万宝路、奔驰、爱立信、微软和皮尔·卡丹等。

（二）根据品牌产品生产经营的不同环节划分

根据产品生产经营的所属环节可以将品牌划分为制造商品牌和经销商品牌。

制造商品牌是指制造商为自己生产制造的产品设计的品牌。

经销商品牌是经销商根据自身的需求，对市场的了解，结合企业发展需要创立的品牌。

制造商品牌很多，如SONY（索尼）、奔驰、长虹等。经销商品牌如“西尔斯”（百货店如“王府井”销售）等。

（三）根据品牌来源划分

依据品牌的来源可以将品牌划分为自有品牌、外来品牌和嫁接品牌。

自有品牌是企业依据自身需要创立的，如本田、东风、永久、摩托罗拉、全聚德等。

外来品牌是指企业通过特许经营、兼并、收购或其他形式而取得的品牌。例如，联合利华收购的北京“京华”牌，香港迪生集团收购法国名牌商标S. T. Dupont。

嫁接品牌主要指通过合资、合作方式形成的带有双方品牌的新产品，例如，琴岛——利勃海尔。

（四）根据品牌的生命周期长短划分

根据品牌的生命周期长短来划分，可以分为短期品牌和长期品牌。

短期品牌是指品牌生命周期持续较短的品牌，由于某种原因在市场竞争中昙花一现或持续一时。

长期品牌是指品牌生命周期随着产品生命周期的更替，仍能经久不衰，永葆青春的品牌。例如，历史上的老字号：全聚德、内联升等。也有些是国际长久发展来的世界知名品牌，如可口可乐、奔驰等。

（五）根据品牌产品内销或外销划分

依据产品品牌是针对国内市场还是国际市场可以将品牌划分为内销品牌和外销品牌。由于世界各国在法律、文化、科技等宏观环境方面存在巨大差异，一种产品在不同的国家市场上有不同的品牌，在国内市场上也有单独的品牌。品牌划分为内销品牌和外销品牌对企业形象整体传播不利但由于历史、文化等原因，不得不采用，而对于新的品牌命名应考虑到国际化的影响。

（六）根据品牌的行业划分

根据品牌产品所属行业不同可将品牌划分为家电业品牌、食用饮料业品牌、日用化工业品牌、汽车机械业品牌、商业品牌、服务业品牌、服装品牌和网络信息业品牌等几大类。

除了上述几种分类外，品牌还可依据产品或服务在市场上的态势划分为强势和弱势品牌；依据品牌用途不同，划分为生产资料品牌等。

（七）根据品牌的原创性与延伸性划分

根据品牌的原创性与延伸性可划分为主品牌、副品牌、副副品牌，如“海尔”品牌，现在有海尔冰箱、海尔彩电、海尔空调等，海尔洗衣机中又分海尔小神童、海尔节能王等。另外也可将品牌分成母品牌、子品牌、孙品牌等，如宝洁公司的海飞丝、飘柔、潘婷等。

（八）根据品牌的本体特征划分

根据品牌的本体特征划分又可将品牌划分为个人品牌、企业品牌、城市品牌、国家品牌、国际品牌等。如刘晓庆、姜文、张艺谋、王楠等属于个人品牌，哈尔滨冰雪节、宁波国际服装节、CBD 节等属于城市品牌，金字塔、万里长城、埃菲尔铁塔、自由女神像等属于国家品牌，联合国、奥运会、国际红十字会等属于世界级品牌。

四、选择和保护品牌

所谓品牌的经营保护，是指企业经营者在具体的营销活动中所采取的一系列维护品牌形象、保持品牌市场地位的活动。不同的品牌，其所面临的内部和外部环境差异，自然经营者所采取的保护策略也是不相同的。

（一）以市场为中心，全面满足消费者需求

消费者是企业品牌经营者的上帝，以市场为中心，也就是以组合消费者需求为中心。要知道品牌的经营保护是与消费者的兴趣、偏好密切相关的，消费者的“口味”是不断变化的，这就要求品牌内容也要随之做出相应的调整，否则，品牌就会被市场无情地淘汰。

几乎每一个知名品牌都在不断地变化着以满足消费者的口味与偏好。可口可乐的口味、柯达的新型号、海尔的空调品种、李维斯牛仔裤的式样都在随着市场趋势而变化。就连曾说“福特汽车只有一种颜色，那就是黑色”的福特汽车近年来也推出了不同颜色的汽车，以适应市场趋势的变化。以宝洁公司的“碧浪”洗衣粉为例，该品牌在过去的三四年时间里，就已换过好多次“改变新产品”标志，从“碧浪”到“碧浪漂渍”再到“碧浪第二代”，可谓花样不断翻新，以至于现在的“碧浪”早已与原来推出的“碧浪”大相径庭了。

那些抱着知名品牌吃一辈子，不肯防微杜渐，对市场变化莫衷一是的思想，其实质是扼杀了品牌，最终必将被市场所淘汰。这就是为什么中国品牌大都是“各领风骚三五年”的缘故，君不见“大前门”“恒大”“凤凰”香烟已被人们遗忘，君不见曾经红极一时的“巴斯”石英钟惨遭淘汰，君不见“蜂花”洗发

水也已是度日如年了。

市场是无情的，它不管你是中国品牌还是世界品牌，只要你违反了市场变化的规律，就必会导致企业经营的失败。李维斯是大家十分熟悉的牛仔服装品牌，在20世纪80年代中期，随着美国摒弃正装，崇尚休闲流行以及美国西部影片的全球热映，李维斯公司创下了在一年的时间内股票狂升100多倍，市值由每股2.53美元上涨到每股262元，创造了举世闻名的“李维斯神话”。然而，市场上没有永远英雄的品牌，由于李维斯品牌没有抓住其主要消费者即14～19岁年轻人的心理，依然故步自封、我行我素，想当然地闭门造车，最终导致它的风光不再。20世纪90年代开始走向没落，到1997年李维斯公司被迫关闭了设在欧美地区的29家工厂，裁员1.6万人，1998年李维斯公司的销售额又下降了13%。李维斯品牌的没落多半是因为它忽视了年轻顾客的心理变化，忽视了流行时尚，忽视了消费者偏好的变化而导致的。

以市场为中心，完全满足消费者需求，就是要求品牌经营者们建立完善的市场监察系统，随时了解市场上消费者需求的变化状况，及时地调整自己的品牌，以便使品牌在市场竞争当中获胜，顺利完成品牌保护的工作。

（二）苦练内功，维持高质量的品牌形象

质量是品牌的灵魂，高质量的品牌往往拥有较高的市场份额。反之，一个品牌的知名度很高，但它的产品质量出了问题，会大大降低品牌形象，使品牌受损。比如，河北省的豪门啤酒在20世纪90年代初曾经风靡一时，然而，由于其与河北、山东等省份某些酒厂合作生产后，没能控制好质量管理，严重影响了其高档啤酒的形象，充斥市场的大量劣质豪门仅仅数日就令豪门啤酒风光不再。北京的“丽都”啤酒与“豪门”也有“异曲同工”之处。

对品牌经营者而言，维持高质量的品牌形象，可以通过以下几方面进行：

（1）评估产品目前的质量。目前生产的品牌产品中，是否严格按照本企业的生产质量管理体系进行？与ISO9000系列国际质量认证体系是否还有差距？在品牌组合中，目前被消费者认为低的是哪些品牌？是整个品牌还是某个方面？企业的销售人员是否完全具备与产品品牌有关的业务知识？品牌经营者应该从内部挖潜，即全力贯彻实施内部质量管理体系，从根本上了解消费者对品牌产品的意见和建议。

（2）产品设计要考虑顾客的实际需要。海尔集团针对不同地区、不同国家推出了小神童洗衣机和在部分地区才用得着的可以洗红薯的洗衣机，正是由于海尔人从顾客的实际需求出发，才使它每推出一种新产品都颇受消费者的欢迎。无独有偶，东京麦肯锡顾问公司决定改进电动咖啡壶，以适应人性化需要。在设计时，负责设计的技术人员问了一大堆问题，诸如壶应该大一点好还是小一点好。后来，经过讨论，大家一致认为咖啡爱好者普遍对味道香醇的咖啡感兴趣，该公

司负责人大先研一先生问设计人员，哪些因素影响咖啡的味道？设计小组研究的结果表明，有很多因素会影响咖啡的味道：咖啡豆的品质和新鲜度、研磨方式、加水方式和水质等。其中水质是决定性的因素。所以该品牌产品设计了一个去除水中氮化物的装置，另外新产品还附有一个研磨装置，消费者要做的，只是加水和放咖啡豆。实践证明，改进后的电动咖啡壶受到广大顾客的欢迎。

(3) 从品牌广告、营销、公关、策划等多种角度，建立独特的高质量形象。知名品牌主要由“品位高雅”“质量可靠”“设计入时”等内在因素起主要作用，但品牌也要善于包装自己，也就是通过各种有效的手段把自己宣传出去。国美电器在这方面是相当成功的，它所经营产品的价格并非最低，质量也并非最好，但它通过媒介向消费者宣传自己，进行自我炒作，用彩电等几个家电品牌价格的低廉换取了消费者认为“国美的东西都便宜”的印象，从而扩大企业的知名度，使国美成为销售终端大户的杰出代表。

(4) 随时掌握消费者对质量要求的变化趋势。进入 20 世纪 90 年代，在西欧，装有吊车设备的小型轿车比任何时候都更受欢迎。1994 年上半年德国新批准使用的轿车中，每三辆就有一辆是汽缸排气低于 1.4 升的小型车。越来越多的汽车出厂时都装上了豪华设备。标致汽车的一位经理说：“空荡荡的汽车今天没有任何人想要。”

进口商和德国生产厂家还合力向这一趋势靠拢。红色安全带、光线柔和的刹车灯、电子控制升降窗、昂贵的立体声响设备、车内电话和空调以及高档制作的方向盘、换挡杆、仪表盘、高级真皮包裹的座椅等充分体现了西欧消费者讲求舒适、豪华的趋势。在标致汽车公司所售出的 106 系列车中，64% 的名字叫“棕榈海滩”（配有玻璃箱盖）或“男孩”（用牛仔布做软垫）。一位标致公司的经理说，这种海滩与青春的组合，“被证明是非常成功的促销手段”。

(5) 让产品便于使用。如今人们似乎变得越来越懒了，什么都追求个方便轻松。方便食品大行其道，技术产品一律“傻瓜”，日用产品一次性类的满天飞舞，商务通电脑是恒基伟业公司推出的新型全能手写掌上电脑，自上市以来就颇受白领阶层欢迎，其成功的秘诀就在于商务通电脑轻便灵活，便于顾客随时使用，难怪该公司会打出“商务通，科技让你更轻松”的广告语来招揽顾客。

(三) 严格管理，锻造强势品牌

企业品牌的经营保护最强势的要素就是企业对企业品牌进行全方位的严格管理，以便保持和提升品牌竞争力，使品牌更具活力和生命力，锻造出市场上的强势品牌。

(1) 坚持全面质量管理和全员质量管理。“以质取胜，价格公道”是巧手产品品牌的广告语，相信大家都已经很熟悉了。为什么呢？因为“以质取胜”是永不过时的真理，要牢固树立“质量是企业的生命”的观念，并把它贯彻到企业的一切活动和全部过程之中。企业要制订切实可行的质量发展目标，积极采用国际标准和国外先进标准，形成一批高质量、高档次的名优产品，提高产品品牌的市场占有率。要深入开展全面质量管理、质量改进或降废减损活动，认真贯彻质量管理和质量保证系列国家标准，积极推进质量认证工作，并借鉴国外企业科学的质量管理新法，推行“零缺陷”和可靠性管理，提高企业的质量管理水平。

纵观国内外成功企业，无一例外地把提高产品质量和品牌体现一致作为战略问题放在企业生存发展大计之中。荣事达公司自 20 世纪 90 年代初就引入了 ISO9000 质量体系和推行“零缺陷”管理，荣事达公司将“用户是上帝”“下一道工序是用户”“换位思考”“100% 合格”等质量意识转变为员工的自觉行动，创建了属于荣事达自己的“零缺陷生产”模式。与此相关的一系列有关的制度纷纷出台，从而实现为分散与集中、全员自控与专门控制、内在质量控制与系统信息反馈相组合的“零缺陷生产”质量管理体系。

零缺陷供应是零缺陷生产的前提和保证，零缺陷服务则是零缺陷生产的后延。其中荣事达的售后服务“红地毯”于 1997 年推出，按照零缺陷目标严格执行服务承诺，“视顾客为上帝，尊重用户为贵宾”，使用户毫无后顾之忧，充分体验到“上帝”的感受。

零缺陷员工则是根本保证，是企业贯彻全员管理的主体。荣事达以员工群体化为企业发展的根本，注重员工主体意识的培育，从而保证了整个企业推行“零缺陷”的良性循环。

反之，忽视质量控制，降低品牌产品质量，对于企业品牌来讲就是一种自杀行为。有的企业一看到市场紧俏，产品供不应求，就降低质量管理，结果很快就被抛弃，被淘汰出局。

（2）坚持成本控制和成本管理。最低成本优势是企业品牌保护的一大法宝。优势品牌必须实施成本最低领先战略，采用先进技术，提高劳动生产率。我国的格兰仕企业品牌就是推行成本控制的最好例子，格兰仕通过规模扩张和成本控制使其成为微波炉行业老大，在我国占有 60% 以上的市场份额，在欧洲的市场份额也在 60% 左右。在坚持成本控制的基础上，要加强企业的资金管理、费用管理、财务管理、劳动管理、设备管理、原材料管理和其他管理，把成本降到最低水平。

（四）实施“差异化”策略，进行品牌再定位

一种品牌在市场上的定位不论其最初是如何适宜，但到后来往往由于消费趋势的变化、消费者的兴趣变化、偏好转移以及市场占有率的变化不得不对它进行重新定位或者实行差异化策略。

国内饮料市场被“国际两东”占领了大半市场空间，达能在国内的连续收

购更是惊心动魄，众多民族品牌遭受毁灭性打击，在这种情况下椰树集团是统借其独一无二的椰子汁在国内饮料市场发展起来的，在其进入市场之前该类产品在市场上是一块空白，这使之具备完全差异化优势，终于跻身全国十大饮料企业之列。如果说椰树是依靠产品本身差异化取得成功的，那么农夫山泉就是在产品本身差异不大的情况下，利用概念差异化取胜的。起先农夫山泉在瓶装水市场上毫无竞争优势，上有娃哈哈和乐百氏两大品牌的压制，下有各地区域品牌的蚕食，在这样恶劣的环境下，农夫山泉利用人们一直以来对纯净水是否有益于身体健康的担心，提出了“天然健康”的概念，通过一系列外在表现手段，锻造出“天然水”概念，大肆宣传“千岛湖水下 80 米的天然水”。正是由于实施了差异化策略，进行了品牌再定位，使得农夫山泉在短时间内就崛起成为国内瓶装水市场的三强之一。

（五）不断创新，锻造企业活力

创新是企业品牌的灵魂，是企业活力之源，只有不断创新，才能让企业品牌具有无穷的生命力和永不枯竭的内在动力，发展和壮大企业品牌，它是企业经营保护当中最为有效的策略。

创新是一个系统工程，包括许多方面的内容，主要有观念创新、技术创新、质量创新、管理创新、服务创新、市场创新、组织创新和制度创新等。

大家知道，长虹已发展成为国内家电行业的龙头企业、世界排名第三的彩电制造商，形成了年生产 1 200 万台彩电、300 万台激光视盘机、100 万台空调器、800 万件电器整件、2 200 万平方米印刷电路板、1 200 万支输出变压器和 800 万支电子调谐器的生产能力，年销售收入近 500 亿元。

长虹成功的秘诀在哪里呢？就在于长虹不断地进行产品创新和技术创新。新产品开发和技术创新是长虹发展之魂。长虹人紧紧抓住“科技兴企业”这条命脉，不断向高科技领域进军。仅“七五”期间就投入技改资金 2 亿多元，“八五”投入已超过 5 亿元，10 年间进行过三次重大的技术改造。眼下的长虹，三天产生一个专利，五天开发一个新品。目前，长虹决定，按照年销售收入的 3% ~6% 加大新产品新技术的开发投入。长虹在公司本部，已与东芝、三洋、菲利浦等国外著名企业建立了多家联合实验室。长虹在技术开发和新产品开发上实施“生产一代，研制一代，预研一代，储备一代”的方针，正是有了如此强大的科技实力，该公司才能不断地推陈出新，不断地为消费者奉献精品产品，才拥有了今日的成就。

（六）保持品牌的独立性

所谓品牌的独立性是指品牌占有权的排他性、使用权的自主性以及转让权的合理性等方面内容。

保持品牌独立性原因是由于品牌是企业的无形资产。在市场上享有较高知名度和美誉度的品牌能给企业带来巨大的经济效益，而只有保持品牌独立性，才能保持品牌形象，使品牌不断地得以发展壮大。

总部设在新不列颠的斯坦利公司于1843年年初建立时，还仅仅是一家专门生产门栓的企业，如今它已发展成为分公司遍及欧亚、拉美和大洋洲的国际性五金工具行业大公司。它的销售额早在1992年就达到了22.2亿美元，问及原因，该公司的经理认为，之所以生意能够兴隆这么多年，靠的就是它们走品牌独立的路子，仅在1991—1992年就花费1 000多万美元，从而挫败了日克尔公司对它的兼并企图。

与此相反，我国一些品牌的形势却不容乐观。近年来，中国品牌频频告急，一些由中国企业培育多年，享有较高知名度的品牌从市场上消失，究其原因很多都是在引进外资过程中，只注重眼前利益，没有保持品牌独立性，市场经济观念淡薄和市场经验的缺乏，导致经营保护的失败。例如，“孔雀”是苏州电视机厂用于生产电视机的商标。20世纪80年代末，“孔雀”牌电视机在全国享有较高的知名度，苏州电视机厂也是一个经济效果显著、具有较高的企业形象的企业。自从苏州电视机厂与菲利浦公司合资以后，“孔雀”商标以315万美元的无形资产投入合资企业。由于外商仅仅把合资企业当作生产零部件的组装厂，他们生产的产品只使用自己的商标，不使用“孔雀”商标甚至连苏州电视机厂厂名也不能使用。菲利浦公司在苏州合资后年产“菲利浦”彩色电视机近百万台，“孔雀”这一中国好端端的牌子却因此而遭冷遇，此时的“孔雀”已不再开屏了。

我们需要大量资金和技术，能够吸引外资和技术是好事，但我们应提高警惕，切不可盲目引资，把自己的品牌资产轻易葬送。分析发达国家对发展中国家的经济战略，可以发现它采用输出产品、输出资本和输出品牌三种手段，而它们认为最有利的公式就是输出品牌了。对于此，我们要有清晰的认识和慎重的态度。

企业要保持品牌的独立性，实施有效的品牌保护策略，其根本的办法和出路归纳起来有两条：一是“强身壮骨”；二是“联合抗衡”。所谓“强身壮骨”就是千方百计发展自己，强壮自己。首先要扩大规模，走规模经济之路。其次要从产品质量、规模品种、生产成本、价格和销售渠道上下功夫，开拓市场、占领市场，提高品牌的知名度和美誉度。所谓“联合抗衡”就是国内企业联合起来，以知名企业为中心，以名牌产品为依托。携手组织跨地区、跨行业的大企业集团，共同捍卫国家民族品牌的最后一块阵地。

（七）运用品牌延伸策略，主动进攻

21世纪是品牌纵横的世纪，品牌业已成为企业最有力的竞争武器。品牌不

仅涵盖了产品概念，它更是一种人格化的东西，是消费者心中认可的一种印象，品牌要寻求更大发展，往往是通过品牌延伸和品牌扩张来进行的。这是因为实施品牌延伸和开展多元化经营有很多优点，如能够节省宣传推广费用，吸引原有品牌忠诚客户，使新产品迅速进入市场以及可以在较大范围内调动企业人力、物力资源进行大规模建设等。

五、品牌策略设计

随着国民经济迅速、持续、稳定的发展。消费者的消费观念也发生了巨大的变化，现在消费者强调的是自我和个性需求的消费理念。消费者需求的改变使得市场日益转向多样化、个性化、细分化和复杂化，企业间的竞争也由规模实力竞争、质量竞争、技术竞争逐步转向销售手段竞争、服务竞争和品牌竞争。中国，这个庞大的消费市场已逐步从“商品消费”时代进入“品牌消费”时代。以往的坐在家里收钱、把产品直接往消费者手里送的现实状况已经一去不复返了，在“品牌消费”时代，企业能否培育出自有品牌，并塑造成知名品牌，将决定一个企业在市场上的竞争力，加强品牌规划管理与运营已成为时代的要求，成为企业现代化和成熟程度的重要标志。品牌这个名词将是这个时代的象征，也将成为企业间竞争的重要手段，也将成为消费者的时尚消费理念。纵观发达国家企业塑造品牌之历程，均经历规划培育品牌、发展与塑造品牌、经营管理品牌的三个阶段。

（一）品牌形象设计

对品牌设计的具体策划，也就是所谓的“包装”。品牌设计包含了以下因素：

（1）品牌名称。

（2）品牌的人文、历史、时尚意义。

（3）品牌联想。

（4）品牌视觉形象。

（5）品牌听觉形象。

（6）品牌的语言形象。

（7）品牌的品质指数。

（8）品牌的亲和力等因素。

在品牌设计阶段，企业必须充分研究市场，研究消费者，发现市场的盲点以及消费者心中潜在的需求点，发现竞争品牌的空白市场、空缺定位——从这里出发，品牌的设计就不会成为无源之水。假如在这些方面都无法找到依据，品牌的设计仅仅停留在盲目、臆想阶段，缺乏理由，缺乏理直气壮的核心价值，这是新品牌设计的大忌。具体的策划出来后，新品牌的形象、定位、卖点、价值以及和消费者沟通的方式以详尽的市场执行策略表现出来，形成一套完整的品牌推广策略文本，并作为今后品牌管理的执行样板。

（二）品牌的规划与塑造

1. 塑造品牌的途径

（1）目标性，即拟定的市场与消费群体。通过导入 CIS，树立产品包装设计理念，强化产品形象设计、品牌性格设计，也就是说一个企业的品牌战略推展过程，是一个规划、计划与策划的过程。同时品牌的规划、计划与策划必须针对消费者、竞争者及其品牌、产品，要切实避免硬碰硬的对抗。具体而言，就是对消费者的分析不能仅停留在数据分析阶段，必须加强与消费者的共鸣性与互动性；对竞争对手的分析必须有“区隔观念”，即审视自己企业的优劣态势，给自己的品牌赋予独特的内涵。

（2）避免品牌仅仅表达固定的产品属性，必须使其具有较强的延伸能力。因为固定的产品属性只能产生短期的、易于仿效的品牌优势。

（3）远景与诉求必须贴近人的心理需求，培育自有品牌，最终目标是塑造强势品牌。只有定位高远，才能成为强势品牌，而强势品牌不仅要表达产品功能，而且要有情感诉求点（能帮助消费者表达自己的情感）。纵观中外强势品牌，其生命力都在于打动人心上。心理学研究认为，人对环境的性质的认识往往有“成见效应”，不加分析地用最初期的印象来判断、推论其品质，呈现出一种成见，如果第一印象好则所有与此有关的事都好。因此，确立品牌的起点要高，标准要高。例如，诺基亚手机强调“科技以人为本”，吉利剃须刀则宣称自己是“获得得体修面的唯一方法”，海尔强调“真诚到永远”。管理大师简杜克认为，检验一个公司是否真正理解品牌，就是看其所树立的品牌是否具有人性化特征，是否具有特定的用户群体以及象征物。

（4）品牌推展措施必须具可操作性。品牌要获得消费者认同乃至依赖，必先让自己的员工与合作者（包括上下游供应商）认同。如果公司内部对品牌的理解不统一，那就谈不上创建和塑造品牌，品牌发展与延伸也将成空谈。世界上不少知名企业为了加强员工的认同度，不仅在战略上进行缜密规划，而且还制订了许多可操作的规章条例，以便企业内外参照与了解，如联合利华、立顿茶公司等都有精心制作的品牌手册（基本上涵盖了有关品牌的所有问题），公司的职员若有疑问就可以在手册中找到答案。美孚公司等则采用定期对员工进行品牌内涵考试的方式，以促进员工全面理解自有品牌的内涵，提高对品牌的认知度。

（5）品牌的标识要简单明快、通俗易记。总之品牌形象识别系统在技术设计上要具科学性、前瞻性、包容性、系统性。

2. 建立品牌的三要素

实施品牌战略的最终目标是创立名牌，即创立著名商标和驰名商标。一个名牌的创立，均要走过产品和商标相互作用和相互统一的过程。品牌的核心是具有能让消费者满意的产品质量，因此建立品牌必须做到以下三要素：

（1）严格的质量管理体系——生产出消费者“用得放心”的产品。这是企业品牌创立与管理的最基础的工作。

（2）依靠企业自身具备一定的技术实力与较强的经营管理能力，即具有不断地开发产品的实力，能满足消费者日益变化的需求和社会变迁，才能保持品牌的价值增量与企业成长，保持旺盛的品牌生命力。

（3）靠优质的售前、售中、售后服务。服务的好坏直接影响消费者对品牌的评价与认同度。建立品牌必须以客户价值的增量为基点，优质高效的服务是品牌生命力的重要保障。

例如，中国台湾宏基集团的品牌战略推展过程，被视为其二次创业。宏基集团成立于1976年，是一家从事电脑及其相关技术的研发、生产和销售的企业。宏基创立24年来，从一个只生产电脑配件的小企业发展成自创品牌的国际性大公司，不能不说是一个奇迹，而开启这奇迹之门的金钥匙则是它在20世纪80年代的那次导入CI的品牌策划。在1986年，宏基创立10周年之际，宏基领导人施振荣为了加速宏基产品参与国际市场竞争，争得更大的生长空间，不惜重金聘请美国奥美国际广告公司来重新审视宏基的品牌战略，实施新一轮的品牌策划与管理工程。奥美广告和宏基公司高层管理者为此专门建立CI委员会，来负责整个企业营销战略、企业文化、经营哲学乃至品牌的策划。CI委员会成立后，立即对公司进行全方位的调查。结果显示，宏基公司缺乏一个国际性的统一形象，企业标志不能反映经营理念，无法在消费者心目中留下稳固深刻的印象；公司产品缺乏定位，营销战略不明确。为了摆脱其地域性的狭隘形象，建立一个富有开拓精神的国际企业形象，委员会确立了“全球品牌，结合地缘”的经营策略，把企业定位在一个国际性公司的起点上，目标是全球市场。

在“全球品牌，结合地缘”战略的推展过程中，将原来的品牌名称Maltiech改为“ACER”。“ACER”源于拉丁语，表示“敏锐、鲜明、活泼、有洞察力”的意思。在英语中，“ACER”来源于ace（王牌），有“杰出、卓越”之含义，这与公司所从事的高科技行业十分吻合，“ACER”简洁清晰，易于流传。另外，在列举厂名或品牌名时，人们习惯从字母顺序排列，“ACER”中第一、第二个字均排列在先，有助于宏基在媒体中排名在先，易于加强消费者的印象。宏基这次CI策划中的品牌革新，成为宏基二次创业的标志，如今“ACER”终于如策划者所愿成为家喻户晓的国际知名品牌。

（三）品牌的管理

企业创出品牌后，并不能高枕无忧，出于生存与发展的需要，还需要对品牌进行行之有效的管理。品牌管理应遵循一惯性、差别性、全面性等基本原则。它内含品牌产品力管理、品牌市场力管理、品牌形象力管理和品牌组织力管理等内容。

怎样才能做好品牌管理工作？著名的品牌管理企业奥美广告公司认为管理品牌有如下十大步骤：

（1）了解产业环境，确认自己的强弱点，决定“核心”生意。

（2）形成企业的长远发展目标及可操作的价值观（文化）。

（3）建立完整的企业识别，并形成维护管理系统。

（4）确认品牌与消费者的关系，进行品牌定位。

（5）确定品牌策略及品牌识别。

（6）明确品牌责任归属，建立品牌机构，组织运作品牌。

（7）整合营销传播计划及执行，确保品牌与消费者的每一个接触点都能传达有效的信息。

（8）直接接触消费者，持续记录，建立品牌档案，不断培养消费者的品牌忠诚度——品牌跟踪与诊断。

（9）建立评估系统，跟踪品牌资产——品牌评估。

（10）持续一致地投资品牌，不轻易改变。

品牌管理的目的在于通过细分市场找到自己的独特性，建立自己的品牌优势，并获取利润。品牌能够在市场上脱颖而出，企业必须更新观念，避免只重媒体宣传、促销等短期行为，而要重视品牌的延伸性管理。管理不力，不利于企业树立统一形象、易造成视觉差错。企业在注重培育自己品牌的同时，更应注意保护好自己辛苦创立的品牌。我们许多知名企业就曾因品牌保护不力，出现商标、品牌被别人抢先注册，如云南“红塔山”商标在菲律宾被抢注、北京“同仁堂”在日本被抢注；域名（包括企业名称、商标、注册地点等）也被人抢注，如“五粮液”在加拿大被抢注、“康佳”在美国被抢注、“科龙”在新加坡被抢注等。企业辛辛苦苦创立的知名品牌，因保护不力而被假冒、被人抢注、被人无偿使用或必须向抢注者支付大量金钱，给企业造成很大的经济损失。

品牌管理是建立、维护、巩固品牌的全过程，是一个有效监管控制其与消费者之间的关系的全方位管理过程，只有通过品牌管理才能实现品牌远景，最终确立品牌的竞争优势。

（四）品牌的运营

品牌实质上代表着企业对消费者的一贯性承诺。美国著名质量管理专家米兰博士认为，“质量是品牌打开市场大门的钥匙，是品牌运营的核心所在。”据联合国工业计划署不完全统计，现在全世界有8.5万多个名牌，其中90%是发达国家和地区的，国际市场上销售额在130亿美元的大公司约1 000余家，日本、美国各占1/3，总数达662家。这些世界知名品牌，是与其商品质量联系在一起的。日本战后设立了戴明质量奖，美国于20世纪80年代设立了马尔科姆&·8226鲍尔德雷治国家质量奖，有的国家将ISO、IEC标准加上本国编号直接作为本国国家质量标准，这些都为发达国家和地区“品牌誉满天下”创造了必不可少的条件，也为其品牌之路夯实基础。同时品牌的生命力在于创新，品牌运营必须植根于创新，以创新提升品牌，使品牌更具吸引力与感召力，永葆品牌之生命力。随着企业间的竞争由产品力竞争转向销售力竞争与形象力竞争，品牌运营已从简单的广告投放转向科学管理与运营。

1. 品牌运营的基准

品牌定位是品牌运营的基准。当今市场上消费者需求越来越趋于个性化的特征已不可逆转地到来，品牌的科学定位成为品牌能否保持健康旺盛生命力的前提与基础。也就是说品牌必须具有鲜明的个性，与竞争品牌有质的区别，必须具有独特的差异性优势。如麦当劳的品牌定位是有价值、好时光，海尔的品牌定位是真诚、信赖；麦斯威尔咖啡的品牌定位是分享等。品牌定位的确定，就是品牌运营的基准，只有定位准确，才能使企业活动保有一致性，才能使得品牌资产得以有效地积累。同时，消费者才有机会随时随地自然地把自己的相关需求与品牌联系在一起，起到“过滤竞争品牌”“先入为主”的效果。

2. 品牌运营的目标

品牌蓝图规划是品牌运营的目标。品牌定位的确立使得品牌运营有了基准，但品牌的运营必须有既定发展的方向，即品牌蓝图与品牌发展的愿景。企业要使消费者与品牌之间建立起独特的关系，就必须给消费者一个具体真实的“图像”。为此品牌运营的策略必须根据品牌蓝图来制订，即要率先进行品牌蓝图的描绘，找出品牌与消费者之间相连的最佳利益共同点。在这方面，现代企业大多借助于广告推广，因为广告就是不断地描绘品牌蓝图并期望在消费者心目中建立品牌蓝图。基于此，许多企业寻求广告投入的产出比（影响力）最大化而采取外包（交给专业化品牌宣传推介公司运营）。

如“蓝色巨人”IBM在1994年5月就将全部4亿美元的全球广告费用交给奥美广告公司打理，以求IBM品牌在全球范围内具有完全一致的特性和源源不断的活力。IBM的知名度一向很高，给人以稳固、安全、可靠的感觉，但同时IBM已深感企业缺乏新品牌迷人的产品特征（顾客对IBM品牌的特性与将来发展的方向感到困惑），正在失去其消费者。为此，IBM品牌管理者在品牌运营上采取针对性措施，将全部资源整合交由专业化公司操作。奥美在世界60多个国家和地区的270余个分部拥有7 000名以上的员工，使用当地语言达20多种，能提供适应当地文化环境的各种广告策略。IBM这场品牌运作变革终获成功，1996年年底，IBM公司年收入高达759亿美元，纯利润达54亿美元，每股股票从3年前的40美元飞涨至175美元。这种“整合品牌传播”已成为当今企业竞相仿效的运作方式。

3. 品牌运营要持久

品牌战略需要打持久战，需要经过几代人的努力，我们只有视质量为生命，以创新求发展，才能创品牌，创名牌。只有以提高品牌知名度、可信度为管理、运营的切入点，并以完善品牌美誉度为指数，以提高品牌忠诚度为目标，扎扎实实培育品牌，才能使品牌健康稳步地发展，发挥它超值的魅力。

典型案例

麦当劳的品牌之路

麦当劳这个现今世界上最大的快餐连锁店，发迹史虽只有40多年，却成为餐饮行业内成长的奇迹。麦当劳是从三个方面经营品牌的。

首先，确立鲜明而富有特色的公司形象。“麦当劳”公司金色的拱形“M”标志和可口可乐一样，成为来自西方国家不用翻译的大众文化。这种金色的拱形“M”商标风靡世界，深入人心，是麦当劳质量和信誉的象征。其次，除了“M”这一特定的推销标志外，麦当劳公司还在全球范围内推出了“麦当劳叔叔”的形象，该形象的推出对儿童消费者有巨大的吸引力。现在，很多麦当劳快餐店门口都有一位“麦当劳叔叔”模型。它和金黄色的拱形“M”相互辉映，成为麦当劳的一道特殊的标志性景观。再次，麦当劳还用独特的营销观念吸引顾客。麦当劳快餐店懂得怎样向顾客提供适当的产品和服务，并不断满足不断变化的顾客需要，克劳克在买下麦当劳时，就立下了“QSCV”的经营原则。Q代表产品质量(Quality)，S代表服务(Service)，C代表清洁(Cleanness)，V代表产品价值(Value)。

第五节　推广之后的产品管理策划

【引导案例】

睡衣的风波

1997年美国和加拿大之间围绕“古巴睡衣”问题发生了一场政治纷争，而夹在两者之间的是一家百货业的跨国公司——沃尔－马特公司。当时，争执的激烈程度可以从下面的报纸新闻标题中见得一斑：“将古巴睡衣从加拿大货架撤下：沃尔－马特公司引起纷争”“古巴问题：沃尔－马特公司因撤下睡衣而陷入困境”“睡衣赌局：加拿大与美国赌外交”“沃尔－马特公司将古巴睡衣放回货架”。

这一争端是由美国对古巴的禁运引起的。美国禁止其公司与古巴进行贸易往来，但在加拿大的美国公司是否也应执行禁运呢？当时，沃尔－马特加拿大分公司采购了一批古巴生产的睡衣，美国总部的官员在意识到此批睡衣的原产地是古巴后，便发出指令要求撤下所有古巴生产的睡衣，因为那样做违反了美赫尔姆斯——伯顿法。这一法律禁止美国公司及其在国外的子公司与古巴通商。而加拿大则是因美国法律对其主权的侵犯而恼怒，他们认为加拿大人有权决定是否购买古巴生产的睡衣。这样，沃尔－马特公司便成了加、美对外政策冲突的牺牲品。沃尔－马特在加拿大的公司如果继续销售那些睡衣，则会因违反美国法律而被处以100万美元的罚款。且还可能会因此而被判刑。但是，如果按其母公司的指示将加拿大商店中的睡衣撤回，按照加拿大法律，会被处以120万美元的罚款。

【引例分析】

造成沃尔－马特公司困难处境是由东道国（加拿大）和母国（美国）政治和法律环境的冲突造成的。这说明法律环境是由政治环境衍生而来的，国际营销人员应当结合政治环境研究法律环境。

思考：从该案例你吸取了什么教训？

一、成长期的营销策略

产品通过引入期后，转入成批生产和扩大市场销售阶段。此时，顾客对产品已经熟知，消费习惯形成，老顾客重复购买，并带来新顾客，市场逐步扩大，销售额和利润迅速增长。产品设计和工艺定型，产品大批量生产，生产成本相对降低。竞争者看到有利可图，纷纷进入市场参与竞争，使同类产品供给量增加，价格随之下降。同类产品、仿制品和替代品开始出现，市场竞争日趋激烈，产品市场开始细分，分销渠道增加。企业利润增长速度逐步减慢，直至达到产品生命周期的利润最高点。针对以上成长期的特点，企业为维持其市场增长率，延长获取最大利润的时间，可以采取下面几种策略：

（1）改善产品品质。企业为了不断适应市场需求，应集中必要的人财物资源，改进和完善生产工艺，增加花色品种，开发新用途。这样，一方面提高了产品的竞争能力，另一方面亦满足了顾客不同层面的需求。

（2）寻找新的细分市场。通过市场细分，扩大目标市场，根据其需要组织生产，并建立高绩效的分销渠道体系。

（3）改变广告宣传的重点。把广告宣传的重心从引入期的以提高知名度为中心转为树立企业和产品形象为目的，争创名牌，维系老顾客，吸引新顾客。

（4）适时降价。在适当的时机，可以采取降价策略，以激发那些对价格比较敏感的消费者产生购买动机和采取购买行动。

二、成熟期的营销策略

产品进入成熟期以后，市场需求趋向饱和，潜在的顾客已经很少，产品的销售量和利润增长缓慢，甚至趋于零或负增长；由于生产能力过剩，市场竞争非常激烈，各种品牌、各种款式的同类产品不断出现。此时，企业宜主动出击，使成熟期延长，或使产品生命周期出现再循环，促使已处于停滞状态的销售增长率和利润率重新得以回升，为此，可以采取下面几种策略。

（1）市场调整。这种策略不是要调整产品本身，而是发现产品的新用途，即不改变产品质量、功能而将产品用于其他领域，从而延长产品的生命周期。或者企业的产品不变，将其投入新的目标市场，对产品进行再定位。

（2）产品调整。即通过产品自身的调整来满足顾客的不同需要，从而为消费者寻求新用途，使销量获得回升。整体产品概念的任何层次的调整都可视为产品再推出。

（3）市场营销组合调整。即通过对产品、价格、渠道、促销四个市场营销组合因素加以综合调整，刺激销售额的回升。常用的方法包括降价、增加广告、改善销售渠道、提高服务质量等。

三、衰退期的营销策略

随着科学技术的发展，新产品或新的替代品出现，产品进入更新换代的阶段。销售和利润直线下降，企业从这种产品中获得的利润很低甚至为零。新产品进入市场，竞争突出表现为价格竞争，价格降到最低。大量的竞争者退出市场，留守企业开始减少产品附加产品。此时的企业通常有以下几种策略可供选择。

（1）继续策略。按照原有的细分市场，继续使用相同的分销渠道、定价及促销方式，企业不主动放弃产品。同时，企业可利用老产品的品牌、营销渠道等培植开发新产品，保持在市场中的地位。

（2）收缩策略。如果企业立刻放弃该产品会造成很大损失，则应采取收缩策略。大幅度降低促销水平，以增加目前的利润。把企业能力和资源调整至最有利的细分市场和分销渠道上，从忠实于这种产品的顾客中得到利润。

（3）放弃策略。当产品已无潜在市场或企业已准备好替代的新产品，应当机立断，放弃经营。企业可以采取完全放弃的形式，如把产品完全转让或者调整生产线；也可采取逐步放弃的方式，将其所占用的资源逐步转向其他有发展前途的产品。但企业要处理好老产品的库存和员工重新培训等问题。

小组讨论

在现实经济生活中，产品生命周期的曲线形状是有差异的。以下是几种常见的产品生命周期类型。面对这些产品生命周期类型你会为企业提供什么策略？

本章小结

本章主要阐述了新产品开发与推广策划、产品实体策划、产品组合策划、品牌策略策划和推广之后的产品管理策划等内容。

新产品开发与推广策划主要包括：产品的概念、产品的分类设计和新产品策划的过程等内容。

产品实体策划主要包括：产品外观策划和产品包装策划等内容。

产品组合策划主要包括：产品组合及相关概念、优化产品组合和产品组合策略。

品牌策略策划主要包括：品牌概述、品牌利益、品牌的类型、选择和保护品牌、品牌策略设计等内容。

推广之后的产品管理策划主要包括：成长期的营销策略、成熟期的营销策略和衰退期的营销策略等内容。

复习思考

1. 什么是产品？产品是如何分类的？
2. 简述新产品策划的过程。
3. 产品包装有哪些作用？
4. 简述产品外观策划要考虑的因素。
5. 简述包装策略。
6. 优化产品组合的方法。
7. 简述产品组合策略。
8. 品牌利益的分类。
9. 试述如何经营和保护品牌。
10. 试述产品在成长期、成熟期、衰退期应分别采取哪些策略？

技能训练

1. 要求学生对本地某产品进行调查，运用本章所学知识，为该产品作出产品策划。

（1）分组。每组5～7人组成研究团队，并选出团队代表。

（2）分工。由团队代表根据团员的特质进行任务分配，明确各自职责。

（3）调查。队员根据各自的职责进行市场调查，收集资料。

（4）研究。以团队为单位对收集到的资料进行研讨，形成研究报告，并制作 PPT 进行汇报。

（5）点评。同学互评和教师点评，然后综合评定本次各团队及成员的实训成绩。

2. 案例题

著名凉茶——王老吉

王老吉凉茶是中国著名凉茶，于清朝道光年间（约 1830 年）由广东鹤山人王泽邦所创。王泽邦本以务农为生，当时地方瘟疫流行，他偕同妻儿上山避瘟疫，途中巧遇一道士传授药方，王泽邦依照药方煮茶，帮助百姓治病。清文宗咸丰二年，王泽邦被册封为太医令，翌年在广州市十三行路靖远街开设了“王老吉凉茶铺”，专营水碗凉茶。

之后林则徐任钦差大臣，初到广东，且查禁鸦片时操劳过度，加上水土不服，又患上感冒等症。他的随从听闻十三行的王老吉有解暑治感良方，为林则徐求药，后诸症状皆痊愈。林则徐登门答谢王老吉，又问王老吉以何种药治病，当他得知王老吉不过以平价草药来医治，林则徐有感而发，提议王老吉将药方制成凉茶，让人们随到随饮，防病保健。

之后，王老吉如林则徐所言，卖起凉茶来。林则徐为鼓励王老吉，特地送来雕有“王老吉”三金字的大铜葫芦壶，因配方合乎药理，价钱公道，因而远近闻名。

王老吉这个老字号，在“中华老字号品牌价值百强榜”中排行第五，品牌价值 22.44 亿元人民币，现时由三家企业共同使用，包括掌内地市场的广州王老吉、掌中国香港及海外市场的中国香港王老吉国际、租用商标使用权 20 年的中国香港加多宝（广东）股份有限公司。中国香港王老吉与广州王老吉本属一家，百年前才分两路，直至 1956 年，药号亦正式分成两支，内地商标注册归广州王老吉，推出绿色纸包装凉茶。1997 年王老吉并入广州药业，广药把王老吉商标使用权租给加多宝 20 年，由中国香港王老吉后人提供配方，独家于内地经营红色易拉罐装凉茶。2001 年 3 月 25 日广州市政府在政府广场举行《广州历史文化名城保护条例》施行二周年活动日暨广州市第一批“老字号”授匾仪式。广州市副市长李卓彬向首批 27 家“老字号”包括王老吉授匾。

中国香港支线在 20 世纪 40 年代由第四代传人王豫康开设多达六间分店，现时第五代传人王健仪拥有中国香港及海外的商标注册权。由于铺租高昂，现时中国香港只余位于元朗区的天水围颂富商场一间门市铺，另外，现时天水围天耀商场及屯门良景商场亦有分店。

问题：

王老吉是如何拥有今天的成就的，并写出方案？

同步测试

一、单项选择题

1. （　　）又叫 PPM 法。它是把企业的生产经营活动作为一个整体，围绕实现企业目标，从企业实力（竞争力）和市场引力（发展性）两个方面，对企业的产品进行综合平衡，从而作出最佳的产品决策。

   A. 产品系列平衡法　　B. 刺激消费法

   C. 降低成本法　　D. 综合平衡法

2. 企业在策划新产品开发时，为了避免风险，提高成功率，必须建立和遵循一定的科学程序。新产品策划过程包括构思、新产品构思的筛选、（　　）、商业分析、初拟营销计划、新产品试制、市场试销八个阶段。

   A. 广告宣传　　B. 营业推广

   C. 产品概念形成与测试　　D. 人员推销

3. 产品是指能够提供给市场以满足需要和欲望的任何东西，包括有形物品和无形服务。消费需求不断的扩展和变化使产品的内涵和外延不断扩大。从内涵看，产品从有形实物产品扩大到服务、人员、地点、组织和观念。从外延上看，产品从（　　）、形式产品向期望产品、附加产品和潜在产品拓展。

   A. 核心产品　B. 促销产品　C. 畅销产品　D. 广告产品

4. （　　）是指企业供给市场的所有产品中，在技术上和结构上密切相关、具有相同的使用功能、满足同类需要的一组产品。

   A. 产品线　B. 产品组合　C. 产品项目　D. 产品深度

5. 根据品牌的本体特征划分又可将品牌划分为（　　）、企业品牌、城市品牌、国家品牌、国际品牌等。

   A. 个人品牌　B. 他人品牌　C. 偏爱品牌　D. 女性品牌

6. （　　）指的就是消费者在购买使用某品牌的过程中获得的情感满足。

   A. 购买意愿　B. 购买行为　C. 购买决定　D. 情感型利益

二、多项选择题

1. 衰退期大量的竞争者退出市场，留守企业开始减少产品附加产品。此时的企业通常选择（　　）、放弃策略。

   A. 订货策略　B. 继续策略　C. 促销策略　D. 广告策略

   E. 收缩策略

2. 根据品牌的（　　）可划分为主品牌、副品牌、副副品牌，如“海尔”

品牌。

A. 产品特点　B. 原创性　C. 现实和潜在顾客的状况

D. 生命周期的阶段　E. 延伸性

3. 品牌利益分为（　　）。

A. 情感型利益　B. 自我表现型利益

C. 功能型利益　D. 消费者利益

E. 企业利益

4. 包装策划需要考虑的因素有：（　　）、正当的包装和标签等。

A. 广告　B. 污染　C. 资源　D. 公共关系

E. 成本

5. 产品进入成熟期以后，市场需求趋向饱和，潜在的顾客已经很少，产品的销售量和利润增长缓慢，为此，企业可以采取（　　）几种策略。

A. 市场调整　B. 产品调整　C. 市场营销组合调整

D. 产品定位　E. 广告宣传

实训题

实训题一：

决策设计

1978 年，百事可乐公司第一次取代了可口可乐公司长达近百年之久的领先地位，荣膺美国软饮料市场争夺战的冠军。就在这个危难之秋，布莱恩·戴森受命于危，出任可口可乐公司美国分公司的总经理。总部希望戴森能使得可口可乐公司在本土重新夺得冠军的宝座。

戴森开始筹划一项大的行动——扩展可口可乐商标的使用范围。可口可乐的镇山之宝是一个被称为“商品－7X”的秘方，此秘方连同其商誉是可口可乐公司的巨大财富，占可口可乐公司总资产的三分之一，由于公司总裁近 60 年的独裁，公司未能在百事可乐大举进攻时采取有力的反击战略，尤其在可口可乐商标的使用上更为保守——滥用有可能导致可口可乐牌子贬值。

戴森发现，随着人们对低热量饮料需求的增加，节食饮料将会成为 20 世纪 80 年代乃至相当一段时间的重要走势，百事可乐直接以其公司命名的“节食百事可乐”获得了巨大的成功，虽然目前可口可乐公司的节食可乐产品“特宝”的销路最好，但“节食百事可乐” 正急起直追。

20 世纪 80 年代初，戴森开始尝试一种新的软饮料——节食可口可乐。

1982 年 8 月节食可口可乐将在“大苹果”超级市场出售，而且新可口可乐不进行试销，直接在全国范围内全面推出这种节食饮料。这种不经小规模测试的做法在业界闻所未闻。"我们的商标就是最宝贵的资产，它是公司的根基，从现在起，我们要对它进行开发。"

百事可乐公司第二天也在纽约举行了一次记者招待会，公开他们的新产品——不含咖啡因的"百事自由"可乐。

就在百事可乐公司举行记者招待会的第二天，这些记者又采访了可口可乐公司的戴森，他们轻蔑而尖刻地提问：究竟为什么要推出一种新的节食可乐呢？难道它不会抢了"特宝"已经独霸的市场吗？可口可乐的行动果真是协调统一的吗？

请同学们结合本地的实际情况，了解几家饮料的营销状况，为某饮料产品策划方案。

设计要求：

（1）调查几家饮料的营销状况，分析其营销状况？

（2）分组讨论：如果你是策划人你如何创意该方案？

（3）各组形成营销策划方案。

（4）派代表到讲台前陈述本组的方案。

（5）教师对各组方案进行点评。

实训题二：

1. 实训项目：新产品开发与上市推广。

2. 实训目的：

（1）通过实践深刻理解整体产品的含义。

（2）感知企业经营和营销技巧，可应用于正在运营的单一销售/服务活动。

（3）熟悉新产品开发的流程。

（4）灵活地掌握新产品上市推广策略。

3. 实训背景：

你的小组已经通过几周制作蛋糕并在学校食堂出售赚了一大笔钱。学校管理机构允许你们在学校和社区扩展你们的生意。你们可能会考虑在学校开店，从社区接收订单，或使你们的产品系列多样化。

4. 实训要求：

你们必须为扩展生意呈上一份商业计划。计划的主体要包括下列部分。

（1）执行概况：写一页关于该项目的描述。

（2）概述：解释所提议项目的类型，对主要产品/服务的简单描述，信息的来源（资源材料、报告等）以及对提供建议者和他们所从事工作的简单描述。

（3）商业情况的分析：描述经营区域、细分市场和消费者购买行为。

（4）提议方案的运行计划：组织建设、产品/服务、营销策略和此项目的预算。

5. 实训步骤：

（1）根据教学班级人数确定学习小组（5~8组为宜），每组6~8人。

（2）学生讨论选出组长，确定选题，并分工进行文献研究和联系企业进行实地调查收集资料。

（3）以小组为单位组织研讨，形成小组的课题研究报告，并制作PPT进行汇报；

（4）同学互评和教师点评，然后综合评定本次各小组及成员的实训成绩。

6. 实训考核：

（1）实训准备工作（10分）。

（2）各组对本次实训的组织、分配、管理等过程表现（20分）。

（3）各组提交实训报告质量和报告PPT演示效果（50分）。

（4）学习小组的团队合作精神面貌（10分）。

（5）同学互评，教师点评（10分）。

第五章
价格策划

【学习目标】

知识目标：

（1）了解价格策划的含义和类型。

（2）理解价格策划的评价标准。

（3）重点掌握价格策划的方法和技巧以及价格调整策划。

能力目标：

（1）能运用价格策划的标准来评价所制定的价格。

（2）学会价格策划的方法和技巧。

（3）能对现行的产品价格进行调整。

【本章的知识体系】

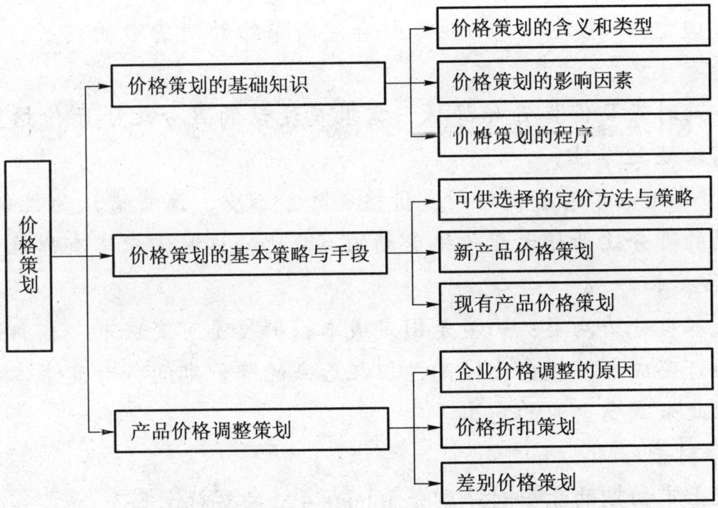

【引导案例】

诺基亚N8定价方法和策略分析

诺基亚N8这款机器在2010年正式上市，此款手机得到了用户一致好评。同时，它也是诺基亚的第一款塞班 3 产品，是诺基亚的一款革命性产品。

一、程序

1. 盈利目的

前期：利润最大化

新产品 N8 刚进入市场，企业会追求短期利润最大化，快速地得到收益，赚取其早期投入的成本。并趁其他企业还未出与之相同的高端手机时，可以短期垄断市场。

中期：

（1）销售增长率最大化。

追求高的销售增长率可以帮助企业的产品迅速由投入期过渡到成长期，确立产品在市场竞争中的有利地位。但此时市场对产品价格会有所敏感，企业会在这时候采取低价策略。

（2）销售收入最大化。

在 N8 进入市场有段时间后，其他高端产品也会进入市场与其竞争，此时只有降价销售才能增加销售收入。

后期：维持企业生存

市场环境变得恶劣，企业在制订定价策略时会充分考虑如何弥补企业的经营成本，而不会盲目提高产品的销售价格来追求利润。

2. 产品需求

前期：由于 N8 刚进入市场能吸引喜爱新事物的消费者的购买，此时需求有无限弹性。

中期：此时产品价格开始降低，需求量变动的百分比小于价格变动的百分比，这时需求缺乏弹性。

后期：N8 进入市场有段时间，价格也降了不少，消费者认为性价比还算高，需求量变动的百分比开始大于价格变动的百分比，这时需求富有弹性。

3. 产品成本

产品成本可分为两类：一类是固定成本，一类是可变成本。在 N8 上市之初，为进入市场可变成本可能会比较高，但在后来的降价期间，可变成本就可能会有所降低，以此来减少企业的支出。

4. 竞争对手

诺基亚上市初期的竞争对手则是 iphone 4，主要对比如下。

（1）屏幕大小。

iphone 4：3.5 英寸[①]。

诺基亚 N8：3.5 英寸。

---

① 1 英寸 =2.54 厘米。

（2）屏幕。

iphone 4：分辨率 640×960，屏幕材质 RetiNa，高分显示屏，屏幕细腻、逼真！

诺基亚 N8：分辨率 360×640，屏幕材质 AMOLED，视角大，发光，亮度高，低耗！

iphone 4：屏幕很亮很清透，N8 分辨率有点低，不过省电一些！

（3）触摸屏。

诺基亚 N8：电容式触摸屏，支持多点触摸。

iphone 4：电容式触摸屏，支持多点触摸。

（4）接口。

诺基亚 N8 左侧是 Micro SD 卡、SIM 卡插槽及 Micro USB 接口，右侧是音量调节键、锁定键以及拍摄快门键，最大亮点是多了 HDMI 接口，可以在数字电视上欣赏 N8 拍摄的 HDMI 高清视频。

iphone 4 下面有常规的 USB 接口，右边 SIM 卡槽，左边音量键，静音键，没有 tv－out 功能。

（5）存储容量。

诺基亚 N8：16 GB（支持 32 GB MicroSD 存储卡扩展）。

iphone 4：16 GB/32 GB。

（6）摄像头。

诺基亚 N8：1 200 万像素的卡尔蔡司认证镜头＋氙气闪光灯＋28 mm 广角＋1∶1.183 的 CMOS 传感器。

iphone 4：500 万像素＋LED 补光灯，至少有闪光灯了。

（7）视频播放。

诺基亚 N8：最高支持 MP4 格式的 720P 视频播放，播放 720P 动画片时画面流畅，色彩清晰度逼真，视频信息详细！

iphone 4：最高支持 MP4 格式的 720P 视频播放，播放高清时也很流畅，屏幕清晰逼真。

（8）音乐播放。

诺基亚 N8：支持 MP3、WMA、AAC、eAAC、eAAC＋、AMR－NB、AMR－WB 等格式，支持 Dolby Digital plus 音效技术。

iphone 4：支持 MP3、AAC、AAC＋、AMR、WMA、WAV 等格式。

实际测试，N8 的音质要比 iphone 4 好很多，N8 在高音部分很清透，下潜能力也很好，尤其外放表现卓越，可实现多任务处理。

5. 消费者行为

前期：诺基亚 N8 具备的高功能性设备，使其本身的价值决定了价格定位于中高端范围，可主要面向冲动和情感型消费者，此类消费者在消费时对商品价格并不十分重视，更注重的是商品本身。诺基亚 N8 无论在外观设计还是在设备功能上都是较受欢迎的，可被这类消费者所接受。另外，对习惯型消费者同样具有吸引力，诺基亚的品牌知名度还是相当高的，且当时的市场占有率也不可小觑，拥有一批忠诚的消费者，这类消费者也可作为销售对象。

后期：由于其他竞争对手的新产品的开发以及手机本身的价格曲线，导致此款手机的降价。此时，面对的消费者主要为理智和经济型的消费者，他们在购买商品时往往分析评价，对价格比较慎重。后期的降价使 N8 的性价比提高，再加上诺基亚产品本身的信任度，吸引这类消费者选择 N8。

6. 选择定价方法

（1）以成本导向为基础定价。

诺基亚 N8 的定价策略中，也有涉及成本与利润、应纳税金额等因素。这种定价使 N8 在偌大的手机销售市场中，可缓解同行（如与 N8 同期上市的三星、摩托罗拉、iphone 等）的价格竞争，保持 N8 在手机市场价格的稳定性。

（2）以需求导向为主要定价。

由于手机市场庞大，因此手机消费者的消费需求也存在很大的差异性。而 N8 针对的则是采取消费者普遍能接受的价位，以更具实力的质量和更为强大的功能在相同性价比的手机市场中占领优势地位。因此，符合了更多的白领消费者的青睐。

（3）以竞争导向为平均定价。

在 N8 手机从刚上市的 4 000 元人民币每部到后来慢慢随市场中同类性能手机的降价，也随之降价，到最终以现今的 2 000 元人民币每部。可以看出，根据市场行情，相同性能的手机价格必然会影响 N8 手机的价格走向，N8 的降价幅度虽然较大，但是这样有利于协调同行业的关系，融洽竞争，从而获得意想不到的利润。因为在 N8 上市前期已经采用高价快销的方式赢得了最初的成本和高利润，而后期的降价也不会影响其总体的利润，反而会促进其销量。

7. 确定价格：撇脂定价法

不论诺基亚所处的外部环境有多么糟糕，它自己推出新产品的节奏仍然是不紧不慢的，包括这次我们所要研究的 N8。刚上市的时候 N8 的市场报价 4 500 元，到现在的 2 000 元。诺基亚已经从市场的领先者逐渐变成了追赶者。因此，诺基亚 N8 的定价也就显得相对其他同性价比的手机温和，平易近人一些。

通过分析：我们认为目前 N8 最终应该以阶段性撇脂定价策略。市场上存在一批购买力很强并且对价格不敏感的消费者。这样的消费者足够多，企业有厚利可图。当有竞争者加入时，诺基亚企业有能力转换定价方法，通过提高性价比来提高竞争力。

诺基亚企业在市场上有一定的传统影响力。即从一个较高的价格开始，首先喜迎对价格不敏感的消费者。随着时间的推移，不敏感消费者不断减少，诺基亚

N8 的价格也随之降到一定程度，来吸引一部分对价格敏感的购买者。至只是尽所有的撇脂机会。N8 最主要的竞争者有 iphone、三星、HTC 等。上述手机性能都与 N8 类同但又各有特性。因此 N8 刚上市定在 4 500 元，这样既具有一定的销量，又有可观的利润。之后依照此程序降低到最后撇尽脂（最低利润）。

二、定价技巧

前期：运用高价保利定价技巧。

2010 年 4 月 27 日，诺基亚推出其新款智能手机——诺基亚 N8，诺基亚 N8 是第一款塞班 3 系统的手机。作为塞班 3 系统的第一台智能手机，可以帮助用户直观地与最重要的人、地点和服务相连接。通过诺基亚 N8，用户可以创造精彩的内容连接到他们喜爱的社交网络、享受点播的网络电视节目、Ovi 商店和 Ovi 地图等大量应用程序。

诺基亚 N8 拥有 1 200 万像素照相机、卡尔蔡司光学镜头、氙气闪光灯以及一个可与紧凑型数码相机上的传感器相媲美的大型传感器。不仅如此，诺基亚 N8 还可录制高清视频，并通过一个直观的内置编辑套件对视频进行编辑。诺基亚 N8 既是一个便携娱乐中心，又可以接入家庭影院系统，使用户享受杜比数字环绕的高清视频。诺基亚 N8 还能访问网络电视服务，可播放 CNN、E-Entertainment、派拉蒙和国家地理的电视节目、新闻以及娱乐内容。此外，更多本地网络电视内容可通过 Ovi 商店下载。

社会化网络是诺基亚 N8 的第二天性。用户可以直接通过主屏上一个简单的应用程序，更新他们的状态、分享位置和照片、并实时查看开心网、人人网和新浪微博上的内容，社交网络上记录的事项也可以传到手机的日历项中。诺基亚 N8 支持全球免费的 Ovi 地图，步行及驾车导航，可在全球 70 多个国家为用户提供导航服务，将他们指引到目的地和兴趣点。

诺基亚 N8 通过以上这些优点：最新配置塞班贝拉系统、1 200 万像素照相/摄像机、语音导航、3.5 英寸屏幕，支持 3G、WIFI、OVI 地图、50 小时音乐播放时间、疝气闪光灯等亮点功能。在产品投放市场初期，将价格定得很高，以便在短期内能获得较高的利润，尽快地收回投资。

后期：运用降价促销技巧。

实现预期利润。这又有两种情况：一是追求利润最大化。对于诺基亚公司而言，由于其已具备了较好的市场竞争力和影响力，属于具有较高实力的公司，因而，实现利润最大化可以作为其短期目标来制定。二是实现预期的投资收益率。以此为定价目标，要求定价时在成本之外加上一定的预期利润。综合这两种情况，实现预期利润是其最基本的定价目标。

提高或维持市场占有率。市场占有率是反映企业竞争能力的指标，它的高低反映着企业的经营状况、市场地位和收益。一般来说，紧随着高市场占有率的往往是高利润率。因而，提高或维持市场占有率也是诺基亚的定价目标之一。

适应竞争。随着人们生活水平的日益提高，各类电子产品尤其是手机市场的竞争日益激烈。处于激烈竞争环境中的诺基亚N8，为了适应经济形势，不得不通过制定有效的价格来和竞争对手争夺市场，进行降价调整，借以提高市场占有率。

【引例分析】

这一案例表明，由于市场环境在不断变化，产品的价格要根据市场形势和企业经营目标做出产品定价，但是由于市场对价格十分敏感，因此企业对传统产品进行价格制定时必须仔细策划，要理顺各个因素在价格上的相互关系。本章将系统地阐述价格策划的基本原理和方法。

第一节　价格策划的基础知识

一、价格策划的含义和类型

价格策划是指使产品的价格或价格体系能够适应消费者的需要和实现企业战略目标的谋划。

价格策划是产品营销策划的关键。随着同质化竞争激励程度的加强和消费者需求的不断变化，产业和市场的逐渐成熟，理性的价格策划在市场搏击要素中的地位日益凸现。对于价格策划的熟练运作，需要掌握定价目标、定价方法、影响价格的因素、价格变动的合理时机和价格组合等。

价格策划对企业的意义和作用体现在其他完成企业营销目标的能力上，影响企业营销策划的首要因素就是企业的经营目标。根据企业经营目标的不同，价格策划可以分为以下几个方面。

（一）以维持企业生存为目标的价格策划

两种情况：一种是从企业长远利益出发，在竞争中避免价格战和其他风险；另一种是竞争激烈下，产品销路不畅，大量积压，资金周转不灵，企业常用低价竞销方式维持生存。

（二）以利润定价为目标的价格策划

一是以获取最大利润为目标，并不一定是高价。综合考虑各种因素，以总收入减去总成本的差额最大化为定价基点，确定单位商品价格。二是以获取合理利润为目标，兼顾企业目标和社会目标。

（三）以保持扩大市场占有率为目标的价格策划

一般采用低价策略，吸引消费者，以达到扩大市场占有率的目的。

（四）以抑制和应付市场竞争为目标的价格策划

把竞争者价格和领导者价格作为基础，一般采用：实力较弱的企业以低于竞争者的价格定价，追随领导者价格定价，实力雄厚的企业以高于竞争者的价格定价。

二、价格策划的影响因素

价格策划的评价标准与产品策划的评价标准一样，是多维度的。根据价格决定的理论，我们判断一个价格策划成功与否，主要从产品成本、市场需求和竞争因素等方面来考虑。

（一）产品成本

马克思主义理论告诉人们，商品的价值是构成价格的基础。商品的价值由 $C+V+M$ 构成。$C+V$ 是在生产过程中物化劳动转移的价值和劳动者为自己创造的价值。M 是劳动者为社会创造的价值。显然，对企业的定价来说，成本是一个关键因素。企业产品定价以成本为最低界限，产品价格只有高于成本，企业才能补偿生产上的耗费，从而获得一定盈利。但这并不排斥在一段时期在个别产品上，价格低于成本。

在实际工作中，产品的价格是按成本、利润和税金三部分来制定的。成本又可分解为固定成本和变动成本。产品的价格有时是由总成本决定的，有时又仅由变动成本决定。成本有时又分为社会平均成本和企业个别成本。就社会同类产品市场价格而言，主要的是受社会平均成本影响。在竞争很充分的情况下，企业个别成本高于或低于社会平均成本，对产品价格的影响不大。

根据统计资料显示，目前工业产品的成本在产品出厂价格中平均约占70%。这就是说，成本是构成价格的主要因素，这只是就价格数量比例而言。如果就制定价格时要考虑的重要性而言，成本无疑也是最重要的因素之一。因为价格如果过分高于成本会有失社会公平，价格过分低于成本，不可能长久维持。

企业定价时，不应将成本孤立地对待，而应同产量、销量、资金周转等因素综合起来考虑。成本因素还要与影响价格的其他因素结合起来考虑。

（二）市场需求

产品价格除受成本影响外，还受市场需求的影响。即受商品供给与需求的相互关系的影响。当商品的市场需求大于供给时，价格应高一些；当商品的市场需求小于供给时，价格应低一些。反过来，价格变动影响市场需求总量，从而影响销售量，进而影响企业目标的实现。因此，企业制定价格就必须了解价格变动对市场需求的影响程度。反映这种影响程度的一个指标就是商品的价格需求弹性系数。

所谓价格需求弹性系数，是指由于价格的相对变动，而引起的需求相对变动的程度。通常可用下式表示：

需求弹性系数 = 需求量变动百分比 ÷ 价格变动百分比

如果我们将成本因素和需求因素综合起来考虑，并做出适当的假设，可形成下面的关于定价的理论模式。

例：某商品根据市场调查可获得需求函数为：$Q=800-4P$

式中，Q 表示总需求量，P 表示单价。

又该企业此产品的成本函数为：$C=1\ 200+50Q$

式中，C 为总成本。

如果该企业的目标是利润最大化，那么，价格应定为多少？

解：根据已知条件，可得销售收入为：$S=PQ$

利润：$Z=S-C$

将条件代入可得：$Z=-4P^2+1\ 000P-41\ 200$

解得当 $P=125$（元）时，利润有极大值，其为 $Z_{\max}=21\ 300$（元）。

（三）竞争因素

市场竞争也是影响价格制定的重要因素。根据竞争的程度不同，企业定价策略会有所不同。按照市场竞争程度，可以分为完全竞争、不完全竞争与完全垄断三种情况。

1. 完全竞争

所谓完全竞争也称自由竞争，它是一种理想化了的极端情况。在完全竞争条件下，买者和卖者都大量存在，产品都是同质的，不存在质量与功能上的差异，企业自由地选择产品生产，买卖双方能充分地获得市场情报。在这种情况下，无论是买方还是卖方都不能对产品价格进行影响，只能在市场既定价格下从事生产和交易。

2. 不完全竞争

它介于完全竞争与完全垄断之间，它是现实中存在的典型的市场竞争状况。不完全竞争条件下，最少有两个以上买者或卖者，少数买者或卖者对价格和交易数量起着较大的影响作用，买卖各方获得的市场信息是不充分的，它们的活动受到一定的限制，而且它们提供的同类商品有差异，因此，它们之间存在着一定程度的竞争。在不完全竞争情况下，企业的定价策略有比较大的回旋余地，它既要考虑竞争对象的价格策略，也要考虑本企业定价策略对竞争态势的影响。

3. 完全垄断

它是完全竞争的反面，是指一种商品的供应完全由独家控制，形成独占市场。在完全垄断竞争情况下，交易的数量与价格由垄断者单方面决定。完全垄断在现实中也很少见。

企业的价格策略，要受到竞争状况的影响。完全竞争与完全垄断是竞争的两个极端，中间状况是不完全竞争。在不完全竞争条件下，竞争的强度对企业的价格策略有重要影响。所以，企业首先要了解竞争的强度。竞争的强度主要取决于产品制作技术的难易，是否有专利保护，供求形势以及具体的竞争格局。其次，要了解竞争对手的价格策略以及竞争对手的实力。再次，还要了解、分析本企业在竞争中的地位。

(四) 其他因素

企业的定价策略除受成本、需求以及竞争状况的影响外，还受到其他多种因素的影响。这些因素包括政府或行业组织的干预、消费者心理和习惯、企业或产品的形象等。

1. 政府或行业组织干预

政府为了维护经济秩序，或为了其他目的，可能通过立法或者其他途径对企业的价格策略进行干预。政府的干预包括规定毛利率，规定最高、最低限价，限制价格的浮动幅度或者规定价格变动的审批手续，实行价格补贴等。例如，美国某些州政府通过租金控制法将房租控制在较低的水平上，将牛奶价格控制在较高的水平上；法国政府将宝石的价格控制在低水平，将面包价格控制在高水平；我国某些地方为反暴利对商业毛利率的限制等。一些贸易协会或行业性垄断组织也会对企业的价格策略进行影响。

2. 消费者心理和习惯

价格的制定和变动在消费者心理上的反映也是价格策略必须考虑的因素。在现实生活中，很多消费者存在“一分钱一分货”的观念。面对不太熟悉的商品，消费者常常从价格上判断商品的好坏，从经验上把价格同商品的使用价值挂钩。消费者心理和习惯上的反应是很复杂的，某些情况下会出现完全相反的反应。例如，在一般情况下，涨价会减少购买，但有时涨价会引起抢购，反而会增加购买。因此，在研究消费者心理对定价的影响时，要持谨慎态度，要仔细了解消费者心理及其变化规律。

3. 企业或产品的形象因素

有时企业根据企业理念和企业形象设计的要求，需要对产品价格作出限制。例如，企业为了树立热心公益事业的形象，会将某些有关公益事业的产品价格定得较低；为了形成高贵的企业形象，将某些产品价格定得较高。

三、价格策划的程序

价格策划作为一项管理工作，尤其需要一定的工作程序，一个完整的价格策划程序包括：

（1）选择定价目标。企业选择的价格目标通常有：① 利润目标，包括当期利润最大化目标、适度利润目标等。② 销量目标，包括最大销量目标、保持或扩大市场占有率目标等。③ 竞争目标，包括应付和避免竞争目标、维持企业生存目标等。

以价格为基础的价格决策，其目标是寻求企业为消费者所创造的价值与成本之差的最大化，即从企业所创造的价值中获取应得的利润。

（2）核算产品成本。产品成本是定价的主要依据和最低经济界限。因此，定价离不开对产品成本的核算。这一阶段的策划应重点掌握产品本身价值量的大小和产品的供求关系，尤其是产品的需求价格弹性、国家政策对价格的规定、货币的价值、货币流通规律的影响、消费者心理对定价的影响等。

（3）调查和预测竞争者的反应。在商品经济条件下，竞争是无处不在的。尤其是产品的营销价格，是市场上最为敏感的竞争因素之一。因此，企业价格策划时，必须充分考虑到竞争者的可能反应，尽可能多掌握竞争者的可能反应，尽可能多掌握竞争者的定价情况，并预测其对本企业定价的影响，以调整和制定有利的价格策略和其他营销策略。

（4）选择定价方法。可供企业选择的定价方法很多，企业在分析测定以上各种因素的影响之后，就应该运用价格决策理论，选择出一定的方法来计算产品的基本价格，即根据产品成本、市场需求和竞争状况三要素来选择定价方法。

（5）确定定价策略：① 定价与产品的关系。产品的质量、性能是制定价格的重要依据。如果产品质量好、功能多、信誉高、包装美，就能把价格定得比一般产品高；相反，价格就要低一些。② 定价与销售渠道的关系。企业产品的直接销售对象和定价也有一定的关系。如果把产品大量批发给中间商，则价格应当定得低一些；如果直接销售给消费者，价格就要定得高一些。③ 定价与促销的关系。产品花费的促销费用高，价格理应定得高一些；否则，价格就可以定得低些。

（6）确定最后价格。根据定价目标、选择某种定价方法所制定的价格常常并不就是该产品的最终价格，而只是该产品的基本价格。为了提高产品的竞争力及对顾客的吸引力，还应考虑一些其他的因素，对基本价格进行适当调整。

价格调整的方向有升有降，调整的时间有长有短，调整的幅度有大有小，调整的方法灵活多样，一切都要以市场为转移。调整也不可能一次就完成，市场环境再变化，价格就要再调整，直至产品生命周期结束，产品离开市场。

第二节 价格策划的基本策略与手段

【引导案例】

某公司开发了一种饲料添加剂产品并拥有专利，定价78元每单位。利润高达200%。产品上市不久，竞争对手就推出了另外命名的竞争性产品，价格却低到了50元每单位。该公司希望通过该产品树立企业科技创新的形象，但却面临降价的压力，怎么办?

【引例分析】

这个案例表明，由于市场环境在不断变化，企业对传统产品进行价格制定时还应该掌握定价方法与策略，并且要灵活使用，帮助企业应对多变的市场。

一、可供选择的定价方法与策略

（一）定价方法

企业在制定价格的策划时，一般来说，主要是考虑产品的成本、市场需求和竞争状况三大因素，并结合产品情况作出相应的决策。因此定价可分为需求导向、成本导向定价和竞争导向定价。

（1）以成本为中心的定价方法。其公式是：价格 = 成本 + 税金 + 利润。以成本为中心的定价方法有单位成本加成定价法、总量成本加成定价法、变动成本加成定价法、总量成本利润率定价法和边际成本定价法。这些定价方法的优点在于简易易行。因为确定成本比确定需求容易，将价格盯住成本，可极大地简化企业的定价程序，也不必经常根据需求的变化调整价格。这种定价方法的不足之处在于，它是以卖方的利益为出发点，不利于企业降低成本。其定价的基本原则是“将本求利”“水涨船高”，没有考虑市场需求及竞争因素；加成率是个估计值，缺乏科学性。

这种定价方法，其策划的一般流程是：生产产品—核算成本—制定价格—宣传价值—销售产品。

（2）以需求为中心的定价方法。其公式是：价格 = 需求价格。以需求为中心的定价方法，依据顾客对产品价值的理解和需求强度来制定价格，而不是依据产品的成本来定价。其特点是灵活有效地运用价格差异，对平均成本相同的同一产品，价格随市场需求的变化而变化，不与成本因素发生直接关系。其基本原则是：市场需求强度大时，制定高价；市场需求强度小时，可适度调低价格。这种定价方法综合考虑了成本、产品的生命周期、市场购买能力、顾客心理等因素。需求导向定价方法主要包括理解价值定价法、需求差异定价法和逆向定价法。

这种定价方法，其策划的一般流程是：测定认知价值—确定需求价格—估计销售量—核算产品成本—生产产品。

（3）以竞争为中心的定价方法。其公式是：价格/竞争产品。在竞争激烈的市场上，企业通过研究竞争对手的生产条件、服务状况、价格水平等因素，依据自身的竞争实力，参考成本和供求状况来制定有利于在市场竞争中获胜的产品价格。这种定价方法就是通常所说的以竞争为中心的定价法。其特点是：产品的价格不与产品成本或需求发生直接关系。产品成本或市场需求变化了，但竞争对手的价格未变，就应维持原价；反之，虽然成本或需求都没有变动，但竞争对手的价格变动了，则相应地调整其产品价格。当然，为实现企业的定价目标和总体经营战略目标，谋求企业的生存和发展，企业可以在其他营销手段的配合下，将价格定得高于或低于竞争对手的价格，并不一定要求和竞争对手的产品价格完全保持一致。竞争导向定价法主要包括随行就市定价法、竞争价格定价法、投标定价法和拍卖定价法等。

以竞争为中心的定价方法，其策划的一般流程是：生产产品—参照竞争产品价格—制定价格—宣传价值—销售产品。

（二）定价策略

定价既是科学，又是艺术。如果说定价方法是从量的方面对产品的基础价格作出科学的计算，那么定价策略则是从艺术角度，根据市场具体情况制定出灵活机动的价格。常见的定价策略有：

（1）高价攻入策划。企业在进入市场过程中，以产品为基础，采用高价攻入市场，获取一定的市场份额，进而建立长期的市场统治地位。这种策略的基础是高质量创新产品可以为有名的大企业所采用，也适用于中小企业。

例如，施乐公司以高价推出新型复印机。美国施乐公司 1946 年研制了干式复印机——施乐 914 型复印机。当时市场上所有的复印机均为湿式。湿式复印机在使用时，必须用专门涂过感光剂的复印纸，而印出来的是湿漉漉的文件，十分麻烦。相比之下，干式复印机就要便利多了，不仅可以直接印出干燥的文件，而且成本也不高。该公司老板威尔逊决定把价格定为 29 500 美元，这个价格比成本高十多倍。他认为，只有高价才能体现其独特性。到了 1960 年，干式复印机畅销起来，公司拼命生产，仍然供不应求。仅 1960 年一年，公司出售干式复印机的营业额就高达 3 300 万美元，市场占有率 15%。5 年后，营业额高达 39 263 万美元，市场占有率 66%。

（2）低价攻入策划。企业在进入市场过程中，以低成本产品为基础，采用低价攻入市场，获取一定的市场份额，进而建立长期的市场统治地位。这种策略是以长期的市场占有率为目标，有时甚至以初期的市场损失为代价，并视之为开发长期市场的投资。

例如，船王的低价秘方。1955 年，包玉刚成立了环球航运公司，花了 377 万美元买了一艘已经使用了 27 年的旧货船，开始了航运的经营事业。那时世界经济兴旺，单程运费很高，但包玉刚不为暂时的高利润所动摇，从经营一开始就坚持采取低租金、长期合同的定价方法和经营方针。他不仅希望用低价策略吸引顾客，增强竞争能力，而且还希望用这种方式避免投机性业务，最大限度地减少风险。包玉刚正是在这种经营思想的指导下获得成功的。他将刚买到的第一艘船以比同行低得多的价格长期租给一家信誉好、财务可靠的租船户，然后再凭这长期租船合同向银行申请长期低息贷款。这样，包玉刚利用诚实低价不仅获得了顾客和银行的青睐，而且依靠这种经营艺术使得他在短短的 30 年内一跃成为世界的著名船主之一。

（3）优价攻入策划。企业在进入市场过程中，以优质产品为基础，采用中等价格攻入市场，使顾客以中等价格买到优质产品，获取一定的市场份额，进而建立长期的市场统治地位。这种优价攻入策略的基础是产品质量高于其价格，这种策略可为所有参与竞争的企业利用。

在举世瞩目的可乐战中，百事可乐成功利用优价攻入策略打入了为可口可乐独霸的可乐市场。关键在于同样花 5 美分，顾客能够买到一瓶 12 盎司①的百事可乐，而买可口可乐只能买 6.5 盎司。百事可乐在利用优价策略攻入市场的同时，还充分利用广告以树立品牌形象。

二、新产品价格策划

新产品定价分为受专利保护的创新产品的定价和仿制新产品的定价两种方式可供选择。创新产品的定价有：

（一）撇脂定价

它是指在产品生命周期的最初阶段，把产品的规格定得很高，以攫取最大利润，有如从鲜奶中撇取奶油。企业所以能这样做，是因为有些购买者主观认为某些商品具有很高的价值。从营销策划角度看，在以下条件下企业可以采取撇脂定价：市场有足够的购买者，他们的需求缺乏弹性，即使把价格定得很高，市场需求也不会大量减少。高价使需求减少一些，单位成本增加一些，但这不致抵销高价所带来的利益。在高价情况下，仍然独家经营，别无竞争者。有专利保护的产品就是如此。以较高的价格刺激消费，以提高产品身份，创造高价、优质、名牌

① 1 盎司 =28.35 克。

的印象，开拓市场。由于价格较高，可在短时间内获得较大利润，回收资金也较快，使企业有充足的资金开拓市场。在新产品开发之初，定价较高，当竞争对手大量进入市场时，便于企业主动降价，增强竞争能力，此举符合顾客对价格由高到低的心理。

典型案例

索尼的 HDTV 定价策略

1990 年，当索尼在日本市场首先引入高清晰度彩电（HDTV）时，这个高科技产品价值 43 000 美元，这种电视机定位于那些可以为高科技负担高价格的顾客。其后的三年，索尼不断降低价格以吸引更多的顾客，到 1993 年，日本顾客只要花费 6 000 美元就可以购得一台 28 英寸的高清晰度彩电。2001 年，日本顾客仅需 2 000 美元就可以买到 40 英寸的高清晰度彩电，而这个价格是大多数人都可以接受的。索尼以此种方式从不同的顾客群中获得了最大限度的利润。

（二）渗透定价

即企业把它的创新产品的价格定得相对较低，以吸引大量顾客，提高市场占有率。从市场营销策划角度看，企业采取渗透定价需具备以下条件：市场需求显得对价格极为敏感，因此，低价会刺激市场需求迅速增长；企业的生产成本和经营费用会随着生产经营经验的增加而下降；低价不会引起实际和潜在的竞争。

（三）仿制新产品的定价

它需要决定：在产品质量和价格上，其产品应定位于何处。就新产品质量和价格而言，企业有九种可供选择的方式：① 优质高价；② 优质中价；③ 优质低价；④ 中质高价；⑤ 中质中价；⑥ 中质低价；⑦ 低质高价；⑧ 低质中价；⑨ 低质低价。如果市场领导者正采取优质高价，新来者就应采取其他策略。

三、现有产品价格策划

（一）地区性价格的策划

企业的产品不仅要销售给本地的顾客，还要销售给外地的顾客。产品运达地点不同，需要支付的费用不同。费用由谁承担，如何承担，对于不同地区的顾客是制定相同的价格还是不同的价格，这是企业需要面对的问题。地区性定价企划的形式主要有：

1. 原地交货定价

企业可要求每一个购买者支付从工厂到目的地的运输成本。原地交货是将商品放到一个运载体上（船、火车、汽车等），表明所有权和责任已转移到顾客手中，顾客就要支付从工厂到目的地的运费。采用此方法能公平合理地分派运输费用，但对偏远地区的顾客来讲，购买产品的价格则会上升。

2. 统一运费定价

俗称邮标定价，不管地理位置的远近，向所有顾客收取同样价格加上运费，这个运费是按平均运输成本来定的。采用此方法，对企业营销者来说容易管理，利于巩固和发展企业的远距离目标市场占有率，但容易失去较近位置部分的市场。

3. 区域定价

介于原地交货和统一运费两个定价方法之间。企业将销售市场划为若干区域，同一区域内的用户所付价格相同，较远区域的用户的价格略高一些。不同价格区域的两个相邻用户，对价格差异的存在具有较强的敏感性，所以在划定区域界线时，要注意价格差异程度，否则会引起消费者的不满。

4. 基点定价

以某个城市为基点，向所有用户收取该城市到用户所在地的运费，无论货物实际运输的长短。倘若所有的卖主使用同样的基点城市，那么对所有顾客来讲交货价格就会相同，这样也就消除了价格竞争。

（二）心理价格的策划

心理价格策划，是针对顾客心理而采用的一类定价策略，主要应用于零售商业。

1. 尾数定价

尾数定价，也称零头定价或缺额定价，即给产品定一个零头数结尾的非整数价格。大多数消费者在购买产品时，尤其是购买一般的日用消费品时，乐于接受尾数价格。如 0.99 元、9.98 元等。消费者会认为这种价格经过精确计算，购买不会吃亏，从而产生信任感。同时，价格虽离整数仅相差几分或几角钱，但能给人一种低一位数的感觉，符合消费者求廉的心理愿望。这种策略通常适用于基本生活用品。

2. 整数定价

整数定价与尾数定价正好相反，企业有意将产品价格定为整数，以显示产品具有一定质量。整数定价多用于价格较贵的耐用品或礼品，以及消费者不太了解的产品。对于价格较贵的高档产品，顾客对质量较为重视，往往把价格高低作为衡量产品质量的标准之一，容易产生“一分价钱一分货”的感觉，从而有利于商家销售。

3. 声望定价

声望定价即针对消费者“便宜无好货、价高质必优”的心理，对在消费者心目中享有一定声望，具有较高信誉的产品制定高价。不少高级名牌产品和稀缺产品，如豪华轿车、高档手表、名牌时装、名人字画、珠宝古董等在消费者心目中享有极高的声望价值。购买这些产品的人，往往不在乎产品价格，而关心的是产品能否显示其身份和地位，价格越高，心理满足的程度也就越大。

4. 习惯定价

有些产品在长期的市场交换过程中已经形成了为消费者所适应的价格，成为习惯价格。企业对这类产品定价时要充分考虑消费者的习惯倾向，采用“习惯成自然”的定价策略。对消费者已经习惯了的价格，不宜轻易变动。降低价格会使消费者怀疑产品质量是否有问题。提高价格会使消费者产生不满情绪，导致购买的转移。在不得不需要提价时，应采取改换包装或品牌等措施，减少消费者抵触心理，并引导消费者逐步形成新的习惯价格。

5. 招徕定价

这是适应消费者“求廉”的心理，将产品价格定得低于一般市价，个别的甚至低于成本，这是吸引顾客、扩大销售的一种定价策略。采用这种策略，虽然几种低价产品不赚钱，甚至亏本，但从总的经济效益看，由于低价产品带动了其他产品的销售，企业还是有利可图的。

小组讨论

案例1

北京地铁有家每日商场，每逢节假日都要举办“一元拍卖活动”，所有拍卖商品均以一元起价，报价每次增加五元，直至最后定夺。但这种由每日商场举办的拍卖活动由于基价定得过低，最后的成交价就比市场价低得多，因此会给人们产生一种“卖得越多，赔得越多”的感觉。岂不知，该商场用的是招徕定价术，它以低廉的拍卖品活跃商场气氛，增大客流量，带动了整个商场的销售额。这里需要说明的是，应用此术所选择的降价商品，必须是顾客都需要而且市价为人们所熟悉的才行。

案例2

日本创意药房在将一瓶200元的补药以80元超低价出售时，每天都有大批人潮涌进店中抢购补药。按说如此下去肯定赔本，但财务账目显示出盈余逐月骤增，其原因就在于没有人会来店里只买一种药。人们看到补药便宜，就会联想到其他药也一定便宜，促成了盲目的购买行动。

【课堂讨论】

根据以上两个案例，请说说在采用招徕定价策略时，要注意什么？

采用招徕定价策略时，必须注意以下几点：

（1）降价的商品应是消费者常用的，最好是适合于每一个家庭应用的物品，否则没有吸引力。

（2）实行招徕定价的商品，经营的品种要多，以便使顾客有较多的选购机会。

（3）降价商品的降低幅度要大，一般应接近成本或者低于成本。只有这样，才能引起消费者的注意和兴趣，才能激起消费者的购买动机。

（4）降价品的数量要适当，数量太多商店亏损太大，太少则容易引起消费者的反感。

（5）降价品应与因伤残而削价的商品明显区别开来。

6. 分档定价

分档定价，是指把同类商品比较简单地分成几档，每档定一个价格，以简化交易手续，节省顾客时间。例如，经营鞋袜、内衣等商品，就是从××号到××号为一档，一档一个价格。

典型案例

服装店的定价策略

某服装店对某型号女装制定三种价格：260 元、340 元、410 元，在消费者心目中形成低、中、高三个档次，人们在购买时，就会根据自己的消费水平选择不同档次的服装。如果一味地定成一个价格，效果就不好了。一般情况下，如果相邻两种型号的商品价格相差大、买主多半会买便宜的；如果价格相差较小，买主倾向于买好的。

（三）产品组合定价的策划

大多数企业生产或营销的是多种产品，这些产品构成了该企业的产品组合。各种产品需求和成本之间存在着内在的相互联系。企业在修订价格时，要考虑到各种产品之间的关系，以提高全部产品的总收入。产品组合定价是从企业整体利益出发，对有关产品所做的价格修订。

1. 产品线定价

产品线是一组相互关联的产品，企业必须适当安排产品线内各个产品之间的价格梯级。若产品线中两个前后连接的产品之间价格差额小，顾客就会购买先进的产品。此时，若两个产品的成本差额小于价格差额，企业的利润就会增加；反之，价格差额大，顾客就会更多地购买较差的产品。

2. 任选品定价

任选品是指那些与主要产品密切相关的可任意选择的产品。许多企业不仅提供主要产品，还提供某些与主要产品密切关联的任选产品。最常见的例子是，顾客去饭店吃饭，除了要饭菜以外，还会要酒水等。在此酒水为任选品。

企业为任选品定价常用的策略有两种：第一，把任选品价格定得较高，靠它赢利多赚钱；第二，把任选品的价格定得低一些，以此招徕顾客。例如，有些饭店饭菜的价格定得较低，而酒水的价位则较高；另一些饭店则正好相反，饭菜的价格定得较高，而酒水的价位则较低。

3. 连带品定价

连带品是指必须与主要产品一同使用的产品。例如，胶卷是照相机的连带品，刀片是剃须刀架的连带品。

许多大企业往往是主要产品定价较低，连带品定价较高。以高价的连带品获取利润，补偿主要产品低价所造成的损失。例如，柯达公司给它的照相机制定较低的价格，而胶卷定价较高，增强了柯达照相机的市场竞争能力，通过销售柯达胶卷赚钱，以保持原有的利润水平。而不生产胶卷的中小企业，为了获取相同的利润，就只好把照相机的价格定高，其市场竞争能力自然要受影响。

第三节　产品价格调整策划

【引导案例】

柯达公司生产的彩色胶片在20世纪70年代初突然宣布降价，立即吸引了众多的消费者，挤垮了其他国家的同行企业，柯达公司甚至垄断了彩色胶片市场的90%。但到了80年代中期，日本胶片市场被“富士”所垄断，富士胶片压倒了柯达胶片。对此，柯达公司进行了细心的研究，发现日本人对商品普遍存在重质不重价的倾向，于是制定高价政策打响牌子，保护名誉，进而实施与富士竞争的策略。他们在日本发展了贸易合资企业，专门以高出富士1/2的价格销售柯达胶片。经过五年的努力和竞争，柯达终于被日本接受，走进了日本市场，并成为与富士平起平坐的企业，销售额也直线上升。

【引例分析】

这个案例表明，企业给产品定价以后，还应主动注意对价格变动的反应，通过价格调整策划，帮助企业赢得市场。

一、企业价格调整的原因

企业给产品定价以后，由于情况变化，经常还要变动价格。变动价格主要有两种情况：一种是市场供求环境发生了变化，企业认为有必要调整自己的价格；

一种是竞争者价格有所变动而企业不得不作出相应反应。

（一）主动调整价格的策划

1. 主动调整价格的原因

主动调整产品价格的策划，不外乎从两方面着手：或是降价，或是涨价。

（1）降价常见的原因：① 企业生产能力过剩，市场供大于求，需要扩大销售，但又无法通过改进产品和增加销售努力来达到目的，只好考虑降价。② 下降中的市场份额。如当日本小汽车以明显优势大量进入美国市场后，美国通用汽车公司在美国市场份额明显减少，最后不得不将其超小型汽车在美国西海岸地区降价 10% 。③ 为争取在市场上居于支配地位。公司用较低的价格，增加产品的竞争能力，扩大市场份额，而销售量的增加也降低了成本。

（2）涨价常见的原因。

涨价虽然给公司带来了利润，但是也会引起消费者、经销商和推销人员的不满，甚至会丧失竞争优势。在下列几种情况下，企业会考虑涨价：① 成本膨胀。这是一个全球性的问题。材料、燃料、人工费、运费、科研开发费、广告费等不断上涨，导致企业压低了利润的幅度，因而也引起了公司要定期地提价，提高的价格往往比成本增加得要多。② 供不应求。当公司的产品在市场上处于不能满足所有消费者的需要时，可能会涨价，减少或限制需求量。公司在涨价时，应通过一定的渠道让消费者知道涨价的原因，并听取他们的反映，公司的推销人员应帮助顾客找到经济实用的方法。③ 竞争者提价等。

2. 主动注意对价格变动的反应

（1）购买者对变价的反应。

企业变价之后，要注意分析各方面的情况，特别是购买者对价格变动的反应。购买者对变价不理解，可能会产生一些对企业不利的后果。降价本应吸引更多的消费者，但有时对某些消费者却适得其反，这些消费者可能会认为降价是为了处理积压存货，降价的产品一般无好货，或是企业财务困难，该产品今后要停产，零配件将无处购买，价格可能还会进一步下跌，故造成持币观望的局面。因此，不适当的降价反而会使销售量减少。

产品提价应该是抑制购买，但购买者可能认为提高价是因为这种产品是畅销货，不及时购买将来可能买不到，或者以为该产品有特殊价值，值得购买，或认为该产品可能还要涨价，赶快去买。结果是涨风越大，抢购风越大。

因此，企业在产品涨价、降价之前和之后，都应尽可能地向消费者介绍清楚，让消费者了解情况，以便对变价作出正确的购买反应。

（2）竞争者对变价的反应。

企业在营销中还往往受到竞争变价的攻击，这就需要企业分析竞争变价的目的、持久程度和对本企业的影响并及时作出反应。选择方法如下：保持价格不变；价格不变的同时，改进质量、样式、包装等，用非价格手段来进行反攻；降价以扩大售量；提价，同时研制新品牌以攻击对方，等等。

3. 主动调价的方法

（1）调低价格对企业来说具有相当的风险。

出于"一分价一分货"的心理，消费者认为降价产品的质量低于竞争产品质量。同时，降价也有可能引发价格战，造成不必要的过度竞争。所以调低价格策略应该与开发更有效、成本较低的产品相结合。同时掌握好降价的时机与幅度。

第一，降价的时机。不同的商品的降价时机不同，日用品选择节日前后，季节性商品选择节令相交之时。

第二，降价的方式。降价的方式有明降和暗降。暗降的方式有增加商品的附加服务、给予折扣和津贴、实行优待券制度、予以实物馈赠和退还部分货款等。

第三，降价的幅度。幅度一般不宜过大，尽量一次降到位，切不可出现价格不断下降的情况，以免引起消费者产生持币待购的心理错觉。

（2）消费者一般都不欢迎产品提价。

因此策划人员应当合理掌握提价的时机、幅度及方式。

第一，涨价的时机。为避免顾客和中间商的不满，可以限时提价，在供货合同中写明调价的条款。

第二，涨价的幅度。涨价的幅度不宜过大，国外一般是5%，也可参照竞争者的价格变化。

第三，涨价的方式。涨价有明调与暗调两种方式。明调是直线提高价格，而其他条件不发生任何变化。暗调的方式有减少产品包装数量、更换商品型号种类、取消优惠条件等手段。一般的做法是避免明调，采用暗调。

（二）被动调整价格的策划

1. 一般市场者的对策

被动调价是指企业对率先进行价格调整的竞争者的价格行为所作出的调价反应。在市场经济的条件下，价格竞争随时都可能爆发，企业必须随时做好准备，建立自己的价格反应机制，始终关注市场价格动向和竞争者的价格策略。

（1）应对措施。

面对竞争者率先调整价格，被动跟随竞争者调整的情况，对于不同的产品市场，其应对措施可以如下：① 对于同质产品，如果竞争者降价，企业也要随之降价，否则，顾客就会购买竞争者的产品。如果竞争者提价，企业可以灵活面对，或者提价，或者不变。② 对异质产品，企业有较大的余地对竞争者调整价格作出反应，如不改变原有价格水平，采取提高产品质量和服务水平、增加产品服务项目、扩大产品差异等来争夺市场竞争的主动权。

（2）探析问题。

在采取行动之前，企业应当先比较不同反应的可能结果。一般要分析研究以下问题：① 竞争者为什么要变动价格？是想扩大市场，以充分发挥它的生产能力，还是为了适应成本的变化？或者是希望引起全行业的一致行动，以获得有利的需求？② 竞争者的价格变动是暂时的，还是长期的？③ 对竞争者的价格变动置之不理，企业的市场占有率和利润等会受到什么影响？其他企业又会怎么办？④ 对企业每一个可能的反应，竞争者和其他企业又会有什么举动？

（3）主要对策。

由于企业市场地位和营销成本、产品特性以及市场环境的实际情况不同，企业被动调价时的策略也应不同，可供企业选择的对策主要有：① 随之调整价格，尤其对于市场主导者的降价行为，中小企业很少有选择的余地，被迫应战，随之降价；② 反其道而行之，同时推出低价或高价新品牌、新型号产品，以围堵竞争者；③ 维持原价不变，如果随之降价会使企业利润损失超过承受能力，而提价会使企业失去很大的市场份额，维持原价不失为明智的策略选择，同时也可以运用非价格手段进行回击。

2. 市场领导者的对策

市场领导者有如下对策可供选择：

（1）价格不变。

市场领导者认为，削价会减少太多利润；保持价格不变，市场占有率也不会下降太多，必要时也很容易夺回来。借此机会，正好甩脱一些不希望的买主，自己也有把握掌握住较好的顾客。

（2）运用非价格手段。

比如企业改进产品、服务和市场传播，使顾客能买到比竞争者那儿更多的东西。很多企业都发现，价格不动，但把钱花在增加给顾客提供的利益上，往往比削价和低利经营更合算。

（3）降价。

市场领导者所以这么做，是因为降价可以增加销量和产量，因而降低成本费用，同时，市场对价格非常敏感，不降价会丢失太多的市场占有率，而市场占有率一旦下降，就很难恢复。

（4）涨价。

有的市场领导者，不是维持原价或降价，而是提高原来产品的价格，并推出新的品牌，围攻竞争者品牌。

二、价格折扣策划

为了鼓励顾客及早付清货款及大量购买、淡季购买，还可以酌情降低其基本价格。

典型案例

日本东京银座美佳西服店为了销售商品采用了一种折扣销售方法，颇获成功。具体方法是这样：先发一公告，介绍某商品品质性能等一般情况，再宣布打折扣的销售天数及具体日期，最后说明打折方法：第一天打九折，第二天打八折，第三、四天打七折，第五、六天打六折，以此类推，到第十五、十六天打一折，这个销售方法的实践结果是，第一、二天顾客不多，来者多半是来探听虚实和看热闹的。第三、四天人渐渐多起来，第五、六天打六折时，顾客像洪水般地涌向柜台争购。以后连日爆满，没到一折售货日期，商品早已售缺。这是一则成功的折扣定价策略。妙在准确地抓住顾客购买心理，有效地运用折扣售货方法销售。人们当然希望买质量好又便宜的货，最好能买到二折、一折价格出售的货，但是有谁能保证到你想买时还有货呢？于是出现了头几天顾客犹豫，中间几天抢购，最后几天买不着者惋惜的情景。

价格折扣和折让的形式主要是：

（一）现金折扣

这是企业给那些当场付清货款的一种减价。例如，顾客在 30 天内必须付清货款，如果在前 10 天内付清货款，则给予 2% 的折扣。

（二）数量折扣

这种折扣是企业给那些大量购买某种产品的顾客的一种减价，以鼓励顾客购买更多的货物。因为大量购买能使企业降低生产、销售、储运、记账等环节的成本费用。例如，顾客购买某种商品 100 单位以下，每单位 10 元；购买 100 单位以上，每单位 9 元。这就是数量折扣。

（三）功能折扣

这种价格折扣又叫贸易折扣。功能折扣是制造商给某些批发商或零售商的一种额外折扣，促使他们愿意执行某种市场营销功能（如推销、储存、服务）。

（四）季节折扣

这种价格折扣是企业给那些过季商品或服务的顾客的一种减价，使企业的生产和销售在一年四季保持相对稳定。例如，滑雪橇制造商在春夏季给零售商以季节折扣，以鼓励零售商提前订货；旅馆、航空公司等在营业下降时给顾客以季节折扣。

（五）折让

折让即“以旧换新”。折让也是一种降低产品价格的方法。在购买企业新产品时，如同时交回旧货即给予降低售价的优惠待遇。如电视机、洗衣机的折让法，目的是树立一种处处为用户着想的企业形象。

三、差别价格策划

通过制定两种或两种以上不反映成本比例差异的价格来推销一种产品或者提供一项服务，这就是差别定价。它有以下几种形式：

（一）顾客差别定价

对同样的产品或服务，不同顾客支付不同的数额。如公交公司对成年人和 120 厘米以下的儿童收取不同的费用。

（二）产品差别定价

产品的品种、规格、牌誉和样式不同，制定的价格也不同。若自行车、服装款式吸引人的话，价格会比同类产品高。

（三）地点差别定价

不同地点、区域、场所、位置、方位等可制定不同价格。如戏院的包厢收取的费用就高。剧场中间和前面座位票价高，边座和后座票价低。飞机前舱票价高于后舱票价。

（四）时间差别定价

不同日期，不同钟点，都可以季节性地变动价格。如长途电话在晚间及节假日比平常便宜一半，旅游区在淡季和旺季也收费不同。

典型案例

蒙玛公司在意大利以无积压商品而闻名，其秘诀之一就是对时装分多段定价。它规定新时装上市，以 3 天为一轮，凡一套时装以定价卖出，每隔一轮按原价削 10%，以此类推，那么到 10 轮（一个月）之后，蒙玛公司的时装价就削到了只剩 35% 左右的成本价了。这时的时装，蒙玛公司就以成本价售出。因为时装上市还仅一个月，价格已跌到 1/3，谁还不来买？所以一卖即空。公司最后结算，赚钱比其他公司多，还没有积压。

同步案例

休布雷公司：巧妙定价

休布雷公司是美国生产和经营伏特加酒的专业公司，其生产的史密诺夫酒在伏特加酒市场享有较高的声誉，市场占有率达23%。20世纪60年代，另一家公司推出一种新型伏特加酒，其质量不比休布雷公司的史密诺夫酒差，每瓶价格却比它低1美元。

面临对手的价格竞争，按照惯常的做法，休布雷公司有三种对策可以选择：

(1) 降价1美元，以保住市场占有率。

(2) 维持原价，通过增加广告费用和推销支出与竞争对手相对抗。

(3) 维持原价，听任其市场占有率降低。

由此看出，不论休布雷公司采取其中哪种策略，它都似乎输定了。

请思考：

如果你是休布雷公司的营销人员你会怎样做？

本章小结

本章主要阐述了价格策划的含义和类型；价格策划的方法和技巧以及价格调整策划。在本章的学习中要能运用价格策划的标准来评价所制定的价格，学会价格策划的方法和技巧，并能对现行的产品进行价格调整。

复习思考

1. 价格策划的基本流程及步骤有哪些？
2. 制定价格可选择哪些基本方法与策略？
3. 价格折扣与折让有哪些形式？
4. 新产品定价策划有哪两种方式？
5. 怎样理解变动价格的策划？

技能训练

1. 一家彩电生产企业的经理，发现彩电在农村市场和城市市场的需求是不同的，他会采取差别定价策略吗？谈谈实行差别定价策略的条件。

2. 在原材料价格上涨得很厉害，产品确实需要提价的情况下，你的老板因种种顾虑，又不想直接把销价提高，你会给他什么建议？为消除和降低顾客的不满情绪，你还有哪些比较好的建议？

3. 案例题

"原子笔"的定价策略

美国有一位名叫米尔顿·雷诺滋的企业家，在1946年6月，他到阿根廷谈生意，发现了圆珠笔。其实，圆珠笔的原始设计早在1888年就已问世，只是没有形成批量生产，不为世人所知罢了。

雷诺滋认为圆珠笔具有广阔的市场前景，立即赶回国内，与人合作，不分昼夜地研究改进，只用了一个多月的时间，就拿出了自己的样品，并巧妙地利用当时人们原子热的情绪，取名为"原子笔"。之后，他立即拿着仅有的一个样品来到纽约的金贝尔百货公司，向公司主管们展示这种原子时代的奇妙笔的不凡之处："可以在水中写字，也可以在高海拔地区写字。"这些都是雷诺滋根据圆珠笔的特点和美国人追新求异的性格，精心制定的促销策略。公司老板被这支奇妙的笔打动了，拍板订购了2 500支，并同意采用雷诺滋的促销口号作为广告。

当时，这种圆珠笔的生产成本仅0.50美元，但雷诺滋认为，这种产品在美国是第一次出现，奇货可居，尚未竞争者，就果断地将价格定在12.50美元，零售商又以每支20多美元的价格卖给消费者。雷诺滋认为，只有这样的价格才能显示出这种笔的非凡之处，配得上"原子笔"的名称。尽管价格如此高昂，圆珠笔却在一段时间以其新颖、奇特和高贵的形象而风靡美国，在市场上十分畅销。金贝尔百货公司每次销售这种笔时，竟出现几千人争购"奇妙笔"的壮观场面。订单像雪片般飞向雷诺滋的公司。短短半年，不仅收回了生产圆珠笔所投入的2.6万美元资本，还获得了155万美元的税后利润。后来，其他厂家蜂拥而上，产品成本下降到0.10美元一支，零售价也降到0.70美元，但雷诺滋已经大大地捞了一把。

思考题：

1. 原子笔在当时作为新产品，采取的是何种定价策略？
2. 原子笔采取高价策略的理由是什么？

同步测试

一、单项选择题

1. 随行就市定价法是（　　）市场的惯用定价法。

A. 完全垄断　B. 异质产品　C. 同质产品　D. 垄断竞争

2. （　　）是企业把全国分为若干价格区，对于卖给不同价格区顾客的某种产品，分别制定不同的地区价格。

A. FOB原产地定价　B. 分区定价

C. 统一交货定价　D. 基点定价

3. 某服装店售货员把相同的服装以 800 元卖给顾客甲，以 600 元卖给顾客乙，该服装店的定价属于（　　）。

A. 顾客差别定价　　B. 产品形式差别定价

C. 产品部位差别定价　　D. 销售时间差别定价

4. 为鼓励顾客购买更多物品，企业给那些大量购买产品的顾客的一种减价称为（　　）。

A. 功能折扣　B. 数量折扣　C. 季节折扣　D. 现金折扣

5. 企业利用消费者具有仰慕名牌商品或名店声望所产生的某种心理而制定的价格为（　　）。

A. 尾数定价　B. 招徕定价　C. 声望定价　D. 反向定价

6. 统一交货定价就是我们通常说的（　　）定价。

A. 分区定价　B. 运费免收定价　C. 基点定价　D. 邮资定价

7. 企业因竞争对手率先降价而做出相应降价的策略主要适用于（　　）市场。

A. 垄断竞争　B. 差别产品　C. 完全竞争　D. 同质产品

8. 招徕定价指（　　）利用部分顾客求廉的心理，特意将某几种商品的价格定得较低以吸引顾客。

A. 生产者　B. 竞争者　C. 批发商　D. 零售商

9. 企业的产品供不应求，不能满足所有顾客需要的情况下，企业就应考虑（　　）。

A. 降价　B. 提价　C. 维持价格不变　D. 降低产品质量

10. 以高于价值的价格将新产品推入市场，然后再降价，这种新产品定价策略属于（　　）。

A. 撇脂定价　B. 渗透定价　C. 温和定价　D. 满意定价

二、多项选择题

1. 差别定价法的主要形式有（　　）。

A. 顾客差别定价　　B. 销售时间差别定价

C. 产品包装差别定价　　D. 产品形式差别定价

E. 产品部位差别定价

2. 影响企业定价的主要因素有（　　）。

A. 经营者意志　　B. 定价目标

C. 产品成本　　D. 竞争者价格

E. 市场需求

3. 地区定价策略有（　　）。

A. FOB 原产地定价　　B. 基点定价

C. 分区定价　　D. 运费免收定价

E. 统一交货定价

4. 下面的定价方法中，哪些属于成本导向法（ ）。

A. 目标定价法　B. 成本加成法

C. 随行就市法　D. 密封投标定价法

E. 需求导向认知法

5. 下面的定价方法中，哪些属于竞争导向定价法（ ）。

A. 需求差别定价法　B. 密封投标定价法

C. 随行就市定价法　D. 地位标志定价法

E. 成本加成定价法

6. 以下情况下，企业往往采取随行就市定价法（ ）。

A. 产品属于异质性　B. 企业打算与竞争对手和平共处

C. 难以了解另行定价的后果　D. 难以估算成本

E. 企业有较大自由度

7. 心理定价的主要形式有（ ）。

A. 分区定价　B. 尾数定价　C. 招徕定价　D. 声望定价

E. 差别定价

8. 价格折扣的主要类型有（ ）。

A. 现金折扣　B. 价格折让　C. 数量折扣　D. 季节折扣

E. 功能折扣

9. 企业的定价目标包括（ ）。

A. 维持生存　B. 击败竞争对手

C. 当期利润最大化　D. 产品质量最优化

E. 市场占有率最大化

10. 引起企业提价的原因有（ ）。

A. 产品生产能力过剩　B. 企业成本费用比竞争者低

C. 市场占有率下降　D. 通货膨胀

E. 产品供不应求

实训题

实训题一

指出下列产品的定价策略：

1. 单位产品总成本 50 元，销售价 90 元。
2. 单位产品销售价格 60 元，七折出售。
3. 一套产品八件，分别价格累计 150 元，成套购买 130 元。
4. 某产品定价 3.98 元。

5. 某产品定价 1 188 元。

实训题二

1. 实训项目：手机市场价格策划评析。

2. 实训目的：加深对各种价格策划方法的理解，进一步了解价格制定、修订和变动的原因，培养价格策划的能力。

3. 实训组织：选定调查对象、实施调查、分析讨论。

4. 实训内容：手机市场价格策划现状调查；对某品牌手机价格策划进行评析。

5. 实训考核：分组撰写评析报告，班级交流。

第六章

渠道策划

【学习目标】

知识目标：

（1）熟悉销售渠道的结构策划以及影响销售渠道设计的因素。

（2）掌握销售渠道设计策划、直复营销策划以及物流系统策划的技巧等。

能力目标：

（1）能根据实际情况，基本确定渠道策划的方法。

（2）能提出简单的，具有可操作性的渠道策划方法。

【本章的知识体系】

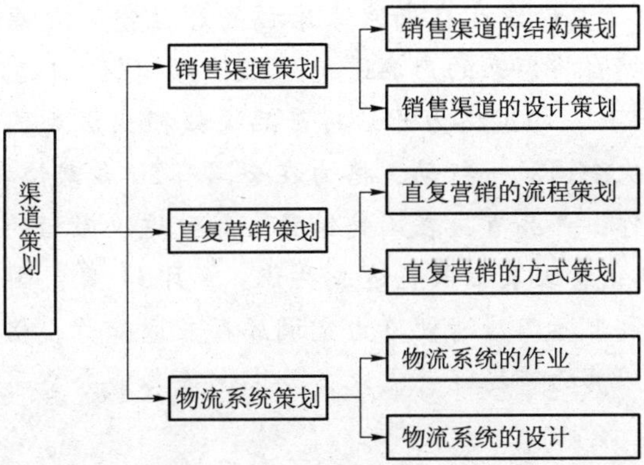

【引导案例】

格力空调：离开国美，走自己的路

珠海格力集团公司是珠海市目前规模最大、实力最强的企业之一。集团拥有的“格力”“罗西尼”两大品牌于1999年1月和2004年2月被国家工商局认定为中国驰名商标。2003年，格力集团实现营业收入198.42亿元，位列中国企业500强第88名。集团下属的珠海格力电器股份有限公司是中国目前生产规模最大的空调生产基地，现有固定资产7.6亿元，拥有年产空调器250万台（套）的能力。经过多年的发展，格力空调已奠定了国内空调市场的领导者地位，格力品牌在消费者中享有较高的声誉。据国家轻工业局、央视调查中心的统计数据显示，从1996年起，格力空调连续数年年产销量、市场占有率均居行业第一。现在，格力空调产品覆盖全国并远销世界100多个国家和地区。多年以来，格力空调一直采取的是厂家——经销商/代理商——零售商的渠道策略，并在这种渠道模式下取得了较高的市场占有率。然而近年来，一批优秀的渠道商经过多年发展历程，已经成长为市场上的一支非常重要的力量。其中尤以北京国美、山东三联、南京苏宁为代表的大型专业家电连锁企业的表现最为抢眼。这些超级终端浮出水面，甚至公开和制造企业“叫板”。自2000年以来，这些大型专业连锁企业开始在全国各大中城市攻城略地，在整个家电市场中的销量份额大幅度提高，地位也直线上升。

2004年2月，成都国美为启动淡季空调市场，在相关媒体上刊发广告，把格力两款畅销空调的价格大幅度下降，零售价原为1 680元的1P挂机被降为1 000元，零售价原为3 650元的2P柜机被降为2 650元。格力认为国美电器在未经自己同意的情况下擅自降低了格力空调的价格，破坏了格力空调在市场中长期稳定、统一的价格体系，导致其他众多经销商的强烈不满，这有损于其一线品牌的良好形象，因此要求国美立即终止低价销售行为。格力在交涉未果后，决定正式停止向国美供货，并要求国美电器给个说法。“格力拒供国美”事件传出，不由让人联想起2003年7月份发生在南京家乐福的春兰空调大幅降价事件，二者如出一辙，都是商家擅自将厂家的产品进行“低价倾销”，引起厂家的抗议。

2004年3月10日，四川格力开始将产品全线撤出成都国美6大卖场。四川格力表示，这是一次全国统一行动，格力在全国有20多家销售分公司，其中有5家公司与国美有合作，产品直接在国美销售，导致这次撤柜的主要原因是与国美在2004年度的空调销售政策上未能达成共识。3月11日，国美北京总部向全国分公司下达通知，要求各门店清理格力空调库存。通知称，格力代理商模式、价格等已经不能满足国美的市场经营需求，要求国美各地分公司做好将格力空调撤出的准备。

面对国美的“封杀令”，格力的态度并没有退让。格力空调北京销售公司副总经理金杰表示：“国美不是格力的关键渠道，格力在北京有400多个专卖性质的分销点，他们才是核心。谁抛弃谁，消费者说了算。”格力空调珠海总部新闻发言人黄芳华表示，在渠道策略上，格力不会随大流。格力空调连续数年全国销量第一，渠道模式好与坏，市场是最好的检验。格力电器公司总经理董明珠接受《广州日报》记者采访时表示，格力只与国美的少数分店有合作，此事对格力空调的销售几乎没有什么影响，自己的销售方式也不会为此做出改变。对一个企业来说，对任何经销商都应该是一个态度，不能以大欺小，格力对不同的经销商价格都是一样的。格力在各地设立自己的销售公司主要是为了在各个区域进行市场规范管理，保持自己的品牌形象，而销售公司靠服务取得合理利润，价格一直贴近市场，格力空调去年500万台的销量就证明了这一点，因此格力不会改变这种销售方式。对于今后能否与国美继续合作，格力坚持厂商之间的合作必须建立在平等公正的基础上，违背这种合作原则只能一拍两散。

事实上，在国美、苏宁等全国性专业连锁企业势力逐渐强盛的今天，格力电器依然坚持以依靠自身经销网点为主要销售渠道。格力是从2001年下半年才开始进入国美、苏宁等大型家电卖场中的。与一些家电企业完全或很大程度地依赖家电卖场渠道不同的是，格力只是把这些卖场当作自己的普通经销网点，与其他众多经销商一视同仁，因此在对国美的供货价格上也与其他经销商一样，这是格力电器在全国的推广模式，也是保障各级经销商利益的方式。以北京地区为例，格力拥有着1 200多家经销商。2003年度格力在北京的总销售额为3亿元，而通过国美等大卖场的销售额不过占到10%。由于零售业市场格局的变化，格力的确已经意识到单纯依靠自己的经销网络已经不能适应市场的发展，因此从2001年开始进入大卖场，但格力以自有营销网络作为主体的战略并没有改变。

而在国美方面，国美电器销售中心副总经理何阳青认为，格力目前奉行的股份制区域性销售公司的“渠道模式”在经营思路以及实际操作上与国美的渠道理念是相抵触的。国美表示，格力的营销模式是通过中间商的代理，然后国美再从中间商那里购货。这种模式中间增加了一道代理商，它必定是要增加销售成本的，因为代理商也要有他自己的利润。格力的这种营销模式直接导致了空调销售价格的抬高，同品质的空调，格力要比其他品牌贵150元左右，这与国美一直推行的厂家直接供货、薄利多销的大卖场模式相去甚远。国美与制造商一般是签订全国性的销售合同，而由于现在格力采取的是股份制区域性销售公司的经营模式，与格力合作时就不得不采取区域合作的方式，这与国美的经营模式也是不相符合的。

思考题：

1. 格力空调和国美电器之间的渠道冲突反映了新时期厂商和渠道商之间新型的博弈关系。你认为现在厂商和渠道商之间的力量对比如何？二者之间的关系应当如何处理？

2. 格力空调现在所采取的渠道策略正确吗？你认为可以从什么方面加以改进？

【引例分析】

上述案例表明，对于新时期厂商而言，仅仅依靠厂家—经销商/代理商—零售商的渠道策略来销售其产品，显得过于单一，由此厂商应该重新定位其与渠道商之间的博弈关系，从而选择更好的销售渠道来打造自己的产品市场占有率，建立畅通的销售渠道。那么对于生产企业如何开展渠道销售活动，则需要精心谋划以达到成功推动销售的目的。

第一节 销售渠道策划

产品要经过一定的方式、方法和路线，才能进入消费者或用户手中。分销便是企业使其产品由生产地点向销售地点运动的过程。在这过程中，企业要进行一系列的策划。

销售渠道策划的主要内容是怎样合理选择、设计和管理销售渠道，即指怎样合理选择、设计和管理产品从生产者转移到消费者或用户所经过的路线和通道(简称“通路”)。

一、销售渠道的结构策划

销售渠道策划首先就是要对销售渠道的结构进行策划。这是合理设计与管理销售渠道的前提条件。销售渠道的结构策划可以从以下三个方面考虑。

(一) 销售渠道的长度结构

现代营销过程中，商品销售渠道的模式有很多，一般按渠道中是否有中间环节和中间环节多少的不同来划分为不同位数的销售渠道。

在消费者市场，企业面对的最终顾客是家庭和个人，即最终消费者。一般策划有以下几种长度不同的销售渠道可供选择。

1. 生产者→消费者

即企业自己派人推销，或以邮购、电话购货等形式销售本企业的产品。这种类型的渠道由生产者把产品直接销售给最终消费者，没有任何中间商的介入，是最直接、最简单和最短的销售渠道。

2. 生产者→零售者→消费者

即由企业直接向零售商供货，零售商再把商品转卖给消费者。这种模式被消费品和选购品的企业所采用。

3. 生产者→批发商→零售商→消费者

这种模式是消费品分销渠道中的传统模式。

4. 生产者→代理商→零售商→消费者

许多企业为了大批量销售产品，通常通过代理商，由他们把产品转卖给零售商，再由零售商出售给消费者。

5. 生产者→代理商→批发商→零售商→消费者

一些大企业为了销售特定产品或进入特定的市场，常需经代理商、批发商卖给零售商，最后到消费者手中。

（二）销售渠道的宽度结构

销售渠道除了长度问题外，还有宽度问题，即根据企业在同一层次上并列使用的中间商的多少，企业的销售分宽渠道和窄渠道。

宽渠道是指企业使用的同类中间商很多，分销面很广，一般日用品都通过宽渠道销售，由多家批发商转售给更多的零售商进行分售。这种分销渠道能够大量地销售产品，与消费者接触面广。

窄渠道是指企业使用同类的中间商很少，分销面窄，甚至一个地区只由一家中间商经销。窄渠道一般适用于专业性较强的产品或较贵重的耐用消费品。

宽渠道的宽度的选择及策划，与企业的营销目标和分销战略有关。通常有三种可供选择的策略。

1. 密集型分销

密集型分销，即尽可能通过较多的中间商销售产品，以扩大市场覆盖面或快速进入新市场，使众多的消费者和用户能够随时随地买到这些产品。

2. 选择型分销

选择型分销，即在同一目标市场上，依据一定的标准选择少数中间商经销其产品，而不是允许所有有合作意向的中间商都参与经销。这种战略的重心是维护企业、产品的形象和声誉，建立和巩固市场地位。

3. 独家型分销

独家型分销，即企业在一定时间、一定地区内，只选择一家批发商或零售商经销其产品。通常双方订有协议，中间商不得经营其竞争者的产品，企业也不得向其他中间商供应其产品。这一策略的目的是控制市场，彼此得到对方更积极的配合，强化产品形象并获得较高的毛利。

（三）现代销售渠道的系统结构

随着企业生产经营的复杂化和企业对销售渠道认识的加深，销售渠道模式出现了如下特点及类型。

1. 销售渠道的纵向联合

销售渠道的纵向联合又称垂直销售系统，是指用一定的方式将分销渠道中的各个环节的成员联合起来，寻取共同目标下的协调行动，以促进分销活动整体效益的提高。这种纵向联合的分销渠道大致有三种形式。

（1）公司式。即由一家公司拥有和统一管理若干工厂、批发机构和零售机构，控制销售渠道的若干层次，甚至整个销售渠道，综合经营生产、批发、零售业务。

（2）管理式。即通过渠道中一个规模和实力较大的成员来协调整个产销通路的渠道系统，品牌产品的制造商能较容易取得批发商的合作与支持。例如柯达、吉利、宝洁等公司可能能博得其中间商在产品陈列、展示、促销和价格政策方面的异乎寻常的合作。

（3）合作式。即不同层次的独立的制造商和中间商，以合同为基础建立的联营形式。包括：批发商自愿连锁店；零售商合作社；特许专卖机构，如制造商组织的零售商特许专卖系统，制造商组织的批发商特许专卖系统，服务公司组织的零售商特许专卖机构。

2. 销售渠道的横向联合

销售渠道的横向联合又称水平式渠道系统，是由两家公司联合开发共同的渠道系统。这些公司或因资本、生产技术，营销资源不足，无力单独开拓市场机会，或因不愿意承担风险，或因看到和其他公司联合可实现最佳协同效益，而组成水平式渠道系统。他们可以暂时或永久地合作，也可以组成一家新公司，如皮尔斯堡公司和克拉夫特食品公司签订一项协议，由前者制造冷冻生面团产品并负责广告宣传业务，后者则应用其专门技术组织营销，将这些产品分销到商店。

3. 多渠道销售系统

多渠道销售系统即对同一或不同的分市场，采用多条渠道的分销体系。随着顾客分市场和可能产生的渠道的不断增加，越来越多的公司采用多渠道分销方式。如通用电气公司不但经由独立零售商，而且还直接向建筑承包商销售大型家电产品。又如近几年国内的软饮料行业，同一品牌的产品罐装的和瓶装的通过传统的营销渠道销售，而桶装的则通过使用专用的饮料分装机在大街小巷销售，这更好地满足了不同顾客的需求。

4. 网络销售系统

这是一种新兴的销售渠道系统，也是对传统商业销售运作的一次革命。企业通过国际互联网络，发布商品及服务信息，接受消费者或用户的网上订单，然后由自己的配送中心或直接由制造商上门送货或邮寄，例如网络书店、网络花店、网络药店等。

在实际策划中应多角度考虑销售渠道的模式结构，根据产品与企业情况，选择最佳的渠道。

二、销售渠道的设计策划

设计销售渠道的中心问题是确定到达目标市场的最佳途径。因此它是企业销售渠道策划的重中之重。在策划中首先必须分析影响销售渠道设计的因素，其次是建立实际销售渠道的目标和程序，然后确定相应的销售渠道策略。

（一）影响销售渠道设计的因素

1. 产品因素

产品因素包括价格、体积、款式、重量、技术、服务、易毁及易腐程度等，这些因素都直接地影响销售渠道的选择。一般说来，选择较短的分销渠道的产品大多是昂贵的，款式多变，体积庞大、笨重，技术复杂，服务要求高以及易腐、易损，有效期短的产品。反之则选用较长的分销渠道。对有些专用产品的某些危险品最好选择专用渠道。

2. 市场因素

市场因素包括目标市场范围及消费者水平、顾客的消费习惯、需求的季节性及市场竞争状况等，这些都是企业选择分销渠道的重要依据。一般说来，目标市场范围大，潜在市场需求旺盛，消费水平较高，消费习惯要求购买方便的日用消费品，常年生产季节消费的商品，销量订单分散而订单量又少的市场，都需要中间商提供服务，选择较长的分销渠道为宜；反之，选择较短的分销渠道为宜。

3. 企业自身因素

企业自身因素包括企业的规模、财力、声誉、经销能力与管理水平、服务能力等，这些都会影响企业对分销渠道的选择。一般说来，企业规模大，财力雄厚，声誉好，有较好的经营能力及处理水平，服务条件优越，往往能够选择较固定的中间商，甚至建立自己的分销机构，其分销渠道较短；反之，则需要较多地依赖中间商，选择较长的分销渠道。

4. 中间商因素

(1) 合作的可能性。中间商普遍愿意合作，企业可利用的中间商较多，渠道可长可短，可宽可窄；否则，只能够利用较短、较窄的渠道。

(2) 费用。利用中间商分销，要支付一定的费用。若费用较高，企业只能够选择较短、较窄的渠道。

(3) 服务。中间商可以提供较多的高质量的服务，企业可选择较长、较短的渠道。倘若中间商无法提供所需要的服务，企业只能够使用较短、较窄的渠道。

5. 环境因素

环境因素是指影响选择分销渠道的外部因素。宏观经济形势对渠道选择有较大的制约作用。如在经济不景气的情况下，生产者要求以最快、最经济的方法把产品推向市场，这就意味着要利用较短的渠道，减少流通环节，以降低商品价格，提高竞争力。另外，政府有关商品流通的政策和法规也会影响分销渠道的选择。如由国家或主管部门严格控制的产品、专卖性产品，其分销渠道的选择必然受到制约。

(二) 设计销售渠道的基本要求

1. 销售渠道设计的标准

一般而言，设计一个销售渠道好坏的标准在于它是否以最快的速度、最好的服务质量、最经济的流通费用，把商品送到消费者手中，以实现经营者的利益。要达到这一基本要求的销售渠道，必须具备以下条件：

(1) 能够不间断、顺利、快速地使商品进入消费者领域。“不间断”是指连续性，它必须有能力进货（包括拥有资金和运输条件），保证供货和需求地一致；“顺利”是指流通中途的通畅，不得使商品在途中滞留；“速度”是时间性，是指不得拖延工作时间。

(2) 具有较强的辐射功能。一种产品从生产厂家把它生产出来一直到消费者手中，中间要经过许多环节。如果销售渠道的各个环节都具有较大的辐射功能，就可以从各个环节的辐射点开始，向周围辐射，从而可形成地域相当广泛的销售渠道，提高产品的生产占有率，扩大销量，增强企业的市场竞争力。

(3) 具有商流与物流一致性的特点。一条好的分销渠道，不仅是以货币为媒介的商品交换渠道，而且是物资运行的渠道，直到实现了商流与物流的一致性，才能够使分销渠道成为满足消费者需要的通道。

(4) 能够带来显著的经济效益。一般说来，交易成功率高、物流速度快、流通费用少、资金周转快、销售环节少的销售渠道，经济效益就好。否则经济效益就不好。

(5) 有利于实现为消费者服务，保护消费者利益。一般比较好的销售渠道，不仅从自身的利益出发，而且还必须充分考虑消费者的利益，必须真正地为消费者服务。

2. 销售渠道设计的程序

企业在设计销售渠道时，必须在理想的渠道和实际可能得到的渠道之间作出选择。这一策划过程通常要经过分析消费者需要，建立渠道目标，确立可供选择的主要渠道以及对其进行评估等几个阶段：① 分析顾客对渠道服务提出的要求。这些要求通常表现在批量小、交货时间短、购买方便、花色品种多以及提供服务能力与费用等方面。② 建立渠道目标。即达成的服务产出目标。企业可以根据用户需求的不同服务和产出要求，划分出若干分市场，然后决定服务于哪些分市场，并为之选择和使用最佳渠道。③ 假定可提供选择的渠道方案。渠道选择方案由中间商类型、中间商数目以及每一渠道参与者条件和相互责任三因素组成。具体是：选择中间商类型，确定中间商数目，规定渠道成员的条件和责任。④ 评估渠道方案。评估方案可以从经济性、可控性和适应性等几个方面进行。经济性标准评估即主要是比较每一方案可能达到的销售额水平及其费用水平。可控性标准评估，一般来说，采用中间商可控性小些，企业直接销售可控性大，分销渠道长可控性难度大，渠道短可控性较容易些，企业必须进行全面比较、权衡，选择最优方案。适应性标准评估即主要是考察企业在每一种渠道承担的义务与经营灵活性之间的关系，包括承担义务的程度和期限。

（三）设计销售渠道系统的策略

销售渠道系统策略的设计可以从以下两方面来考虑：

1. 销售渠道系统的确定策略

（1）确定渠道模式。是采用直接营销渠道还是采用间接销售渠道，这需要从销售业绩和经济效果两个方面来考虑。销售业绩就是销售额的大小，一般说来是越大越好；经济效果就是利润额的多少，当然是越多越好。但这两个方面并非总是一致的，究竟以谁为重，应视企业的营销战略而定。如欲扩大市场占有率，则应重视前者，如欲追求利润，则应重视后者。一种产品的销售，可以通过多种销售渠道形式来实现。企业可以自行销售，也可以经过批发商、零售商、经营商等来销售。究竟选择何种销售渠道，需要进行比较考察。

（2）确定渠道成员的数量。即确定每个渠道层次使用多少个中间商，也即采取宽渠道还是窄渠道。在分销策划中，除了有三种可供选择的策略（密集型、选择型、独立型）之外，还必须对中间商的开业年限、经营产品范围、赢利与发展状况、财务支付能力、协作愿望与能力及信誉等级等予以考察评估。在实际操作中，企业选择中间商的难易程度有很大的不同。有些知名企业毫无困难，而有些企业则需费九牛二虎之力，才能够找到合意的中间商。但无论如何，必要的考察评估是不可或缺的，其差异仅是标准的高低程度。

（3）确定渠道成员的责任与条件。一般情况下，相互的职责和服务内容包括供货方式、促销的相互配合、产品的运输和储存、信息的相互沟通等。交易条件主要包括价格政策、销售条件、区域权利等方面。价格政策要求企业必须制定出其产品具体的价格，并有具体的价格折扣条件，如数量折扣、促销折扣、季节性折扣等政策。这样可以刺激中间商努力为企业推销产品，扩大产品储备，更好地满足顾客的需求。销售条件要求企业制定出相应的付款条件，如现金折扣，对中间商的保证范围，如不合格产品的退还，价格变动风险的分担等方面的保证。这样有利于中间商及早付款，加速企业的资金周转，同时还引导中间商大量购买。区域销售权利是中间商比较关心的一个问题，尤其是独家分销的中间商。

2. 销售渠道系统的管理策略

对销售渠道的管理工作主要是对中间商的激励、评估和调整。

（1）激励渠道成员。激励方法大致有以下几种：① 向其提供物美价廉、适销对路的产品。中间商认为适销对路的产品是销售成功的一半，因而生产者提供符合市场需求的产品会受到中间商的欢迎。② 促销支持。厂家应该承担推广宣传产品的全部或部分费用，并派人员协助成员安排商品陈列，举办展览和操作表演，帮助培训推销人员等，而这些都会得到中间商的支持。③ 合理分配利润。厂家在产品定价方面应该充分考虑到中间商的利益，对供货数量、信誉、财力、管理等不同的中间商给予不同的价格折扣，使中间商感到经营某生产者的产品会得到较理想的利益收入。④ 资金支助。厂家可通过融资，采取售后付款或先部分付款的方式，促进中间商积极进货、努力推销产品。⑤ 提供情报。厂家将获得的市场信息及时通报给中间商，同时也将生产方面的发展状况告诉中间商，使其心中有数，能够积极有效地安排销售。

（2）评估渠道成员。对中间商评估的目的是及时掌握情况、发现问题，以便更有针对性地对不同类型的中间商开展激励和推动工作，提高渠道销售效率。评估的标准一般包括：销售定额完成情况，平均存货水平，向顾客交货时间，损坏和遗失货物处理，对公司促销与培训计划的合作情况，货款返回的状况以及中间商对顾客提供的服务，等等。

（3）调整销售渠道。生产商对渠道的调整是为了适应纷繁复杂、瞬息万变的市场情况，主要有以下三种方式：① 增减成员。这是指在某一条销售渠道里增减个别中间商，而不是改变渠道模式。厂家决定增减个别中间商时，需要做经济效益分析。要考虑到增减某个中间商对企业的赢利是否有影响，是否会引起渠道其他成员的反应，其他成员的销售是否会受影响等。② 增减渠道。这是指增减某一渠道模式，而不是增减渠道里的个别中间商。当生产者所利用的某一分销渠道销售产品不理想时，或者市场需求扩大而原有的渠道不能够满足时，或者生产者所利用的有些分销渠道一方面销售量低下，而另一方面市场的需求又满足时，生产者就要考虑减少或增加渠道，或者减免某条渠道的同时又增加某条渠道。③ 调整全部渠道。这是指生产者对所利用的全部渠道进行调整。如直接渠道改为间接渠道，单一化渠道变为多元化渠道等。这种调整是最困难的，它不仅使全部销售渠道改观，而且还会设计涉及营销组合因素的相应调整、营销策略的改变，作为生产者对调整全部渠道要特别谨慎从事，进行系统分析，以防考虑不周，影响企业的全部销售。

拓展案例

“金霸王”电池：三步进山城

美国金霸王电池及其广告宣传画在重庆的街头随处可见，该电池在重庆电池市场上已独占鳌头。然而，人们做梦也不会想到：金霸王电池从进入重庆市场到占领重庆市场，仅仅只花了6个月的时间。那么，它闪电式的“速战速决”成功秘诀是什么？质量？它固然是金霸王电池开拓市场成功的一个重要因素，但人们赞许更多的是它的独特的销售渠道策略企划：第一步代销；第二步铺货；第三步终端促销。

一、第一步：代销

美国金霸王把产品让给重庆凯丽贸易公司代销。

所谓代销，就是指生产厂家或代理商家把产品让给批发商或零售商销售，在规定时间或者在批发商、零售商销售产品后才收取货款的销售方式。它实际上是厂家（代理商）把产品让给商家的“试用”过程，若“试用”成功，商家就会经销该产品。代销是有风险的，弄不好厂家代销出去的产品既收不到货款也取不回货。为了有效地发挥代销的作用，重庆凯丽贸易公司在各区（县）找的代理商都是当地信誉比较好、效益好的大零售商。在两个半月以点带面的代销后，金霸王电池在重庆已占有一定的市场。这时，重庆凯丽贸易公司紧紧抓住机会，把营销策略进到第二阶段——铺货。

二、第二步：铺货

它是金霸王电池能够“闪电”占领重庆市场的最关键的一步。

所谓铺货，就是厂家（或代理商）送货给零售商，并尽力说服其经销产品的一种营销策略。由于金霸王电池质量、性能确实过硬，故代销给它带来了一定的市场，但仅仅根据几个大商家，其占领市场的进程将极其缓慢。为了加快步伐，重庆凯丽贸易公司想到了辅货。铺货的重点是重庆各区（县）的零售店。在零售店的铺货中，重庆凯丽贸易公司特别关注到其他任何电池厂家都忽视了的电话亭的铺货。这一特别关注，使得销货策略比原来想象的还要有效。因为，一个普通电池，BP 机只能用七、八天，而一对金霸王电池，BP 机却可以用 40 来天，这大大方便了 BP 机使用者，并且 BP 机使用者往往在电话亭购买电池。铺货需要很多业务员。为了解决这一问题，重庆凯丽贸易公司在重庆工业管理学院招聘了一些市场营销专业的学生作为兼职业务员。这些学生曾为多家厂商做过市场调查、产品促销、广告宣传等实践活动，在促销方面很有经验。这为他们能成功地说服零售商经销金霸王电池打下了基础，从而使得铺货面尽可能加大。这样，在重庆的各处都布满金霸王电池，从而，把营销策略推向了第三阶段——终端促销。

三、第三步：终端促销

所谓终端促销，是指厂家为了扩大产品的名声，扩大或巩固产品的市场占有率，在零售店处张贴广告或悬挂横幅，以刺激消费者购买产品的营销活动。为了进一步扩大金霸王电池的名声和销售量，重庆凯丽贸易公司在零售店处张贴了许多广告画，并且每隔一段时间就检查一次，若广告画被其他产品广告画所覆盖，就立刻补上。这样，在很短的时间内，“金霸王”就在重庆人大脑里留下了深刻的印象，这也影响着他们购买电池的行为。

金霸王电池的销售渠道也有一个特点，它直接由生产厂家（代理商）转到零售商之手，而不像其他同类产品中间要经过批发商。这一销售渠道有利于重庆凯丽贸易公司和零售商良好合作关系的形成。这种良好合作关系的形成必然促进金霸王电池在重庆市场上的开拓。

在“代销——铺货——终端促销”的策划下，通过奇特的销售渠道，金霸王电池终于在6个月内就在重庆电池市场上一枝独秀，“世界第一，耐力第一”（金霸王电池的广告词），终于深深印入了重庆人的大脑中。

第二节 直复营销策划

【引导案例】

麦当劳快餐的营销方法

快餐业的顾客流失是非常快的，你在大学的时候可能会去吃快餐，但是等你有一些生活经验之后会发现一个星期吃十次快餐并不是一个十分有益健康的选择。这就是麦当劳为什么时时刻刻需要增加新的消费者，因为它已有的消费者在经过一段时间之后就会逐渐流失，所以要不断地大量补充消费者，并且消费一段时间，以保住他们的收入。麦当劳在中国有一个非常有创意的举动，他利用手机短信，并结合了世界杯的最新消息，来吸引消费者，不仅仅是吃快餐，而且是吃麦当劳的快餐。

麦当劳在2010年四月的上海，总共发出了十五万条的手机短信，由于它的短信是非常有针对性的，它只针对它的目标客户，并且是在正确的地方，合适的时间，合适的场合，把这个手机短信送到消费者手中。它收获的效果非常好，对它这种短信的促销的回应率有12%，这比用传统的直接促销手段只有1%～3%、3%～5%有很大的提高。这是麦当劳做过的最为有效、最为成功的一个营销活动之一，为麦当劳获得了新的消费者。

思考题：通过麦当劳的案例，你得到了什么启示？

【引例分析】

上述案例中，麦当劳通过一系列营销活动，成功地获得了新的消费者。在当今社会，很多行业需要开发新的营销方式，与快餐食品完全不同的行业，比如说化妆品行业——欧莱雅在中国，它在收集和整理信息的过程中与麦当劳遇到的挑战相同。怎么解决这个问题呢？他们和《中国妇女》杂志联合新浪网开办了一个网站，叫“伊人风采”，针对他们的目标消费者，同时也是《中国妇女》杂志的目标读者，这是一致的。欧莱雅的品牌实际上是放在这个网站的品牌之后的，这样做的目的是，他们并不想强迫消费者直接进入到购买产品这个阶段，而是向消费者提供消费者所需要的信息，从而吸引消费者，以增加对品牌的了解。事实上，这个网站在开办一周内就吸引了1 800万人。

随着现代经济的发展，传统的“店铺零售”方式所呈现的不足越来越多，其中最重要的一点就是销售渠道的不足。直复营销策划的意义就在于创新了销售的渠道，加深了渠道与顾客的接触，因此创造了新的销售奇迹。如今，直复营销策划已成为一种新颖而有效的营销手段及渠道策略。

一、直复营销的流程策划

（一）直复营销与传统营销的区别

直复营销策划是营销人员与目标顾客之间的“双向信息交流”。而传统的市场营销活动中，营销人员总是将信息传递给目标顾客，却无法了解这些信息究竟对顾客产生了何种影响，是“单向信息交流”。在直复营销活动中，顾客可通过多种方式将自己的反应回复给直复营销人员。没有反应行为的目标顾客人数对于直复营销人员来说也是一种反应，一种不足的反应。只要某一媒体能够将顾客和直复营销人员联系起来，信息双向交流就可进行，直复营销人员就能够很确切地知道何种信息交流方式使目标顾客产生了反应行为，其具体内容是什么，是想订货还是咨询。因此，直复营销作为现在无店铺销售的主要形式，有其自身鲜明的特点，与传统的市场营销和直销有着明显的区别。

直复营销与直销在字面上的区别很明显：直复营销（Direct Marketing）和直销（Direct Selling）都是无店铺零售的（制造商不需要经过中间商和零售店铺，将商品直接销售给顾客）的形式，与自动售货、购货服务共同构成了当今零售业发展的无店铺零售新潮流，也正是因为如此，人们容易产生误解和混淆。

直复营销是指营销者利用广告介绍产品，顾客可写信或打电话订货，订购的货物一般通过邮寄交货，用记账卡付款。直复营销者可在一定的广告费用开支允许的情况下，选择可获得最大定货量的传播媒体，使用这种媒体的目的是扩大销售量，而不是像普通广告那样刺激消费者的偏好和树立品牌形象。

二者的区别在于推销人员介入与否。直复营销是以非个人方式向消费者推销产品，非个人方式包括诸如电话、电视、目录、信函等，公司与顾客之间没有推销员介入；而直销必须是以个人方式向顾客推销商品，家庭销售也罢，推销员上门也罢，公司与消费者之间必须有推销员的介入。

（二）直复营销的销售渠道

直复营销的渠道策划一般有四种：单一步骤的销售、持续性的沟通、多重步骤的销售和利用其他机会的销售。

1. 单一步骤的销售

这是直复营销方式中最简单的一种，通常直复营销人员凭借一个单一的广告营销活动或直接邮寄邮件广告与消费者接触并将产品推销给潜在的消费者。然而，要一般人将钱付给从未见过面的人或付钱去买一些自己不熟悉的商品，是很困难的。因此，直复营销公司往往提供免费试用、有条件的免费试用的手法来帮助达成交易。

2. 持续沟通方式

许多直复营销人员一开始就与顾客建立一种持续性的沟通关系。典型的方式包括：

（1）提供保险服务。顾客在申请之初便可与经营者签上10年或20年以上的合约来支付保险金。

（2）银行提供贷款服务。可分5年或更长时间偿还。

（3）提供抵押贷款。期限可长达数年之久。

（4）提供会员资格。例如，消费者协会、高尔夫球协会均可提供终身会员资格。

（5）提供申请加入俱乐部的资格。俱乐部成员可以以很低的价格购买书籍、唱片或得到免费礼物。

（6）为收藏者提供收藏服务。

显而易见，这种与顾客维持一种长远关系的沟通法虽无法在金融业、娱乐业运用，但这种营销观念十分值得推广。

3. 多重步骤销售

单一步骤的销售方式在事前已经决定了顾客可能产生的所有反应模式。他可能拒绝购买，不然就是按照广告上提供的方法及价格来购买产品或服务。因此，当你从事某种产品单一步骤的销售时，顾客买与不买的反应十分明显，而且你与顾客之间的相互沟通的关系马上就结束了。而多重步骤的销售方式则克服了上述缺点，这种方式的最大优点是在应用上具备了更广阔的发展空间，增添了许多成交的机会，提高了大多数企业的发展潜力。例如，你第一次所寄的直接邮件广告没有得到回应，你可继续寄出一封信或促销手册；若是仍没有回音，你还可以采用电话营销或请营销代表登门推销，甚至采用更换产品类别、降价折扣优惠、送试用品等办法，只要这位消费者是你数据库中很有潜力的顾客，都值得不断与之联系，直到获利为止。

4. 利用其他机会

许多大型公司或经营范围广泛的公司常常推出一些能带来直复营销机会的活动。如某公司从事下述任何一种活动，都会创造出直复营销的机会：

（1）竞赛。例如举办与企业有关的一些知识竞赛，要求消费者将答卷寄回，优胜者给予奖励。

（2）降价或提供免费优惠。顾客必须拿优惠券或特别的印刷标志到零售店或通过邮件兑换产品。优惠券或印刷标志可附在产品包装内，印在包装上或媒体广告上。

（3）赠品。只要顾客购买该公司的产品的数量累积至一定标准以上，便可直接获得赠品。

（三）直复营销的实施步骤

直复营销策划及步骤大致如下：

1. 规定直复营销目标

不同的企业，其任务和目标不一，直复营销的目标也有所不同。如果企业发展重点是在国内的话，那么，直复营销目标的重点就应放在尽量维持现有客户的基础上，并设法吸收新顾客；若是目标放在国外，则重点应放在建立有效的运输与销售渠道上，以便吸引顾客，并迅速有效地提供产品或服务。

2. 决定营销策略

针对不同的直复营销的目标，可以开发出不同的营销策略。例如：向消费者宣传的重点是强调产品的质量还是强调产品的价格？还是以附加价值的方式来提升商品形象？

3. 沟通策略的制定

沟通策略的制定也就是发展“传播目标”，通过沟通方式传达给客户或是潜在客户一种关心他们的信息，并告诉他们愿意为他们提供何种产品或服务。

4. 传播策略的设立

这对直复营销来说，就是建立完整的顾客与潜在顾客的数据库，然后用这个数据库来建立企业与顾客间一种长期的关系，而这种关系主要依赖着不断向目标顾客传递一些他们认为有价值的信息。

5. 广告目标的决定

这主要包括你想要这广告达到什么效果，消费者对这广告有什么感觉，需要消费者在看到广告后采取什么行动。对直复营销而言，消费者的反应是测定广告效果的重要依据。因此，消费者的反应是广告目标中最重要的一环。

6. 制定广告策略

制定广告策略，即如何把确定的信息，通过选择好的媒体渠道传达给消费者。既可以采用大众传媒或公共关系来塑造产品形象，也可以借助促销活动及提供赠品等活动来增加数据库中的名单档案。

7. 制定创意策略

所谓创意，就是通过构思、创造意境，表现广告主题。也就是以什么样的方式及语气来说出你想要传达的信息。例如：应该如何说出想说的话？用什么语调说出？采用什么样的创意方式会容易让人接受？

8. 拟定媒体策略

需要决定采用何种媒体来传达信息，或是采用对不同媒体进行组合的策略，使其相互配合，取长补短。如果决定以电视媒体播出，应该选择哪个电视台，选择哪个频道或哪个时段。如果以报纸杂志刊出，又该决定采用地方性刊物还是全国性刊物。

9. 制定接触策略

制定接触策略也就是决定如何与现有顾客或潜在消费者进行接触，并建立关系。在这个步骤中，如何与消费者沟通，应该在何时沟通，如何利用选择出的媒体告诉消费者产品信息，都是应考虑的重点。另外，就直复营销而言，则需要特别注意将每个消费者视为独立个体，而非一般大众。因此，在接触时，就需要特别考虑他的喜好及他接受消息时的反应方式，这些将影响接触策略。

二、直复营销的方式策划

在直复营销的策划中，可以考虑的直复营销的方式主要有：

（一）邮购目录（Mail – Order Catalog）

这是指销售商按照选定的目标顾客名单寄发邮购目录，或者备有样品目录随时供顾客索取，以达到让潜在的顾客了解商品信息的目的。在公司寄给目标顾客的邮购目录中，除了告诉顾客进行订货的方式、支付的方式等外，通常都附有顾客可以与之联系的免费回应的电话号码。此方式适宜经营完整产品线的综合商品邮购商店使用，在美国，采用邮购目录的公司每年寄出的目录高达124亿份，其种类多达8 500多种，平均每户家庭收到的目录至少有50种以上。

以邮购目录作为直复营销方式的策划能否取得成功，在很大程度上取决于企业是否了解邮购目录的对象，能否提供有特色的商品，以及是否为顾客着想等。

（二）直接邮寄（Direct – Mail）

这是指企业通过选定的目标顾客直接寄发邮件来推销产品。具体形式有信函、传单和广告以及声像磁带，甚至计算机软盘等。例如，著名的福特汽车公司给对它所做的汽车广告有回应的潜在顾客邮寄一种计算机软盘。顾客在软盘的“菜单”上，可以找到他感兴趣的内容，了解有关的技术说明，看到吸引人的汽车图样，得到可能经常被人们提及的一些问题的答案。研究显示，直复营销人员获得的直接反应交易中，以来自直接邮寄和邮购目录者为最多，高达48%，其余来自电话营销的回应7%，来自传单者为7%，而来自杂志报纸的为6%。

（三）电话营销（Telemarketing）

电话营销是指使用电话直接向顾客销售，实现企业与顾客之间的沟通。它目前已成为一种主要的直复营销方式。营销人员可以使用免费电话处理顾客服务和顾客的投诉，或者接受电视和广播广告，直接邮寄或者产品目录推销带来的订货。还可以用电话直接向顾客和企业销售，培养和选定主要销售对象，联系距离较远的顾客，或为现有的顾客或客户服务。1987 年，美国的销售商为了推销其产品和劳务，仅仅在电话费上的花费就大约有 1 420 亿美元。

电话营销被大量地用于对消费者市场的营销。有人做过统计，在美国，每年平均每个家庭要收到 19 次征求订货的电话，并打出 16 次订货电话。电话营销也被大量地用于对企业的营销。使用电话营销，大大减少了经销商直接接触的人员数，可减少差旅费，提高销售额。

（四）电视直复营销（Television Marketing）

电视（包括有线电视和无线电视）是通过网络和频道不断发展的直复营销媒体。电视以两种形式向顾客直接推销商品：

1. 通过直复营销广告

企业通过电视台播放描述产品的广告节目，并提供给顾客一个免费回应的电话号码用于订货，顾客可以打免费电话订购电视广告上介绍的产品。直复营销比较适合于书籍、小型家用电器、唱片及磁带等产品的销售。

2. 家庭邮购频道

就是整个电视节目或整个频道都用于推销产品或劳务。在美国，最大的电视直复营销机构是家庭购物电视公司。该公司的电视台一天播放 24 小时。电视节目主持人提供的廉价产品范围，从珠宝、电灯、娃娃玩具、服装，到电动工具和家用电器，这些产品都可以按抛售的价格从该公司购得。观众可以打一个该公司提供的免费电话订购商品，所订货物一般都在 48 小时内寄出。

（五）其他媒体营销

这主要是指无线电广播、杂志和报纸的直复营销。企业可以通过无线电广播、杂志、报纸来推销产品，听到和读到由这些媒体传播的商品信息的人，可以拨打企业提供的免费电话号码订货。

（六）电子购物（Electronic Shopping）

消费者可以通过视频信息系统，操作某个小型终端，用对讲式闭路电视订购电视屏幕上显示的商品，也可以使用个人电脑通过网络接通中心数据库站，对提供销售的各种产品进行比较。

目前，家庭电子购物的使用者仍相当少。但是，使用的人数会随着更多的顾客拥有了有线电视和个人计算机而不断增长。

（七）订货机购物

有些企业已经设计了一种专门用于顾客订货的装置——订货机。订货机和自动售货机不同。后者，顾客只要向机中投入货币，机器即可输出，机中存有货物。而前者输入的不是货币，而是订货指令或查询指令，输出的也不是货物，而是屏幕上的图像。订货机通常被放在商场、机场等地。

拓展案例

直复营销中国广告细分市场之争愈演愈烈

2010 年新华网上海频道记者季明 8 月 10 日报道：全球 500 强企业之一、世界第二大物流企业荷兰 TNT 集团 9 日宣布正式启动在中国的直复营销服务，中国的广告细分市场上从此又多了一个强有力的竞争者。

上海天地直复营销策划服务公司首席执行官范登堡说，TNT 直复营销的核心是一个名为“亿向”的消费者数据库，数据库中不仅包括消费者人口统计数据，还涵盖消费者的消费意向、爱好、产品或品牌拥有状况，以及详细的联络方式等信息。企业有了这些深度数据，就能够更有效地更精确地锁定其潜在消费群并把信息传递给他们。

在正式启动之前，TNT 已经通过发送 700 万封邮件、几万次电话访问、面对面交谈等形式，在上海地区建立起一个拥有 50 万条有效信息的数据库。范登堡说，直复营销是使企业得以进入其目标细分市场的一种营销渠道，帮助企业把产品信息提供给有购买需要的特定消费群体，这样就能大大提高企业的投资回报率。

在中国广告市场竞争日趋激烈的今天，电视、报纸、广播等传统广告渠道虽然受众面广，但传播的有效性也打了折扣。如何寻找到真正需要同时又有能力消费某种产品的特定人群，已经成为广告细分市场之争的焦点。

如今上海众多高层写字楼的电梯里都安装了液晶电视，不断反复播放汽车、手表、时尚品牌、高档娱乐场所的广告，广告目标群锁定追求时尚而又有一定消费能力的白领或是金领人群。

而在国内同类期刊中发行量最大的《中国经理人》杂志则完全采取免费赠阅的形式进行宣传，目的在于确保读者都是企业的中层以上管理人员，单纯依靠广告这份期刊就已经能够轻松实现盈利。

中国广告细分市场的巨大潜力是吸引各商家纷至沓来的主要原因。TNT 预计，目前中国每人每年平均收到 8 份邮件，而这个数字在欧洲达到 88 份。到 2010 年，中国将有 4 亿城镇居民达到“中产”及“中产”以上收入水平，这个庞大的消费群体将成为经济发展中的一股巨大的推动力量。据估算，中国每年的直复营销市场的价值在 1 000 亿至 2 000 亿美元之间。

第三节　物流系统策划

【引导案例】

7-11 的物流系统案例

继生产管理和营销管理外，物流管理因其能大幅度降低成本和各种与商品流动相关的费用，从而成为连锁企业创造利润的第三大源泉。全球最大的连锁便利店 7-11 就是通过其集中化的物流管理系统成功地削减了相当于商品原价 10% 的物流费用。目前，它共设立 23 000 个零售点，业务遍及四大洲二十个国家及地区，每日为接近 3 000 万名的顾客服务，75 年来一直稳居全球最大连锁便利店的宝座。

不久前，7-11 与广州地铁二号线全面合作，在地铁二号线首期开通的九个站内同时开张 9 家店铺。至此，7-11 在南中国地区总店数达到 127 家，其中广州 91 家，深圳 36 家。在扩张的同时，7-11 先进的物流管理系统也一并蔓延至内地，从而为其带来了另一个利润增长点。

一、物流路径集约化

对零售业而言，中国目前物流服务水准或多或少在短期内是由处于上游的商品生产商和经销商来决定的，要改变他们的经营意识和方法无疑要比企业自身的变革更困难、复杂并漫长。这种情景与当初日本 7-11 在构筑物流体系所处的环境类似。为此，7-11 改变了以往由多家特约批发商分别向店铺配送的物流经营方式，转为由各地区的窗口批发商来统一收集该地区各生产厂家生产的同类产品，并向所辖区内的店铺实行集中配送。

二、设立区域配送中心

对于盒饭、牛奶等每日配送的商品，各产品窗口企业向各店铺的配送费用依然很高。对于这一点，7-11 开始将物流路径集约化转变为物流共同配送系统，即按照不同的地区和商品群划分，组成共同配送中心，由该中心统一集货，再向各店铺配送。地域划分一般是在中心城市商圈附近 35 千米，其他地方市场为方圆 60 千米，各地区设立一个共同配送中心，以实现高频度、多品种、小单位配送。实施共同物流后，其店铺每日接待的运输车辆数量从 70 多辆下降为 12 辆。另外，这种做法能令共同配送中心充分反映出商品销售、在途和库存的信息，7-11 逐渐掌握了整个产业链的主导权。在连锁业价格竞争日渐犀利的情况下，7-11 通过降低成本费用，为整体利润的提升争取了相当大的空间。

三、度身定造物流体系

当然，值得指出的是，经营规模的扩大以及集中化物流体制的确立虽然由

7－11 主导，但物流体系的建设却是由合作生产商和经销商根据 7－11 的网点扩张，根据其独特的业务流程与技术而量身打造的。这些技术有订发货在线网络、数码分拣技术、进货车辆标准化系统及专用物流条形码技术等。

在日本，7－11 的点心配送都是由批发商 A 公司承担。起初，它们利用自己的一处闲置仓库为 7－11 从事物流活动，并安排了专门的经营管理人员。但随着 7－11 的急剧扩张，A 公司为了确保它的商品供应权，加大了物流中心的建设和发展，在关东地区建立了四大配送中心。每个配送中心为其临近的 500 家左右店铺配送所有点心，品种大概在 650～700 种。

每天早上，8 点至 10 点半从生产企业进货，进货的商品在中午之前入库。为了保证稳定供货，每个配送中心拥有 4 天的安全库存，在库水准根据销售和生产情况及时补充。中午 11 点半左右配送中心开始安排第二天的发货，及时打印出配送路线、配送店铺、配送品种、发货通知书等，交给各相关部门。同时，通过计算机向备货部门发出数码备货要求。

四、设置配送流程以分钟计算

从一个配送小组的物流活动时间看，一个店铺的备货时间大约要65 秒，货运搬运时间花费 5～6 分钟。从点头分拣到结束需要 15 分钟，所有 170～180 个店铺要 4 个多小时，即整个物流活动时间大约为 4 个小时（不算货车在配送中心停留等待出发的时间）。货车一般在配送中心停留一晚，第二天早上 4 点半到 5 点半，根据从远到近的原则配送到各店。最早一个到店的货车时间应该是上午 6 点钟，运行无误的话，店铺之间的运行为 15 分钟距离，加上 15 分钟的休息时间，每个店铺商品配送需要的时间为半个小时。也就是最迟在早上 9 点半或 10 点半左右，完成所有店铺的商品配送任务。从每辆车的配送效率看，除了气候等特殊原因，平均每辆车配送商品金额为 75 万日元，装载率能稳定达到 80%。配送中心每月平均供应商品为 50 亿日元，相当于为每个店铺供应 100 万日元的商品。货车运行费用每天为 2.4 万日元，相当于供应额的 3.2%，处于成本目标管理值 3.0%～3.5%，为 7－11 压缩了大量的物流成本。

现在，7－11 已经实现一日三次配送制度。其中包括一次特别配送，即当预计到第二天会发生天气变化时对追加商品进行配送。这些，使 7－11 及时向其所有网点店铺提供高鲜度、高附加值的产品，从而为消费者提供了更便利、新鲜的食品，实现了与其他便利店的经营差异化。

请回答下列问题：

1. 请结合案例评价 7－11 的物流配送系统运作效果，并说明理由。
2. 结合案例，谈谈企业物流系统提高配送效率可以采取哪些具体措施？

【引例分析】

上述案例表明，7－11 连锁便利店的物流配送系统成功地压缩了物流成本，从而为消费者提供了更便利、新鲜的食品，实现了与其他便利店的经营差异化。那具体物流配送系统怎么做才能达到应有的经营效果？物流系统该如何去设计？

产品由企业到达顾客手中，不仅要通过所有权的转移，而且要经过运输、储存、装卸、配送、信息处理、包装、流通加工等活动，构成了企业销售系统的物流系统。当今，物流已成为第三利润源。因此，物流系统的策划，对于降低成本，增强竞争实力，提供优质服务，提高企业效益具有重要的意义。

一、物流系统的作业

(一) 物流的定义

物流译自英文（Physical Distribution），是指通过有效地安排商品的仓储、管理和转移，使商品在需要的时间到达需要的地点的经营活动。物流的任务，包括原料及最终产品从起点到终点使用点或消费点的实体移动的规划与执行，并在取得一定利润的前提下，满足顾客的需求。

物流的职能，就是将产品由其生产地转移到消费地，从而创造地点效用。物流作为市场营销的一部分，不仅包括产品的运输、保管、装卸、包装，而且还包括在开展这些活动的过程中所伴随的信息的传播。它以企业销售预测为开端，在此基础上来制订生产计划和存货水平。生产计划规定采购部门必须订购的原料，并作为原材料存入仓库。原料再转变成制成品。而制成品存货是顾客订购与企业制造活动的连接点。顾客订购使制成品的存货水平降低，而制造活动则使之上升。产品经过装配线、包装、厂内仓储、装运处理、出厂运输、厂外仓储，最终送到顾客手中。

(二) 构流成本

每一个特定的物流系统都由仓库数目、库址、规模、运输策略以及存货策略等构成，因此，每一个可能的物流系统都隐含着一套总成本，可用数学公式表示为：

$$D = T + FW + VW + S$$

式中：D——物流系统总成本；T——该系统的总运输成本；FW——该系统的总固定仓储成本；VW——该系统的总变动仓储成本；S——因延迟销售所造成的销售损失的总机会成本。

在选择和设计物流系统时，要考虑各种系统的总成本，然后从中选择总成本最低的物流系统。

(三) 物流的作业

物流系统是通过运输、存货仓储、网络、信息等的协调以及材料搬运和包装等活动来实现的。

1. 包装

分销包装和运输。这里指的是运输包装，其目的是保护商品，便于运输储存。实体分销中，商品的包装材料、包装形式要与分销过程中运输、仓储、装卸等环节相适应。

2. 运输

运输是指生产企业向商品购买者发运商品的活动过程。运输决策包括两方面：其一，根据所运商品对运输时间与运输条件的具体要求，选择适宜的运输方式，包括铁路、公路、水路、航空、管道，等等。其二，决定发运的批量、时间以及最经济的运输路线等。

3. 仓储

仓储是指生产企业利用仓库储存产品，仓储决策包括是否使用仓库；若使用仓库，则决定自建还是租赁；若自建仓库，则须考虑选址。设计仓库的类型、结构、规模等问题。

4. 搬运装卸

商品要运输，仓储就必然要搬运装卸。其内容包括商品的装上卸下，移动、分类、堆码，搬运操作中要动用各种机械设备及相应的人力。在商品实体分销过程中，搬运装卸的次数、质量，都会影响到成品。

5. 存货控制

存货控制包括决定和记录商品的存放地点、储存结构、合理储存量和顾客需要的发货量及发货时间等。其中最主要的是储存量的大小。企业一方面要力求减少库存，节省费用，另一方面又要保持足够的库存水平以保证在顾客需要时能及时组织发货。

6. 订单处理

订单处理包括接收、查核、记录、整理、汇集订单和准备发运等工作。生产企业收到顾客订单后，应先检查订单是否正确，然后按订单要求的品种、规格、数量，准确发货给顾客。

上述六方面的作业结合起来形成“物流系统组合”，从而成为分销策划的一个重要组成部分。

二、物流系统的设计

策划物流系统设计时，必须有效地利用数据。具体说，在策划物流系统时，要把从生产到消费过程中的货物量作为一贯流动的物流量来看待，依靠缩短其间路线，作业的合理化、现代化等手段，谋求降低总成本。

（一）仓库系统的设计

仓库系统的设计包括仓库选址、数量和类型。

1. 仓库选址

选择仓库地址时主要考虑仓库位置与每个顾客的间距，及其所需运输的总量。既要方便及时给每个顾客运送货物，又要设法使运费降到最低。

2. 仓库数量

生产企业的仓库数量多，分散于各地，可更好地满足顾客的供货要求，可降低运输费用。但仓库多，支付的租赁费、仓库设施的投资费用也大。所以，决定仓库数量时，应把这两方面结合起来考虑。

3. 仓库类型

首先考虑是自建还是租赁。自建仓库可更适合本企业的特点需要，但建库投资较大。租赁仓库不需投资，支付租金，可根据需要随时调整增减，较为灵活，但不一定完全适合企业的特点需要。其次考虑仓库的类型、规模。单层仓库可降低搬运费，但地基面积大，土地投资费较高。多层仓库的搬运费较高，但土地投资较低。

生产企业在进行企业仓储决策时，应根据具体情况而定。随着新技术的发展，由计算机控制的简捷而自动化的仓储系统将逐渐代替以人工操作和半自动化为主的仓储形式。目前西方发达国家许多大公司已实现了仓储自动化。

（二）运输系统的设计

在运输系统的设计中，必须根据产品和市场情况，在满足顾客要求的条件下，以最低的成本将产品及时、准确、安全地运往目的地。

目前所使用的运输方式，一般可以分为铁路、公路、水路、航空、管道等五种，各种运输方式在运输速度、成本、便利性、运载能力等方面的比较见表 6－1。

表 6－1

比较项目	1	2	3	4	5
速度	航空	公路	铁路	水路	管道
成本	水路	管道	铁路	公路	航空
便利性	公路	铁路	航空	水路	管道
运载能力	水路	铁路	管道	公路	航空

由于各种不同运输方式受各自所要求的条件的限制，所以，一般只靠一种运输方式很难完成产品的运输任务。因此，在实际的运输方式选择中，多采取两种

或多种运输方式结合使用。如使用铁路和公路联运，水路和公路联运，或水路、铁路、公路联运等。集装箱技术的发展，也为不同运输方式的联运创造了良好的条件。

（三）库存系统设计

企业在库存设计中，一般是从增加存货造成的成本增加和因存货增加可能增加的销售额和利润额两方面综合考虑。企业的库存设计主要包括两方面的内容：一是确定订货点；二是确定订货量的大小。

订货点是指重新开始订货时的存货水平。即当库存量减少到这一水平时，就必须重新订货，以补充库存。在决定订货点时，还应考虑其他不可预见的因素和市场需求的变化。因此，通常实际订货点比理论订货点要稍高些，以保证有一个安全的库存量，保证不会因库存量的不足而造成交货延误。但是，也不能为追求安全库存量而无限制地提高订货点。因为提高订货点，就意味着提高存货成本。因此，订货点的确定仍是从成本和收益两方面权衡来决定的。

在订货点的确定中，主要考虑两方面的因素：一是从订货到交货的时间的长短；二是市场需求及其变化。对于订货到交货的时间，一般是比较容易确定的，而对于市场需求及其变化，则需要认真进行市场研究才能确定。

（四）配送系统的设计

配送系统，也称配送中心、购物中心，是集商流、物流、信息流于一体的现代化经营设施。策划配送系统的设计，应该注意以下几个主要问题：

1. 配送模式的定位

目前的情况，我国大致有四种模式：

（1）企业（集团）内自营型配送模式。即企业（集团）通过独立组建配送中心，实现内部各部门、厂、店的物品供应——配送。它在满足企业（集团）内部生产材料供应、产品外销、零售场、店供货和区域外市场拓展等企业自身需求方面发挥了重要作用。较典型的就是连锁企业的配送。

（2）单项服务外包型配送模式。主要是由具有一定规模的物流实施设备（库存、站台、车辆等）及专业经验，技能的批发，储运或其他物流业务经营企业，利用自身业务优势，承担其他生产性企业在该区域内市场开拓、产品营销而开展的纯服务性的配送。

（3）社会化的中介型配送模式。即通过与上家（生产、加工企业）建立广泛的代理或买断关系，与下家（零售店铺）形成较稳定的契约关系，从而将生产、加工企业的商品或信息进行统一组合、处理后，按客户订单的要求，配送到店铺。

（4）共同配送模式。即配送经营企业间为实现整体的配送合理化，以互惠互利为原则，互相提供便利的配送服务的协议关系。美国的“沃尔玛”、日本的“7－11”等公司的商品配送业务大多都是委托社会物流企业承担，或与专业运输公司、仓储公司等社会物流企业合作建立物流配送中心。例如，麦当劳公司所拥有的当今零售市场中最复杂、最先进的配销系统也是由专业化配销公司代理的。麦当劳所用的东西，从可口可乐到洗手液，从薯条到牛肉都由配送中心负责。麦当劳公司与供应商、配送代理商之间真正建立了共存共荣的关系。

2. 配送中心的设置

配送中心主要有采购、配送和其他辅助功能。下面以典型的商业系统配送中心——连锁店配送中心——为例，阐述策划配送中心的设计及流程。

（1）首先考虑的是配送中心的地理位置和配置数量。日本家庭连锁店的物流半径确定为 30 千米，也就是说，各连锁分店可在 30 千米以内的配送中心进货。在半径 30 千米的圈内，设 70 个店铺，一个配送中心。每个配送中心有 4～5 辆车可根据总部的送货单送货，一辆车一次可为 10～15 个店铺送货，若装车合理，送货则更方便，经济效益可得以充分体现。

（2）必须配备必要的现代化设施。配送中心和各分店都应具有总店提供的计算机终端，实现电脑网络化。通过现代化电脑网络的 POS、EOS 等系统，不但可提高订货与收货的精确性，提高销售能力，降低库存，节省人力，还可以及时收集、掌握各方信息，进行分析比较，作出正确决策。

（3）为实现配货的自动化，配送中心还必须普遍建立条形码自动扫描系统。运用条形码，就可利用电脑控制进行配货、检验等工作。配送中心一般设有采购部、储运部、开发部、计划部等专门组织协调和管理，全权组织进货，负责商品的统一定价，办理发货业务，组织店内资金的合理使用，制订定并实施职工培训计划，组织各项业务指标的落实，负责发展主营店的前期准备工作等。

小组讨论

奥迪 A6 渠道策划书

一、当前环境与挑战

1. 市场环境分析

（1）“入世”将使汽车行业竞争更加激烈。

世界六大汽车集团一致看好中国汽车市场的诱人前景，纷纷从各自的全球战略角度出发，在对中国市场进行战略布局的基础上，积极地、加速地展开有效的进入和竞争策略。

从 2002 年 1 月 1 日起，汽车关税大幅降低，进口车的零售价将普遍下降百分之十五左右。在广州社情民意研究中心的一份调查报告中表明，有超过一半的消费者有意购买降价后的进口产品。

(2) 国内汽车行业格局将会出现大范围的变动。

在中国关税下降，国外企业大量涌入的同时，国内汽车企业必将对自身进行调整，或联合，或兼并，中国汽车市场将出现群雄逐鹿的局面。

(3) 未来的几年内，中高档轿车将是中国汽车市场的主角。

这类轿车既可做商务或公务用车，又可兼作家庭用车。中国是发展中国家，汽车消费刚刚兴起，大多数消费者购买的都是第一辆轿车，而且还是家中唯一的一辆车，因此仅仅作为家庭用车显然是不够的。而从消费心理来看，多数人希望是既体面又实用。所以，价格在30万元左右的中档或中高档轿车正是较为理想的选择。

2. 消费者分析

(1) 购买能力增强。

从调查的结果显示，年收入在5万元以上的消费者中已有34%的人肯定要购车。据国家统计局资料，到2002年6月份为止，我国年平均收入5万元以上的家庭已有1 000多万户。所以，汽车市场潜力很大。

(2) 购买欲望提升。

在这些高收入者中，大多在三资企业、银行、外国驻华事务所等单位工作，或为私营企业服务或也许就是私营企业老板。他们工作相对稳定，收入不断增长，更重要的是他们中大多数人的文化层次较高，消费观念比较超前，始终追随着消费潮流。高档的商务用车是未来几年内的消费主流。

3. 竞争对手分析（别克）

从上海通用市场营销部得到的销售数据显示：到2001年12月31日为止，上海通用已经累计销售别克轿车超过10.8万辆。在销售服务网络的建设上，目前上海通用已经拥有超过80家三位一体的特约销售服务店。从区域市场的表现来看，上海、广东和北京是上海通用的主要消费市场，其中上海和广东的别克保有量都已经超过1万辆的水平，北京也已经达到9 000辆。

4. 产品分析（市场上档次最高的国产汽车）

一汽大众以舒适、方便、安全和个性化为设计特点，并加以全球同步的优质服务为后盾，以完善的营销网络打造奥迪A6。

其主要参数如下：

车型：基本型、豪华舒适型、技术领先型

发动机：1.8 L、2.4 L、2.8 L、1.8 T（2000年6月份投放、7月份正式上市）

变速箱：手动/自动一体化（Tiptronic），手动

其他装备：安全气囊、ABS防抱死系统等

车身：四种颜色（乌木黑、明蓝、玛瑙灰、亮银）

内饰：深色、浅色

座椅面料：真皮、细绒

奥迪 A6 在消费者心目中的形象：

◇ 公务用车仍是奥迪在人们心目中的第一定位。

◇ 奥迪轿车在国内树立了高性能、高品位的高档轿车形象。

◇ 消费者满意奥迪轿车的整体品质。

◇ 相对于奥迪轿车的一流质量，其售后服务水平还需提高。

5. 奥迪现有渠道分析

奥迪与顾客接触的方式有三种：电话接触、主动上门和展厅与顾客接触。

奥迪的新车递交方式有两种：在经销商处交车（主要）与在顾客处交车。

奥迪的销售网络可分为六大区域，包括东北、华北、华东、华南、中南、西北和西南地区。

综合以上分析，奥迪 A6 的市场定位是收入较高的国家公务员、企业白领和其他高收入者。

二、近期渠道对策

奥迪 2002 年的目标是 3 万辆，截至 8 月底累计销售 2.2 万辆（22 450），在产品不降价的前提下，要在年底达到目标，需要再销售 8 000 辆。

三、渠道策略

1. 汽车行业的固有特点决定了其分销系统有以下特点

（1）渠道较短。

汽车是高价耐用消费品，这决定了其分销渠道要尽可能地缩短与消费者的距离，适宜采取厂家到用户，厂家到分销商到用户两种模式。

（2）采取地区独家代理型渠道。

厂家直接面对各地区的分销商，以省为单位，在每个省会城市设立一个代理商。在竞争比较激烈的地区，如北京、上海、广东等片区，可以适当增加一个代理点，但是要防止销售渠道的冲突和不良竞争。

2. 奥迪 A6 定位在轿车的高端市场，注定有以下的特点

经销商除了代理销售之外，还应当承担售后服务和技术咨询的工作。

【课堂讨论】

从奥迪 A6 渠道策划书中你有什么感受和体会？

同步案例

花旗银行直复营销的成功经验

20 世纪 80 年代初，美国法律对金融业放松管制，允许银行在他州设置分行，

花旗公司决定打进中大西洋区的抵押放款市场。然而要设置一家分行所花费的成本，包括资金、人力以及时间相当可观，于是花旗决定另辟蹊径，采用直复营销，利用广泛普及的电话及发达的邮递业务与顾客进行直接接触。由于不需要寻找地点建立分行，无需过多的营业员，而且不受地区局限，直复营销为银行节省了资金、人力、时间，一样达到了良好的效果。

花旗的做法是：首先成立专案小组，设计推出金融产品换屋贷款，向有相当资产的符合条件的客户提供贷款用于改建、增置房屋或其他用途。然后推出报纸广告，在较大区域内进行宣传，给消费者留下一定印象，以此与直接信函相配合。接着便给消费水平高的消费者寄发直接信函，邀请消费者“在周一至周五早上8:30—晚上7:00打我们的免费电话热线080……您可以知道您家中的财产可以使您从换屋贷款中得到多少钱，不需成本，不需负担……随便您怎么用都可以。”并强调贷款利率富竞争性，期限富弹性、快速、方便等优点。当消费者产生兴趣拨打电话时，经过严格训练的电话营销员便在电话中给予消费者热情详尽的解答，并记下愿意申请贷款的客户的地址，给他寄去申请表，同时约好下次电话时间。在第二次电话中，营销员通过电话协助客户填妥申请表。填写完备的申请表被送到区域推销员处，由他进行信用审核和贷款处理，一个贷款协议便产生了。在以上直接沟通进行的同时，另一个重要过程——数据库的建立也在同时进行。通过回复邮件和电话获得的资料是一个非常有价值的营销信息源，银行据此可建立客户数据库，对客户的职业、收入、消费水平、贷款兴趣等进行调查分析。数据库还为银行开展长期业务提供了准确动态的信息。比如，当客户的子女到了上大学年龄，银行便可向客户推荐大学教育费贷款。这种一对一的服务使营销活动更具人情味，更有利于银行与客户保持长期良好的关系。因此，有人认为数据库营销是直复营销最重要的部分。

为了评价效果，花旗公司设立了三项标准：① 推广达成的户数；② 对每户的收益；③ 推广贷款的成本。根据统计分析，符合条件的消费者均较喜欢利用免费电话查询，因此直复营销可以接触到高比例的合适客户，信息反馈效果较好。测试还表明，将多种媒体加以组合，将会产生互补效果。花旗在马里兰本来并无知名度，由于此次运用直复营销成功，不仅在当地建立了新客户关系，成为中大西洋房地产生意的领导业主，而且为金融产品开辟了新的营销渠道，成为全美银行界营销成功的典范。

请思考：

花旗银行如何成功实施直复营销的？从其中你得到了什么启示？

本章小结

本章主要阐述了销售渠道策划、直复营销策划、物流系统策划等内容。

销售渠道策划主要包括销售渠道的结构策划、销售渠道设计策划。

直复营销是指复营销者利用广告介绍产品，顾客可写信或打电话订货，订购的货物一般通过邮寄交货，用记账卡付款。直复营销者可在一定的广告费用开支允许的情况下，选择可获得最大订货量的传播媒体，使用这种媒体的目的是扩大销售量，而不是像普通广告那样刺激消费者的偏好和树立品牌形象。

物流系统策划设计主要是对仓库系统的设计、运输系统的设计、库存系统设计和配送系统的设计。

复习思考

1. 宽渠道的宽度的选择及策划，与企业的营销目标和分销战略有关，通常有几种可供选择的策略？

2. 简述影响销售渠道设计的因素。

3. 简述设计销售渠道的基本要求。

4. 简述直复营销策划的步骤。

5. 在直复营销的策划中，可以考虑的直复营销的方式有哪几种。

6. 阐述策划配送中心的设计及流程。

7. 策划配送系统的设计，应该注意几个主要问题？

技能训练

1. 请在汽车、银行、保险、教育培训、通信、商场、超市、餐饮等客户中任选一个客户，利用所学知识策划一次拉动销售的直邮营销活动。

2. 案例分析

春兰公司是如何维系经销商的

江苏春兰集团实行的“受控代理制”是一种全新的厂商合作方法。代理商要进货，供销员必须提前将货款以入股方式先交给春兰公司，然后按全国规定，提走物品。这一高明的营销战术，有效地稳定了销售网络，加快了资金周转，大大提高了工作效率。当一些同行被“互相拖欠”拖得精疲力竭的时候，春兰却没有一分钱拖欠，几十亿流动资金运转自如。目前，春兰公司已在全国建立了13 个销售分公司，同时还有 2 000 多家经销商与春兰建立了直接代理关系，二级批发，三级批发，加上零售商，销售大军已达 10 万名之众。

春兰的经验虽然简单易行，但并不是所有的企业都能一下子学到手。因为春兰用于维系经销商的手段并非单纯是“金钱”（即预付货款），更重要的是质量、价格与服务。春兰空调的质量，不仅在全国同行首屈一指，而且可以同国际上最先进的同类产品媲美。其次，无论是代理商还是零售商，都要从销售中获得理想的效益，赔本交易是谁也不会干的。而质量第一流的春兰没有忘记给经销商更多的实惠。公司给代理商大幅度让利，有时甚至高达售价的30%，年末还给予奖励。这一点，许多企业都难以做到。有的产品稍有点“名气”就轮番提价，想把几年的利润在一个早晨就通通挣回来，根本不考虑代理商和经销商的实际利益。再次是服务。空调买回去如何装？出了毛病找谁？这些问题不解决，要想维系经销商也是很难的。春兰为了免除10万名经销商的后顾之忧，专门建立了一支庞大的售后服务中心，近万人的安装、调试、维修队伍。他们实行24小时全天候服务。顾客在任何地方购买了春兰空调，都能就近得到一流的售后服务。春兰正是靠这些良好的信誉来维系经销商的。10万名经销商也给了春兰优厚的回报：他们使春兰空调在国内市场上的占有率达到了40%，在同行各企业中遥遥领先。

问题：

1. 春兰公司维系经销商的成功经验给我们哪些启示？
2. 企业怎样正确处理经销商拖欠货款与维持拓展渠道网络的关系？

同步测试

一、单项选择题

1. 产品属性会影响到渠道的长度，下列说法中不正确的是（　　）。
   A. 产品技术性越强，渠道越短　B. 产品越耐用，渠道越短
   C. 产品价值越大，渠道越短　D. 产品生命周期越短，渠道越长
2. 销售渠道一体化政策的类型不包括（　　）。
   A. 资本投入型渠道一体化　B. 契约型渠道一体化
   C. 人员结构型渠道一体化　D. 经营指导型渠道一体化
3. 多渠道分销设计步骤不包括（　　）。
   A. 找出在不加限制的情况下，目标消费者需要的渠道服务水平
   B. 选择渠道组合类型
   C. 确定所有能提供这些服务的分销系统
   D. 将现有的渠道与管理层心目中理想的渠道和消费者心目中理想的渠道
4. 某日常用品制造商为了能够迅速打开北京市场，在北京不加选择地选取了多家批发商和零售商来共同销售其产品，则其采用的渠道类型是（　　）。
   A. 独家分销　B. 双重分销　C. 选择分销　D. 密集分销
5. 某公司将市场分割为个人消费者的现货购买、小公司的大规模定制和大公司的独特解决方案等三个子市场，然后分别采用网上销售、电话销售和推销员销售三种方式，各负其责，互不干扰。则该公司的渠道广度属

于（ ）组合方式。

A. 集中型 B. 选择型 C. 分散型 D. 混合型

6. 某制造商在某地区仅选择一家中间商推销其产品，则其采用的渠道宽度类型属于（ ）。

A. 密集分销 B. 松散分销 C. 选择分销 D. 独家分销

二、多项选择题

1. 零售商存在的原因主要有（ ）。

A. 降低交易次数 B. 使产品周转迅速

C. 降低交易费用 D. 促进社会就业

2. 关于产品因素对渠道宽度设计的影响，描述正确的是（ ）。

A. 产品越重，渠道越窄

B. 产品价值越大，渠道越窄

C. 产品越是非规格化，渠道越宽

D. 产品生命越长，渠道越宽

3. 企业在选择分销渠道长度时需要考虑多种影响因素，下列各种因素中属于购买行为因素的是（ ）。

A. 居民居住情况 B. 顾客购买量

C. 企业财务能力 D. 顾客购买频率

4. 下列对购买行为因素对渠道长度的影响描述正确的是（ ）。

A. 顾客购买量越大宜采用较短的渠道

B. 顾客购买频度越低宜采用较短的渠道

C. 顾客购买季节性越强宜采用较长的渠道

D. 顾客购买探索度越低宜采用较长的渠道

5. 基本的销售渠道政策包括（ ）。

A. 多渠道分销政策 B. 密集分销政策

C. 独家分销政策 D. 选择分销政策

6. 可直接影响价格的渠道政策有（ ）。

A. 排他交易 B. 价格维持 C. 价格差别化 D. 搭售

7. 密集分销的陷阱包括（ ）。

A. 服务恶化 B. 价格维持 C. 价格降低 D. 销售费用增加

8. 选择市场服务范围政策应考虑的因素（ ）。

A. 商店 B. 产品种类 C. 中间商 D. 购买动机

三、实训题

假设你是一家销售中高档家具的企业的市场部经理，你受命借新品上市的机会发动一轮市场攻势，占领这个城市的中高档家具市场的三成以上，而现在，这个比例只有一成都不到。

按照以往的惯例，你迅速制定了若干个独立的营销组合方法。第一，花 20 万元购买两份本地报纸的四次半版，这两份报纸的发行量占本市家庭户数的二分之一。报纸广告用夸张的新款三人沙发造型和零售商地址电话列表组成，并附注醒目的“春季新款沙发，899 元起”。

作为配合，在本市一家大型购物中心的中厅做一周的产品展出（在这家购物中心有你们的直营店铺）。大约花费 5 万元。

利用关系，你的一套起居室家具进驻了本地一个著名谈话节目，它至少在 10 次节目中亮相。作为代价，这些家具的所有者变成了电视台。那套家具也不过价值 5 万元。当然，节目结束时的字幕上将有 × × × 提供演播室家具的字样。

但是在书写计划时，你开始发现自己要面对好几个尖锐问题：计划可以在本季实现多少销售额？竞争对手此时会有哪些动作？这些广告与展示所达到的人是我们的目标顾客吗？10 次电视广告有意义吗？竞争对手如果推广 799 元的产品怎么办……

你想起了你最强劲的对手，作为同样知名的品牌，他们的到来曾让你虚惊一场。令你万万没想到的是他们会那样的低调，几乎没有在大众媒体上亮过相，声名似乎远远比不上你。但 5 年以来，他们每年都会把自己的新产品做成漂亮的手册发放到一些家庭中，这种潜移默化的策略居然使他们很快成为你市场上最有力的竞争者。而这本手册，就放在你手边。

设计要求：

1. 调查两家类似高档家具的营销状况，分析其营销状况？
2. 分组讨论：如果你是市场部经理，你将如何策划该营销渠道？
3. 各组形成策划方案已解决以上问题。
4. 派代表到讲台前陈述本组的方案。
5. 教师对各组方案进行点评。

第七章
促销策划

【学习目标】

知识目标：

（1）熟悉促销策划的各种具体策划方式及其含义。

（2）掌握人员推销、营业推广的特点、步骤和技巧等。

能力目标：

（1）能确定各种具体促销策划的内容。

（2）能根据各种促销策划的步骤进行简单的策划。

（3）能提供出简单的、具有可操作性的策划报告。

【本章的知识体系】

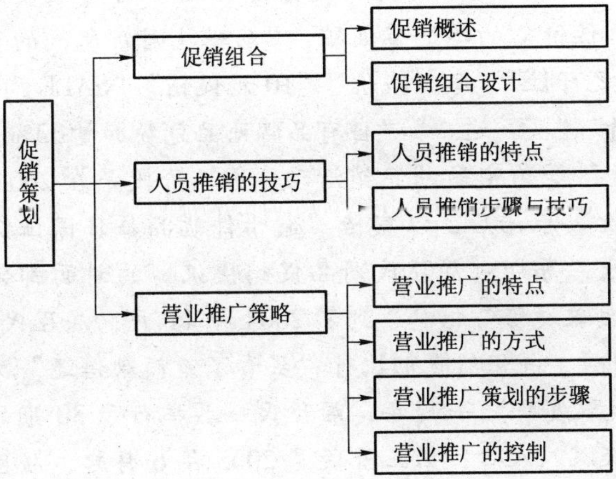

【引导案例】

屈臣氏促销策略

能让都市时尚白领一族以逛屈臣氏商店为乐趣，并在购物后仍然津津乐道，有种“淘宝”后莫名喜悦的感觉，这可谓达到了商家经营的最高境界。经常可以听到“最近比较忙，好久没有去逛屈臣氏了，不知最近又出了什么新玩意儿……”，逛屈臣氏淘宝，竟然在不知不觉中成了时尚消费者一族的必修课。作为城市高收入代表的白领丽人，她们并不吝惜花钱，物质需求向精神享受的过渡，使她们往往陶醉于某种获得小利后成功的喜悦，祈望精神上获得满足。屈臣氏正是捕捉了这个微妙的心理细节，成功地策划了一次又一次的促销活动。

屈臣氏的促销活动每次都能让顾客获得惊喜，在白领丽人的一片“好优惠哟”“好得意哟”“好可爱啊”声中，商品被“洗劫”一空，积累了屈臣氏单店平均年营业额高达 2 000 万元的战绩。在屈臣氏工作过的人应该都知道，屈臣氏的促销活动算得上是零售界最复杂的，不但次数频繁，而且流程复杂，内容繁多，每进行一次促销活动更是需要花很多的时间去策划与准备。策划部门、采购部门、行政部门、配送部门、营运部门都围绕着这个主题运作。为超越顾客期望，屈臣氏所有员工都乐此不疲。屈臣氏在促销活动方面的造诣笔者认为值得零售连锁企业借鉴。

2004 年 6 月 16 日，屈臣氏中国区提出“我敢发誓，保证低价”承诺，并开始了以此为主题的促销活动，每 15 天一期，从那时起的一段时间里，笔者就一直参与并研究着促销活动带来的顾客反应以及屈臣氏的各店营业额的变化。从笔者所收藏的一大堆《屈臣氏商品促销快讯》中，笔者把屈臣氏的促销活动发展大致分为三个阶段：2004 年 6 月以前为第一阶段，在这段时间里，屈臣氏主要以传统节日促销活动为主，屈臣氏非常重视情人节、万圣节、圣诞节、春节等节日，促销主题多式多样，例如“说吧说你爱我吧”的情人节促销，“圣诞全攻略”“真情圣诞真低价”的圣诞节促销，“劲爆礼闹新春”的春节促销，还有以“春之缤纷”“秋之野性”“冬日减价”“10 元促销”“SALE 周年庆”“加 1 元多一件”“全线八折”“买一送一”“自有品牌商品免费加量 33% 不加价”“60 秒疯狂抢购”“买就送”等为主题的促销活动；第二阶段是在 2004 年 6 月提出“我敢发誓，保证低价”承诺后，以宣传“逾千件货品每日保证低价”为主题，我们发现在这个阶段，每期《屈臣氏商品促销快讯》的封面都会有屈臣氏代言人高举右手传达“我敢发誓”信息，到了 2004 年 11 月，屈臣氏作出了宣言调整，提出“真货真低价”，并仍然贯彻执行“买贵了差额双倍还”方针，这样一直到 2005 年 8 月，“我敢发誓”一周年，屈臣氏一共举行了 30 期的促销推广，屈臣氏的低价策略已经深入人心；第三阶段是 2005 年 6 月起，屈臣氏延续特有的促销方式并结合低价方针，淡化了“我敢发誓”的角色，特别是到了 2007 年，促销宣传册上几乎不再出现“我敢发誓”字样，差价补偿策略从“两倍还”到“半倍还”到最终不再出现，促销活动变的更是灵活多变，并逐步推出大型促销活动如“大奖 POLO 开回家”“百事新星大赛”“封面领秀”“VIP 会员推广”，屈臣氏促销战略成功转型。

【引例分析】

上述案例表明，对于现代企业屈臣氏而言，仅仅开发出优秀的产品，为其制定有吸引力的价格，建立畅通的销售渠道，已经远远不够，企业必须与现有的和潜在的消费者进行沟通，运用多种促销策略，承担起沟通者和促销者的角色。企业如何开展促销活动，需要精心谋划以达到成功沟通与推动销售的目的。

第一节 促销组合

一、促销概述

(一) 促销的含义

促销（Promotion）即指促进产品销售。促销是企业通过人员和非人员的方法，沟通企业与消费者之间的信息、在产品和消费者需要之间建立联系，刺激消费者的消费欲望和兴趣，引发使其产生购买行为的活动。促销实质上是一种沟通活动，即营销者（信息提供者或发送者）发出刺激消费的各种信息，把信息传递到一个或更多的目标对象（即信息接受者，如听众、观众、读者、消费者或用户等），以影响其态度和行为。

(二) 促销的作用

(1) 提供商业信息。通过促销宣传，可以使顾客了解企业生产经营哪些产品，有哪些特点，可以到什么地方购买，购买的条件是什么等，从而引起顾客注意，激发其购买欲望，为实现和扩大销售做好舆论准备。

(2) 突出产品特点，提高竞争能力。在激烈的市场竞争中，企业通过促销活动，宣传本企业产品的特点，努力提高产品和企业的知名度，促使顾客加深对本企业产品的了解和喜爱，增强信任感，从而也就提高了企业和产品的竞争力。

(3) 强化企业形象，巩固市场地位。通过促销活动，可以树立良好的企业形象和商品形象，尤其是通过对名、优、特产品的宣传，更能促使顾客对企业产品及企业本身产生好感，从而培养和提高“品牌忠诚度”，巩固和扩大市场占有率。

(4) 影响消费，刺激需求，开拓市场。新产品上市之初，顾客对它的性能、用途、作用、特点并不了解，通过促销沟通，引起顾客兴趣，诱导需求，并创造新的需求，从而为新产品打开市场，建立声誉。

二、促销组合设计

所谓促销组合，是一种组织促销活动的策略思路，主张企业运用广告、人员推销、公关宣传、营业推广四种基本促销方式组合成一个策略系统，使企业的全部促销活动互相配合、协调一致，最大限度地发挥整体效果，从而顺利实现企业目标。四种基本促销方式组合成一个策略系统，使企业的全部促销活动互相配合、协调一致，最大限度地发挥整体效果，从而顺利实现企业目标。

促销组合设计则是恰当地运用以上四种方式的组合，在合适的时机结合企业的营销策略达到企业销售产品和服务的最终目标。

（一）促销的基本方式

（1）人员推销。人员推销又称人员销售，是企业通过派出推销人员或委托推销人员亲自向顾客介绍、推广、宣传，以促进产品的销售。可以是面对面交谈，也可以通过电话、信函交流。推销人员的任务除了完成一定的销售量以外，还必须及时发现顾客的需求，并开拓新的市场，创造新需求。

（2）广告。广告是企业以付费的形式，通过一定的媒介，向广大目标顾客传递信息的有效方法。现代广告不应只是一味地单向沟通，而是形如单向沟通的双向沟通，即应把企业与顾客共同的关心点结合起来考虑广告的制作和传播。

（3）营业推广。营业推广是由一系列短期诱导性、强刺激的战术促销方式所组成的。它一般只作为人员推销和广告的补充方式，其刺激性很强，吸引力大。与人员推销和广告相比，营业推广不是连续进行的，只是一些短期性，临时性的能够使顾客迅速产生购买行为的措施。

（4）公共关系。公共关系是企业通过有计划的长期努力，影响团体与公众对企业及产品的态度，从而使企业与其他团体及公众取得良好的协调，使企业能适应它的环境。良好的公共关系可以达到维护和提高企业的声望，获得社会信任的目的，从而间接促进产品的销售的沟通活动。

（二）促销组合的因素

由于促销方式各具特点，因而企业营销人员应该根据不同的需要和情况来选择，搭配促销方式，制定相应的促销策略。企业在选择最佳促销组合时必须考虑如下因素：

1. 促销目标

企业促销目标或目标顾客所处准备阶段不同时，须采取不同的促销组合。如促销目标为树立企业形象，提高产品知名度，促销重点应以广告为主，同时辅之以公关宣传；如促销目标是让顾客充分了解某种产品的性能和使用方法，印刷广告、人员推广或现场展示是好办法；如促销目标是要在短期内迅速增加销售，宜采用销售促进策略，并辅以人员促销和适量的广告。从整体上看，广告和公关宣传在顾客购买决策过程的初级阶段成本效益最优，因为其最大优点为宣传面广；而人员促销和销售促进在购买决策的较后阶段更具成效。

2. 促销策略

促销组合从策略角度上看，包括推式策略与拉式策略两个方面。所谓推式策略，是指企业通过人员促销为主导的促销组合来影响中间商，使中间商接受企业的产品并加强销售活动，最终达到消费者购买的策略。这种推销策略要求推销人员针对不同顾客、不同产品采用相应的推销方法。常用的推式策略有示范推销法、走访销售法、网点销售法、服务推销法等。所谓拉式策略，是指企业利用销售促进、广告和公众关系，直接影响、吸引消费者，激发其购买动机，通过消费者需求来刺激中间商的需求，使中间商增加对生产企业的订货。常用的拉式策略有会议促销法、广告促销法、代销、试销法和信誉销售法等。图 7－1 说明了这两种策略。

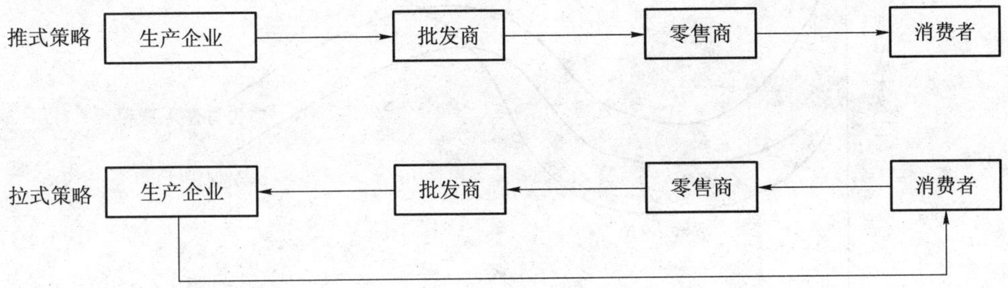

图 7－1 两种促销策略

3. 市场性质

对不同的市场需求应采取不同的促销组合和不同的促销策略，因此应根据市场地理范围的大小、市场的类型，以及不同类型市场潜在顾客的数量，分别采用不同的促销组合策略。

首先，促销组合应随着市场区域范围的不同而变化，如目标市场范围小且相对集中，应以人员促销为主；对于范围广且较分散的市场，则应以广告宣传和公共关系为主。

其次，促销组合应随着市场类型的不同而不同。消费品市场的买主多而分散，不可能由推销人员广泛地个别接触，主要靠广告宣传介绍、产品包装说明以及产品陈列吸引顾客；生产资料市场，产品性能、质量要求高，技术标准严，应以人员促销为主。

再次，促销组合应视市场上的潜在顾客的数量、类型而定。顾客数量少而使用业务数量大，如电信业务的客户、重要客户应该用人员促销策略；顾客数量多而分散，宜采用广告推销等形式。

4. 产品特点

顾客对于不同性质的产品具有不同的购买动机和购买行为，因此必须采用不同的促销组合策略。在通常情况下消费品顾客多，分布面广，购买频率高，因此广告的效果更为明显；而工业品市场顾客数量少，分布集中，购买批量大，适宜人员促销。至于销售促进和公共关系等，则起辅助作用。

从产品特点看，技术复杂、价格昂贵的商品适于用人员促销；反之，技术简单、标准化程度较高、价格低廉的产品适合广告促销。例如：电信基本业务和普通业务客户多，使用范围广，使用方法简单，宜以广告为主。电信新业务中技术含量高、使用相对复杂的增值业务，客户数量少，宜以人员推广为主。

5. 产品生命周期

产品所处的生命周期阶段会对促销组合决策产生影响，图 7－2 对不同生命周期阶段的不同促销成本效应做了比较。

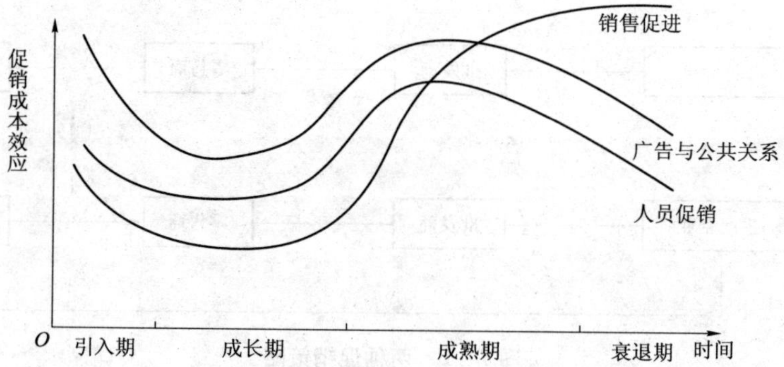

图 7－2　产品生命周期不同阶段各种促销方式的成本效应

而且对处于同一生命周期不同阶段的产品，促销目标通常不同，结合图 7－2 中的不同促销方式的成本效应，企业采取的促销组合方式自然也不同。大致情况见表 7－1。

表 7－1　产品生命周期与促销组合

产品生命周期	促销目标	促销的主要方式
投入期	认识了解产品	各种广告
成长期	增进兴趣与偏好	改变广告形式
成熟期	增进兴趣与偏好	以改变广告形式为主，辅之销售促进
衰退期	促成信任购买	销售促进，辅之提示性广告
产品生命周期各阶段	消除不满意感	改变广告内容，利用公共关系

以电信企业为例，处于投入期的各类新增值业务，例如中国电信的“号码百事通”，中国移动的手机钱包等，应利用多种媒体多渠道广告宣传，使广大潜在客户迅速了解其功能。

对于处于成长期的宽带业务，应着重介绍网络的特点、产品特点等，刺激客户的偏好，使用户树立起对产品的信任感。此时，广告仍是主要的促销方式，但要变换广告内容和形式，同时辅以人员促销。

处于成熟期的移动电话，在促销方式上仍然以广告宣传为主，但应积极使用销售促进，如折扣、提高用户使用量、发展潜在用户等。同时，应注意改善公共关系，加强和客户之间业务联系，提高企业的公众形象，以稳定和提高市场占有率。

对于衰退期的固定电话服务，促销费用不宜过多，以一些销售促进方式挽留客户，同时配合少量提示性广告，以保证业务的稳定性。

在整个产品生命周期的不同阶段，企业还要注意顾客购买产品之后可能产生的意见和怀疑，应采取相应的售后服务措施，尽力消除这些不满意感。如青岛海尔公司市场部，在商品售出后，建立电话询问制度，向顾客了解其对空调机等家电的安装、使用是否满意，并推出“24 小时服务”承诺等措施，这正是消除客户疑问，加强服务工作，以保持企业和产品在市场上的良好声誉的最佳体现。

6. 促销费用

企业不论采用哪种促销策略和方式，都必须考虑费用的多少。促销方式的组合，受到企业本身人力、财力、物力状况的制约。一般来说，人员促销费用最高，广告费用次之，销售促进和公共关系最低。企业应依据自身的人力、财力和物力来选择和运用促销组合，以尽可能低的促销费用取得尽可能高的促销效益。

拓展案例

2003 年 3 月，四川省德阳市某美容院与德阳市总工会联合举办了一场题目为“保护妇女，做个理智的消费者”的化妆品专题消费讲座，主办人从北京聘请专家主讲。在整个讲课过程中，没有涉及任何产品销售和优惠问题，只是向所有与会女性工会干部传播了如何选择、使用、鉴别化妆品的方法和技巧。期间，德阳电视台和当地数家媒体前往报道。会议结束后，主办方组织与会者参观了美容院。专题讲座结束的一周内，美容院接待了众多前来咨询和消费的消费者，仅价格为 1 200 元/次的减肥单项，就新增客人 81 名，实现销售近 10 万元。一时间，该美容院名声大噪。

分析：该美容院进行了促销活动，但在整个促销活动中运用了公共关系策略，不涉及任何产品销售和优惠问题，只是向所有与会女性工会干部传播了如何选择、使用、鉴别化妆品的方法和技巧，消除了消费者的排斥心理，吸引了德阳电视台和当地数家媒体前往报道，起到了非常好的宣传效果。

第二节　人员推销的技巧

【引导案例】

“宠辱不惊，百毒不侵”

李嘉诚在推销员生涯中练就了一套不愠不火的应变能力。一次，他来到君悦酒店，这是一家五星级高档饭店，门前有侍应生守候，他们只有见了汽车才会笑脸相迎。可是李嘉诚终究不是一般泛泛草民，守门的侍应生往往对他高抬贵手。

然而，如若想进楼上面见这家大酒店的老板，可远非入门那么容易。不过，李嘉诚还是挟着皮包壮着胆登上了楼梯，在三楼老板办公室门外的接待厅里，女秘书拦住了他。李嘉诚恭敬地递上一张名片，女秘书马上告诉他：“对不起，老板肯定不会接待你的，我也不敢进去通报。”

李嘉诚只好退出了接待厅。但他想至少也该与老板见上一面。于是他就蹲在厅外的走廊里，大约过了一小时，那位女秘书发现李嘉诚还守在这里，心中便有些不忍，破例向老板作了通报。老板一口回绝了。

当李嘉诚听罢女秘书反馈的信息以后，心中怅然。他下了楼，又想了想，仍然感到进一次君悦酒店实在不容易，于是他就坐在楼下大厅的沙发上等待时机。没有想到，老板居然直到中午时分也没有下楼，倒是在下午1点钟时，女秘书又意外地发现了李嘉诚。于是她再一次进楼向老板汇报。李嘉诚见了老板，刚提到五金厂的小铁桶，不料老板竟不客气地打断了他的话，说：“年轻人，你就不必费口舌了，我们君悦大酒店是绝对不会进你们五金厂任何产品的。”

李嘉诚知道即便继续纠缠下去，也不会再有转机。于是他礼貌地向老板致意，然后告辞出门。就在老板自感遗憾之时，走到楼下的李嘉诚忽然又转身上了楼梯，面对转椅上老板那双惊愕的眼睛，李嘉诚恭敬地上前一步，谦和地说：“是这样，我刚才就这样匆忙下楼其实是不礼貌的。因为我还没有征求先生对我推销方式的意见呢。因为我很年轻，也是刚做这种生意，所以难免有些不谙此道。我对先生并无其他所求了，只求先生能以长辈的角度，给我的推销方式提一点宝贵的意见!”

老板这次不能不对李嘉诚刮目相看了。老板说：“年轻人，并不是你在推销过程中有什么不礼貌，应该说你是个很会做事的人。你当推销员也很称职。只是你们五金厂太小，产品也不可能登大雅之堂，尤其是像我们这样的大酒店，一般都从有名气的厂家进货。所以我只能拒绝你了，请你原谅。”

“没关系，如果我处在先生这个位置，也会这样做的。”李嘉诚非常通情达理，他见老板已能与他平等对话，索性把想说的话吐出来，他忽然问道：“如果我没有猜错，贵店是否从香港名气很大的凯腾五金店厂进过小铁桶?”

老板意外地望着他：“年轻人，你怎么知道这些?”

李嘉诚笑了笑：“都是做五金生意的，我们当然不会没有耳闻。”

老板说：“你们知道就好，坦率地说，凯腾和我们已有几年的合作关系了，他们生产的镀锌小铁桶，我们用起来相当顺手，所以并不需要另外进货了。”

李嘉诚还是温和地笑笑，说：“先生有可能对小铁桶的生产工艺不太知情。据我们所知，凯腾虽然在香港享有很高的声誉，可他们的产品质量很值得怀疑啊，因为他们用的并不是进口镀锌板材，其实他们只是使用我们五金厂不用的边角余料进行再加工罢了，然后他们再以进口镀锌板的名义上市，其实许多买主都被他们蒙在鼓里。”

老板大吃一惊：“竟有这样的事？年轻人，你的风度气质都很让我折服，不过你为了推销自家产品就随便败坏其他同行的声誉，这种行为实在难以让人赞许啊。”

李嘉诚仍然温和带笑：“是的，先生，我本不该对您说出这些同行的秘密，只是我方才与您一席交谈，感到您人格高尚，也是读书人，这才让我忍不住无意失言了。对不起，我要告辞了。请相信我的话，最好不要上当才好!”

李嘉诚走后，老板果然请来工艺专家对酒店进的小铁桶进行了查验。这才发现水桶的接口极多，确是使用边角余料和废旧镀锌板制成的。而李嘉诚推销的小铁桶非但都用上好镀锌板制成，价格也更低廉。于是，这位老板马上派人去一下子就订下了500只小铁桶。从此他们五金厂与君悦大酒店的订单不断，也使李嘉诚的五金厂进入了大商户的门槛。

【思考】

从李嘉诚的推销过程中你有什么感受和体会?

【引例分析】

1. 作为推销人员要有恒心、耐心。

2. 作为推销人员要诚信，要研究消费者心理，在推销过程中要讲究策略。

人员推销是指通过推销人员深入中间商或消费者进行直接的宣传介绍活动，使中间商或消费者采取购买行为的促销方式。人员推销的形式主要有上门推销、柜台促销和会议推销。人员推销是人类最古老的促销方式。在商品经济高度发达的现代社会，这种古老的形式更焕发了青春，成为现代社会最重要的一种促销形式。

一、人员推销的特点

（一）销售的针对性

与顾客的直接沟通是人员推销的主要特征。由于是双方直接接触，相互间在态度、气氛、情感等方面都能捕捉和把握，有利于销售人员有针对性地做好沟通工作，解除各种疑虑，引导购买欲望。

（二）销售的有效性

人员推销的又一特点是提供产品实证，销售人员通过展示产品，解答质疑，指导产品使用方法，使目标顾客能当面接触产品，从而确信产品的性能和特点，易于消费者引发购买行为。

（三）密切买卖双方关系

销售人员与顾客直接打交道，交往中会逐渐产生信任和理解，加深双方感情，建立起良好的关系，容易培育出忠诚顾客，稳定企业销售业务。

（四）信息传递的双向性

在推销过程中，销售人员一方面把企业信息及时、准确地传递给目标顾客，另一方面把市场信息、顾客（客户）的要求、意见、建议反馈给企业，为企业调整营销方针和政策提供依据。

拓展案例

亚伯特·安塞尔是铅管和暖气材料的推销商，多年以来一直想跟布洛克林的某一位铅管包商做生意。那位铅管包商业务极大，信誉也出奇的好。但是安塞尔一开始就吃足了苦头。那位铅管包商是一位喜欢使人窘迫的人，他以其无情、刻薄而骄傲。他坐在办公桌的后面，嘴里衔着雪茄，每次安塞尔打开他办公室的门时，他就咆哮着说："今天什么也不要！不要浪费你我的时间！走开吧！"

然后有一天，安塞尔先生试了另一种方式，而这个方式帮助他建立了生意上的关系，交上了一个朋友，并得到可观的订单。

安塞尔的公司正在商谈，准备在长岛皇后新社区办一间新的公司。那位铅管包商对那个地方很熟悉，并且做了很多生意，因此，安塞尔去拜访他时就说："先生，我今天不是来推销什么东西的。我是来请你帮忙的。不知道你能不能拨出一点时间和我谈一谈？"

"嗯……好吧，"那位包商说，嘴巴把雪茄转了一个方向，"什么事？快点说。”

“我们的公司想在皇后新社区开一家公司，”安塞尔先生说：“你对那个地方了解的程度和住在那里的人一样，因此我来请教你对这里的看法。这是好呢还是不好呢?”

情况有些不同了！多年以来，那位包商向推销商吼叫，命令他走开，今天这位推销商进来请教他的意见，一家大公司的推销商对于“他们公司应该做什么”，居然跑来请教他，使他觉得自己很重要。

“请坐请坐。”他说着，拉过一把椅子。接着用一个多小时，他详细地解说了皇后新社区铅管市场的特性和优点。他不但同意那个分公司的地点的选择，而且还把他的精力集中在购买产业、储备材料和开展营业等全盘方案上。他从告诉一个批发铅管公司如何去展开业务，而得到了一种重要人物的感觉。从那天开始，他的话题扩展到私人方面，变得非常友善，并把家务的困难和夫妇不和的情形也向安塞尔先生诉苦一番。

“那天晚上当我离开时，”安塞尔先生说，“我不但口袋里装了一大笔初步的装备订单，而且也建立了坚固业务友谊的基础。这位过去常常吼骂我的家伙，现在常和我一块儿打高尔夫球。这个改变，都是因为我请教他帮个小忙，而使他觉得有一种重要人物的感觉。”

【分析】

安塞尔能够挽回败局，将一笔快泡汤的生意又做成，原因是利用了人性的弱点，通过求教，满足了对方的自尊心，赢得了对方的好感从而成功。

二、人员推销步骤及技巧

推销过程（Selling Process）包括如图 7－3 所示的一系列活动。

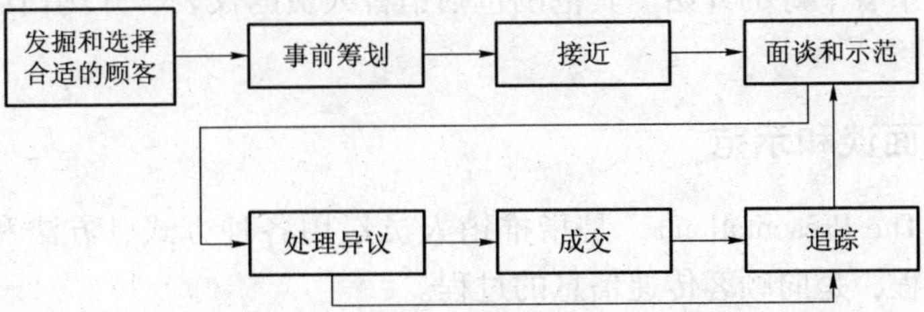

图 7－3　推销过程图

（一）发掘和选择合适的顾客

推销过程的第一步是发掘和鉴定合适的潜在顾客。一位专家说：“如果销售人员不加挑选地追逐每一个在营业的顾客，很可能就会积累出这样一批客户：服务成本高，难以取悦，并且无论你提供什么好处，他都不会有反应。”

（二）事前筹划（准备工作）

销售人员访问潜在顾客前要尽可能了解顾客（公司需要什么、谁参与购买决定）以及他的采购人员（他们的个性和购买方式），这个步骤称为事前筹划。顾客资格审查（Qualifying Prospects）是指推销人员确定一个潜在顾客是否符合准顾客标准的过程。主要是审查推销对象的购买决策状况、购买资格条件、购买信用状况及其他有关方面的购买限制等。顾客资格审查包括三方面的内容：一位准顾客（MAN）是由金钱（Money）、权力（Authority）和需要（Need）这三个要件构成的。

接近准备（The Preapproach），是指推销人员在接近某一特定准顾客之前进一步了解顾客情况的过程。接近准备阶段实际上是顾客资格审查工作的延续。接近准备工作的主要目标是搜集更多的准顾客资料，为推销访问和面谈做好准备。

推销工作，推销人员应善于做好接近准备工作，把大部分推销变成自己的“家庭作业（Homework）”，然后信心百倍地敲开顾客的家门。

在很多情况下，接近顾客时需要约见（Making Appointment）。

推销人员可以向行业标准指南和网络资源、熟悉的朋友或者其他人咨询公司的情况。销售人员制定访问目标，收集他们的信息。确定最佳接近方式——亲自拜访、电话联络或者信函。由于许多潜在顾客在某些事件上特别忙，所以销售人员也应小心考虑最佳访问时间。最后，销售人员应考虑对这个潜在顾客的总体推销策略。

（三）接近

在接近（The Approach）阶段，销售人员应该知道如何会见和招呼买主，并使彼此的关系有个好的开始。其范围包括销售人员的仪表、开场白以及接下去的话题。

（四）面谈和示范

面谈（The Presentation），是指推销人员运用各种方式、方法和手段说服顾客购买的过程，是向顾客传递信息的过程。

面谈方法很多，很难有什么成规。下面一些方法，仅供参考。

1. 提示法

（1）动议提示法（Ideomotor Suggestion），是指推销人员建议顾客立即购买的面谈方法。

（2）明星提示法（Prestige Suggestion），是指推销人员借助他人之口来说服顾客采取购买行动的面谈方法。

(3) 自我提示法 (Auto Suggestion)，是指推销人员利用各种提示刺激物来引起顾客自我暗示从而采取行动的面谈方法。

(4) 行动提示法 (Suggestion through Action)，是指推销人员通过各种行动来说服顾客采取行动的面谈方法。

(5) 直接提示法 (Direct Suggestion)，是指推销人员直接劝说顾客购买推销品的面谈方法。

(6) 间接提示法 (Indirect Suggestion)，是指推销人员间接劝说顾客购买推销品的面谈方法。

(7) 积极提示法 (Positive Suggestion)，是指推销人员使用积极性的语言或其他积极方式劝说顾客购买推销品的面谈方法。

(8) 消极提示法 (Negative Suggestion)，是指推销人员使用消极性的语言或其他消极方式劝说顾客购买推销品的面谈方法。

(9) 相反提示法 (Counter Suggestion)，是指推销人员利用反暗示原理来说服顾客购买推销品的面谈方法。

(10) 愉悦提示法 (Pleasant Suggestion)，是指推销人员劝说顾客购买推销品以满足需要的面谈方法。

(11) 快怅提示法 (Unpleasant Suggestion)，是指推销人员劝说顾客购买推销品以改变不利现状的面谈方法。

(12) 逻辑提示法，是指推销人员利用逻辑推理来劝说顾客购买推销品的面谈方法。

2. *演示法*

(1) 产品演示法，是指推销人员通过直接演示推销品来劝说顾客购买推销品的面谈方法。

(2) 文字演示法，是指推销人员通过演示有关推销品的文字资料来劝说顾客购买推销品的面谈方法。

(3) 图片演示法，是指推销人员通过演示有关推销品的图片资料来劝说顾客购买推销品的面谈方法。

(4) 影视演示法，是指推销人员通过演示有关推销品的录像影片、数字化动画及其他资料来劝说顾客购买推销品的面谈方法。

(五) 处理异议

在销售过程中，客户对你的任何一个举动或在展示过程中的说法提出的不赞同、反对、质疑等都是拒绝，这些统称为客户异议。从接近客户、调查、产品介绍、示范操作、提出购买建议到签订合同的每一个环节，客户都有可能提出异议。所以，处理异议是销售人员必备的一项技巧。

客户产生异议的原因有三个方面：销售人员的原因，如无法赢得客户好感，做夸大不实的陈述，使用过多的专门术语，引用不正确的调查资料，说得太多听得太少，等等；客户的原因，如拒绝改变、情绪处于低潮、没有意愿、预算不足等；与产品有关的原因，如价格因素、产品本身因素、服务因素、货源因素、时间因素。

处理异议的常见技巧有：

1. 忽视法

一个销售人员去拜访服装店的经销商，经销商一见到销售人员就抱怨："哎呀！你们这个广告怎么不找某某明星呢？如果你们找比较有名的明星的话，我早向你们进货了。"这个销售人员只是面带微笑说："你说的对"。然后就向经销商开始介绍产品了。

2. 比较法

客户说："你这个皮包的设计、颜色都非常棒，令人耳目一新。可惜呀，这个皮子品质不是最好的。"销售人员说："张先生，你眼力真好，这个皮料呀的确不是最好的，若选用最好的皮料的话价格可能要比这个高出好几倍了。"

3. 太极法

一个经销店老板说："你们这个企业把太多的钱花在了广告上，为什么不省下来，作为我们进货的折扣，让我们多赚一点钱，那该多好呀。"销售人员说："就是因为我们投了大量的广告费用，客户才被吸引来购买我们的产品。这不但能节省您的销售时间，而且您的总利润还是最大的吧。"

4. 反问法

客户说："我希望你们的价格再降 10% "。销售人员说："我知道您一定希望获得 100% 满意的服务，难道您希望我给您的服务也打折吗?"

5. 间接反驳法

客户买房子时说："公共设施占地面积太大了吧?"销售人员说："您大概有所误解，这次推出来的某某花园公共设施占总面积的 18%，而一般大厦要占 19% 以上，我们还要低些呢!"

6. 委婉处理法

"我不需要这种东西!"推销人员委婉地否定顾客异议："是呀，许多人都认为自己不需要这种东西，但是，如果您真正了解到这种产品的用途，也许能改变原先的看法。事实上……"

(六) 成交

在解决了潜在顾客的反对意见后，销售人员就试着达成交易。销售人员应该知道如何识别购买者发出的特定成交信号，包括身体的动作、言辞或者意见，例如顾客往前坐、不断点头赞许、询问价钱或付款条件等。届时销售人员就可以使用各种达成交易的技巧，他们可根据潜在顾客要求订单，重申双方协议的重点，提议帮助顾客填写订单，询问顾客想要这一类型产品还是另外一种类型的产品，或者告诉购买者如果现在不买就可能买不到了。销售人员也可以提供给购买者成交的特殊理由，如特价优惠或额外赠送。

常用的销售成交方法主要有：

1. 请求成交法

请求成交法又称之为直接成交法，这是销售人员向客户主动地提出成交的要求，直接要求客户购买销售商品的一种方法。

2. 假定成交法

假定成交法也可以称之为假设成交法，是指销售人员在假定客户已经接受销售建议，同意购买的基础上，通过提出一些具体的成交问题，直接要求客户购买销售品的一种方法。

3. 选择成交法

选择成交法，就是直接向客户提出若干购买的方案，并要求客户选择一种购买方法。例如："豆浆您是加两个蛋呢，还是加一个蛋?"还有"我们礼拜二见还是礼拜三见?"这都是选择成交法。

4. 小点成交法

小点成交法又叫做次要问题成交法，或者叫做避重就轻成交法。是销售人员在利用成交的小点来间接地促成交易的方法。

客户成交的方法。也可称为大点成交法。因为凡是客户提出了异议，大多是购买的主要障碍，异议处理完毕如果立即请求成交，往往收到趁热打铁的效果。

5. 优惠成交法

优惠成交法又称为让步成交法，指的是销售人员通过提供优惠的条件促使客户立即作出购买决定的一种方法。例如"张总，我们这一段时间有一个促销活动，如果您现在购买我们的产品，我们可以给您提供免费培训，还有三年免费维修。"这就叫附加价值，附加价值是价值的一种提升，所以又称之为让步成交法，也就是提供优惠的政策。

6. 保证成交法

保证成交法是指销售人员直接向客户提出成交保证，使客户立即成交的一种方法。所谓成交保证就是指销售人员对客户所允诺担负交易后的某种行为，例如，"您放心，这个机器我们 3 月 4 号给您送到，全程的安装由我亲自来监督。等没有问题以后，我再向总经理报告。""您放心，您这个服务完全是由我负责，我在公司已经有 5 年的时间了。我们有很多客户，他们都是接受我的服务。"让顾客感觉你是直接参与的，这是保证成交法。

7. 从众成交法

从众成交法也叫做排队成交法，利用顾客的从众心理，大家都买了，你买不买？这是一种最简单的方法。从众成交法可以减轻顾客担心的风险，尤其是新顾客，大家都买了，我也买，可以增加顾客的信心。

8. 机会成交法

机会成交法也叫做无选择成交法、唯一成交法、现在成交法、最后机会成交法。例如："我们这个机器只剩下三台了，我们最后的优惠时间只有一个星期了……"这就是机会成交法。

9. 异议成交法

异议成交法就是销售人员利用处理顾客的异议的机会直接要求。

10. 小狗成交法

小狗成交法就是先使用、后付款。有统计表明，如果准客户能够在实际承诺购买之前，先行拥有该产品，交易的成功率将会大为增加。

（七）追踪

追踪是推销重要的手段和过程，很多推销业务并不是一经面谈就能达成交易的。尤其是工业品和原料型商品，客户购买具有较强的理性，客户总是在对多家产品的对比分析之后才做出决定的。一次成功的推销，可能需要推销人员多次追踪才能成功。有人说："如果要完成一件推销需要与客户接触 5 至 10 次，那你不惜一切也要熬到那第 10 次。"因此，坚毅和执著精神是推销人员不可缺少的品质。在追踪的过程中加深客户对公司和产品信息的了解，加深对客户需求或对异议的了解，加深对竞争产品的了解，增进买卖双方的信任，最终促成交易的达成。

如果销售人员希望确保顾客满意，并与顾客继续保持业务上的往来，事后追踪这个最后的步骤是必不可少的。生意一旦成交，销售人员就要立刻将交货时间、付款条件等一切必要的细节处理妥当。在收到第一张订单之后，销售人员就要安排追踪访问，以确保所有的安装、指导与服务都准确无误。这项访问的目的在于发现各种问题，向买主表明销售人员的关注，消除购买者在售后可能产生的任何担心。销售人员还应该制订一个维护客户关系的长期计划。

拓展案例

一单的销售额

一个小伙子应聘营销员。老板看他机灵，决定让他先干一天再说。下班时老板问做了几单买卖。"一单。"年轻人回答。"只有一单？"老板比较恼火，"有没有搞错，别的销售员每天可有五六单！"又问"多少销售额？"年轻人回答："30 万美元。""你卖什么卖出那么多钱？"老板目瞪口呆，半晌才回过神。

“是这样的，”年轻人说，“一个男士来买东西，我先卖给他一个小号的鱼钩，然后中号的鱼钩，最后大号的鱼钩；接着，我卖给他小号的渔线，中号的渔线，最后是大号的渔线；接着我卖给他渔竿、鱼篓、折叠椅、罩阳帽。我问他上哪儿钓鱼，他说去海边。我建议他买条船，所以我带他到卖船的专柜，卖给他长 20 英尺[1]有两个发动机的纵帆船。他说他的大众牌汽车可能拖不动这么大的船。于是我便带他到汽车销售区，卖给他一辆丰田新款豪华型‘巡洋舰’。”

老板难以置信地问道：“一个顾客仅仅买个鱼钩，你竟能卖给他这么多东西?”“不是的，”年轻销售员回答道：“他问明天天气怎么样。我就告诉他明天天气很好，又是周末，干吗不去钓鱼呢?”

（原载《保险文化》2004 年第 2 期）www. koucaiwang. com. cn

分析：将您的客户培养成高端客户，就事论事永远成不了业务高手。

知识库

推销人员的素质要求

推销人员必须具备的基本素质有以下几个方面：

(1) 知识素质。

现代市场流通首先是一种“知识”的流通。一名优秀的市场销售人员至少应掌握一般的科学文化常识、产品专业知识和推销技术知识这三大类基本知识。

(2) 身体素质。

现代市场销售人员是企业的尖兵，必须具有良好的身体素质。知识再渊博，还是要身体力行。这里所讲的身体素质，是一个比较广义的综合性概念，既包括个人的体格、体质及其健康状况，又包括个人的举止、言谈及其仪表风范等。

(3) 心理素质。

良好的心理素质是现代企业市场销售人员所必须具备的又一个基本条件。销售人员成天与人打交道，要经受无数次的挫折与打击，要应付形形色色的推销对象，必须加强心理训练，培养正确的推销态度。

(4) 道德素质。

超级推销员都是有道德的人。良好的道德素养也是现代企业市场营销人员必备的一个基本条件。这主要包括两个方面。一是对企业的忠诚，二是对顾客的诚实。

① 1 英尺 =0. 304 8 米。

第三节 营业推广策略

【引导案例】

“一角钱”的成功促销案

一角钱的让利可能大家都觉得根本就无法打动消费者甚至不值得一提，但笔者偶遇的“一角钱促销”方法，不但让店主生意兴隆而且还让顾客对该店主称赞有加，宁可排队也要照顾他的生意，这其中有着什么样的奥妙呢？

在一个菜场有几家卖豆制品的摊点，可总是只有A店主的生意火爆，大家宁可排队等也不到旁边的店子里买同样的东西。是A店的价格比起旁边店铺便宜许多吗？不是，他卖的价格和别人都是一样的；是所卖产品的质量比别人好很多？也不是，质量差不多，很多东西估计和别人在同一个地方进货；是有买赠促销手段吗？更不是，小本生意不可能有这么大的利润。原来只有一个非常简单的原因：这个店主无论顾客买什么东西都主动的少收一角钱。例如顾客问好豆腐是1元一斤，挑了块豆腐，他把豆腐放到电子秤上一称显示1.7元，他就会说：“就收1.6元吧。”就这小小的一角钱让他获得了顾客的信赖，使他的生意越来越火红。

【思考】

看似简单的“一角钱促销”为什么能产生这么强烈的促销效果？

【引例分析】

此案例说明，促销能否成功并不一定在于促销力度的大小，而在于能否打动消费者，获得消费者的信赖，方式正确才能吸引消费者。

营业推广是一种适宜于短期推销的促销方法，是企业为鼓励购买、销售商品和劳务而采取的除广告、公关和人员推销之外的所有企业营销活动的总称。营业推广是极为有效的促销手段，包括对消费者的营业推广，对中间商的营业推广及对推销人员的营业推广。

一、营业推广的特点

（一）营业推广促销效果显著

在开展营业推广活动中，可选用的方式多种多样。一般说来，只要能选择合理的营业推广方式，就会很快地收到明显的增销效果，而不像广告和公共关系那样需要一个较长的时期才能见效。因此，营业推广适合于在一定时期、一定任务的短期性的促销活动中使用。

（二）营业推广是一种辅助性促销方式

人员推销、广告和公关都是常规性的促销方式，而多数营业推广方式则是非正规性和非经常性的，只能是它们的补充方式。亦即，使用营业推广方式开展促销活动，虽能在短期内取得明显的效果，但它一般不能单独使用，常常需要配合其他促销方式使用。营业推广方式的运用能使与其配合的促销方式更好地发挥作用。

（三）营业推广有贬低产品之意

采用营业推广方式促销，似乎迫使顾客产生“机会难得、时不再来”之感，进而能打破消费者需求动机的衰变和购买行为的惰性。不过，营业推广的一些做法也常使顾客认为卖者有急于抛售的意图。若频繁使用或使用不当，往往会引起顾客对产品质量、价格产生怀疑。因此，企业在开展营业推广活动时，要注意选择恰当的方式和时机。

二、营业推广的方式

营业推广的方式多种多样，每一个企业不可能全部使用。这就需要企业根据各种方式的特点、促销目标、目标市场的类型及市场环境等因素选择适合本企业的营业推广方式。

（一）向消费者推广的方式

向消费者推广，是为了鼓励老顾客继续购买、使用本企业产品，激发新顾客试用本企业产品。其方法主要有：

1. 赠送样品

向消费者免费赠送样品，可以鼓励消费者认购，也可以获取消费者对产品的反应。样品赠送，可以有选择地赠送，也可在商店或闹市区或附在其他商品中无选择地赠送。这是介绍、推销新产品的一种促销方式，但费用较高，对高值商品不宜采用。

2. 赠送代价券

代价券作为对某种商品免付一部分价款的证明，持有者在购买本企业产品时可免付一部分货款。代价券可以邮寄，也可附在商品或广告之中赠送，还可以向购买商品达到一定的数量或数额的顾客赠送。这种形式，有利于刺激消费者使用老产品，也可以鼓励消费者认购新产品。

3. 包装兑现

包装兑现即采用商品包装来兑换现金。如收集到若干个某种饮料瓶盖，可兑换一定数量的现金或实物，借以鼓励消费者购买该种饮料。这种方式的有效运用，也体现了企业的绿色营销观念，有利于树立良好的企业形象。

4. 抽奖促销

顾客购买一定的产品之后可获得抽奖券，凭券进行抽奖获得奖品或奖金，抽奖可以有各种形式。

5. 提供赠品

对购买价格较高的商品的顾客赠送相关商品（价格相对较低、符合质量标准的商品）有利于刺激高价商品的销售。由此，提供赠品是有效的营业推广方式。

6. 商品展销

展销可以集中消费者的注意力和购买力。在展销期间，质量精良、价格优惠、提供周到服务的商品备受青睐。可以说，参展是难得的营业推广机会和有效的促销方式。

7. 参与促销

通过消费者参与各种促销活动，如技能竞赛、知识比赛等，能获取企业的奖励。此外，还有联合推广、降价销售等方式。

（二）向中间商推广的方式

向中间商推广，其目的是为了促使中间商积极经销本企业产品。其方式主要有：

1. 购买折扣

为刺激、鼓励中间商购买并大批量地购买本企业产品，对第一次购买和购买数量较多的中间商给予一定的折扣优待，购买数量越大，折扣越多。折扣可以直接支付，也可以从付款金额中扣出，还可以以赠送商品作为折扣。

2. 资助

资助是指生产者为中间商提供陈列商品、支付部分广告费用和部分运费等补贴或津贴。在这种方式下，中间商陈列本企业产品，企业可免费或低价提供陈列商品；中间商为本企业产品做广告，生产者可资助一定比例的广告费用；为刺激距离较远的中间商经销本企业产品，生产者可给予一定比例的运费补贴。

3. 经销奖励

对经销本企业产品有突出成绩的中间商给予奖励。这种方式能刺激经销业绩突出者加倍努力，更加积极主动地经销本企业产品，同时，也有利于诱使其他中间商为多经销本企业产品而努力，从而促进产品销售。

（三）向销售人员推广的方式

向销售人员推广，其目的是为了鼓励他们热情推销产品或处理某些老产品，或促使他们积极开拓新市场。其方式可以采用：

（1）销售竞赛，如有奖销售、比例分成。

（2）免费提供人员培训，技术指导。

拓展案例

免费赠送的企业策略

在相当长的一段时期内，万事发（MILDSEVEN）香烟的销路打不开，公司面临关闭的威胁。为了杀出一条生路，公司经过一番思考和策划，选定用“免费赠送”方式进行促销。

于是，公司老板在各主要城市物色代理商，给予代理商一些费用和一批香烟，然后通过这批代理商向当地一些著名的医生、律师、作家、影星、艺人等按月寄赠两条该牌子的香烟，并声明，如对方认为不够，还可以再免费提供。而每隔若干时日，代理商就会寄来表格，征求对这种香烟的意见。

万事发香烟公司经过半年左右的“免费赠送”以后，赢得了一批较有身份和影响的顾客，接着利用这些名人的评价大做广告，宣传该牌子的香烟都是有身份的高贵人士所用的。这样，那些有点身价的人们当然会买来试吸，而那些并没有多少财富或名气的人，由于心理或面子的驱使，也买这种香烟吸，以显示自己的身份。这样，万事发香烟很快获得众多的顾客，几年时间，MILDSEVEN 成为仅次于“万宝路”香烟的，世界销量第二的香烟品牌。

三、营业推广策划的步骤

企业在采用营业推广策略进行促销时，一般要做出下述三项主要决策：确定营业推广的目标；选择营业推广的形式；制定与实施营业推广方案。营业推广策划的过程如图 7－4 所示。

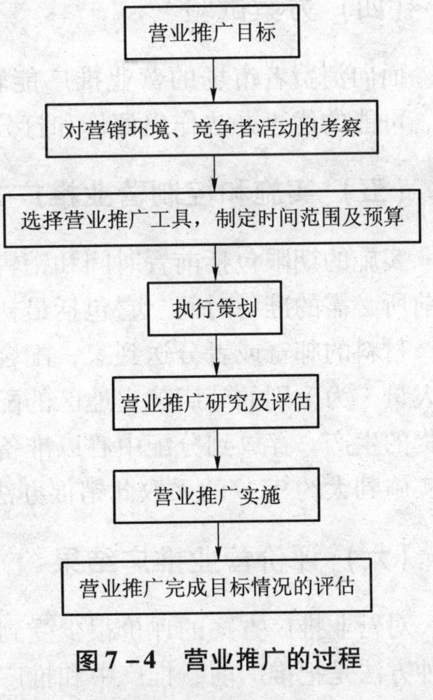

图 7－4　营业推广的过程

（一）营业推广的目标

营业推广的目标取决于企业的整体营销战略和目标市场类型。概括而言，企业营业推广的目标有三种：消费者、中间商、推销人员。

针对消费者的营业推广目标有：鼓励

老顾客重复购买；吸引新顾客使用本企业产品；争取竞争对手的顾客。

针对中间商的营业推广目标有：鼓励中间商大量销售；争取新的中间商；鼓励中间商与企业建立长期稳定的合作关系。

针对推销人员的营业推广目标有：鼓励本企业及中间商的推销人员增加产品的销量，大力推销新产品，开拓新市场，发掘更多的潜在顾客。

（二）选择营业推广工具

营业推广的形式很多，企业应根据市场类型、营业推广目标、市场竞争状况及各种营业推广形式的成本与效益等影响因素，在上述的各种方式中，灵活有效地选择使用。

（三）制定营业推广方案

营业推广方案应该包括这样几个因素：

（1）费用：营销人员必须决定准备拿出多少费用进行刺激。

（2）参加者的条件：刺激可以提供给任何人，或选择出来的一部分人。

（3）营业推广措施的分配途径：营销人员必须确定怎样去促销和分发促销方案。

（4）营业推广时间：调查表示，最佳的频率是每季有三周的促销活动，最佳持续时间是产品平均购买周期的长度。

（5）营业推广的总预算。

（四）方案试验

面向消费者市场的营业推广能轻易地进行预试，可邀请消费者对几种不同的、可能的优惠办法作出评价和打分等，也可以在有限的地区进行试用性测试。

（五）实施和控制营业推广方案

实施的期限包括前置时间和销售延续时间。前置时间是指从开始实施这种方案前所必需的准备时间。它包括最初的计划工作，设计工作，以及包装修改的批准，材料的邮寄或者分送到家；配合广告的准备工作和销售点材料；通知现场推销人员，为个别的分店建立地区的配额，购买或印刷特别赠品或包装材料，预期存货的生产，存放到分配中心以准备在特定的日期发放。销售延续时间是指从开始实施到大约 95% 的采取此销促办法的商品已经在消费者手里所经历的时间。

（六）评价营业推广结果

对营业推广方案的评价很少受到注意，以盈利率加以评价不多见。最普通的一种方法是把推广前、推广中和推广后的销售进行比较。例如，一种产品在营业推销之前，市场份额为7.3%，营业推销期间为12%，营业推销一结束马上降了6%，过了一段时间又回升到8%。这些数据表明，企业实施的营业推销方案在实施期间吸引了一批新消费者，并促使原有的消费者增加了购买量；营业推销结束后，马上降为6%，说明消费者在营业推销期间购买的商品尚未用完；最后回升到8%，说明这项营业推销方案终于使一批新顾客成为了老顾客。

四、营业推广的控制

营业推广是一种促销效果比较显著的促销方式，但倘若使用不当，不仅达不到促销的目的，反而会影响产品销售，甚至会损害企业的形象。因此，企业在运用营业推广方式促销时，必须予以控制。

（一）选择适当的方式

我们知道，营业推广的方式很多，且各种方式都有其各自的适应性。选择好营业推广方式是促销获得成功的关键。一般说来，应结合产品的性质、不同方式的特点以及消费者的接受习惯等因素来选择合适的营业推广方式。

（二）确定合理的期限

控制好营业推广的时间长短也是取得预期促销效果的重要一环。推广的期限，既不能过长，也不宜过短。这是因为，时间过长会使消费者习以为常，消失刺激需求的作用，甚至会产生疑问或不信任感；时间过短会使部分顾客来不及接受营业推广的好处，收不到最佳的促销效果。一般应以消费者的平均购买周期或淡旺季间隔为依据来确定合理的推广方式。

（三）禁忌弄虚作假

营业推广的主要对象是企业的潜在顾客，因此，企业在营业推广全程中，一定要坚决杜绝徇私舞弊的短视行为发生。在市场竞争日益激烈的条件下，企业商业信誉是十分重要的竞争优势，企业没有理由自毁商誉。本来营业推广这种促销方式就有贬低商品之意，如果再不严格约束企业行为，那将会产生失去企业长期利益的巨大风险。因此，弄虚作假是营业推广中的最大禁忌。

（四）注重中后期宣传

开展营业推广活动的企业比较注重推广前期的宣传。这非常必要，但在此还需提及的是不应忽视中后期宣传。在营业推广活动的中后期，面临的一个十分重要的宣传内容是营业推广中的企业兑现行为。这是消费者验证企业推广行为是否具有可信性的重要信息源。所以，令消费者感到可信的企业兑现行为，一方面有利于唤起消费者的购买欲望，另一个更重要的方面是可以赢得社会公众对企业良好的口碑，增强企业的良好形象。

此外，还应注意确定合理的推广预算，科学测算营业推广活动的投入产出比。

小组讨论

永和大王首次推出优惠券

“咸饭团 + 牛肉粉丝汤 8 元省 3 元；虾肉蒸饺 + 牛肉粉丝汤 14 元省 4 元”。这是中式快餐永和大王 2002 年在全国首次推出优惠券的部分内容。这种方式很容易让人联想起洋快餐麦当劳、肯德基给儿童快餐送玩具，以及就餐换月票等，这在营销方式上拉近了和中国老百姓的距离。此次永和大王推出食物优惠券的成功做法，用永和大王刘晨庚的话说，就是“师夷长技以制夷”。优惠券配合 24 小时营业和电话订购的方式，拓宽了永和大王的市场面。

【课堂讨论】

1. 麦当劳、肯德基、永和大王各采取了哪些营业推广策略？

2. 从永和大王的“借船过海”中你有什么感受和体会？

同步案例

可口可乐在中国的促销策略

可口可乐进入中国市场累计 50 多年，其中在中美关系恶化前经历 30 年，在中美建交后重返中国经历 20 多年。这个有近 120 年历史的优秀企业凭借原有的名牌效应，通过奉行三个环环相扣的 3P 原则：“无处不在（Pervasiveness）”“心中首选（Preference）”“物有所值（Price to Value）”，迅速打开了中国市场。1999 年，该公司饮料的销售量为 160 亿标准箱。2000 年第四季度在中国的销售再次大幅增长近 25%，并计划在 2010 年之前达到 350 亿标准箱的销售目标。

1. 广告策略

可口可乐公司在中国的广告策略，用简单的一句话来表达就是：在广告上必须用消费者明白的方式去沟通。具体是启用张惠妹、谢霆锋、伏明霞、张柏芝这些“新人类”做广告模特，走“年轻化”路线。由于年轻消费者很容易对所喜好的事物留有深刻的美好印象，好比人对初恋通常怀有特殊感情，所以，可口可乐要做年轻人的“初恋”，只有在一个人很年轻时就“抓住”他，他才会把这种饮料一直喝下去，形成习惯。

在可口可乐的广告中，“新星”是可口可乐永远的题材。先是张惠妹，“雪碧，晶晶亮，透心凉”。然后是新生代偶像谢霆锋出演的可口可乐数码精英总动员广告，这个广告带动国内的销售增长了24%。2000年末又推出谢霆锋、林心如、张震岳三人的“月亮/滑板篇”。2001年春节到来之际，又推出一款乡土味浓厚的“泥娃娃阿福贺新年”的广告，以动画的形式推广2.25升瓶装系列产品，大塑料瓶包装，这是可口可乐继“大风车”“舞龙”广告之后的第三部专为中国市场推出的“新年贺岁广告”。紧接着就是跳水明星三届奥运会冠军得主、中国跳水皇后伏明霞与可口可乐（中国）饮料有限公司签约，成为新世纪“雪碧”品牌在中国第一位广告代言人，并拍摄了新一辑的广告片。

可口可乐公司近来在全球力推“本地化思维、本地化营销”的市场策略，调动运用全球不同市场的资源，使可口可乐品牌散发多元化的活力，而这种活力的表达就是靠生动的促销活动来完成的。

2. 营业推广策略

1997年6月，可口可乐公司推出了主题为“可口可乐红色真好玩”的促销活动。在活动期间，只要购买了“可口可乐”“雪碧”“芬达”的促销包装品，就会发现在易拉罐拉环和塑料瓶标签上印有红色的可口可乐、红太阳、红玫瑰、红苹果等12种不同的图案，若能对中中奖组合的两个图案（红色可口可乐可以代替任何一种图案），就能赢取背包、手表等五款不同奖品，奖品总值超过1 000万元。整个促销活动通过报纸、电视、海报、宣传单、活动热线、促销包装等媒体传递出去。透过红得发烫的市场宣传，可以看出可口可乐公司匠心独具之处：即通过让消费者反复感知红色的概念，从而让红色的可口可乐更深入人心。红太阳、红玫瑰、红苹果等12种不同的图案都是让人容易产生联想的红色事物，红色意味着热烈、刺激、喜悦，意味着活力、积极和气势，让你爱上红色的奖品，让你寻找红色的图案，最终是为了让你爱上红色的可口可乐。

2000年，可口可乐公司在中国内地推出了一套十二生肖的易拉罐，据说是全球首次中国主题的一套纪念品，销售日期只到2月底，惹得连香港的朋友都从北京成箱地运可乐。胖乎乎的泥阿福也一夜之间登上了国内可口可乐的塑胶机包装，醉翁之意不在酒，“中国娃娃”做形象大使不仅是为了给大伙拜个年，更是为了推行“本土化”的战略。

3. 公关策略

可口可乐公司在中国的公关活动一刻都不停歇，从体育、教育、文娱到环保一刻都不停歇，利用一切可利用的机会提高自己的能见度。但最主要的还是运动，可口可乐公司在中国的运动旋风首先从足球开始。可口可乐杯全国青年锦标赛为中国选拔了不少足球尖子，并成为中国青年足球最重要的赛事之一。“可口可乐——临门一脚”足球培训班自1986年在中国实施以来，十多年已培训超过1 000多名青少年足球教练，使近一百万的儿童能得到先进的技术训练。

可口可乐公司在奥运会也是不忘与中国的友谊。例如，1992年可口可乐中国有限公司赞助6名中国选手，参加在西班牙巴塞罗那奥运会前首次举办的全球奥运火炬接力长跑活动；1994年，中国冬季奥运会金牌得主王秀丽亦由可口可乐赞助，代表中国在瑞典利利哈默市传递奥运圣火；1995年，可口可乐公司三度赞助中国神射手许海峰及12名全国选拔的代表，其中包括3名希望工程优秀受助生，参加在美国亚特兰大奥运会前的火炬接力。可口可乐公司亦在国内主办多项配合奥运的活动，其中奥林匹克日长跑已超过十多年历史。

可口可乐公司是改革开放后第一个进入中国的外企公司之一。那时候不允许打广告。1984年英国女王访华，英国电视台BBC拍了一个纪录片给我国中央电视台播放。作为外交礼节，中央电视台必须播放，但苦于没钱给BBC，于是找到可口可乐公司要赞助。可口可乐公司当时提出了一个赞助条件：在纪录片播放前加播可口可乐的广告片。这成为新中国电视广告历史上的开篇之笔。

同样，可口可乐公司在中国也十分关注教育事业。例如，可口可乐公司积极赞助许多推动教育、扶贫助学的项目，其中以对"希望工程"的捐助最为显著。可口可乐公司及中国的装瓶厂捐赠200万美元，在数十个贫困山村共建了50所希望小学和100个希望书库，帮助300~600名小学生改善了学习环境，可口可乐公司还捐助500万元人民币设立共10 000个奖学金，让贫困的学生可以完成6年的学业。可口可乐公司在我国还与当地青基会、教委、团委及大学共同挑选一些品学兼优的特困生，帮助他们解决生活费及学费的压力，协助我国培养优秀的人才。这个项目于1997年实行，有超过1 000名学生受惠。

4. 独到的捆绑式销售

捆绑式销售的源头大概可以追溯到可口可乐与麦当劳，可口可乐与联想，可口可乐与大家宝，可口可乐与方正。捆绑式销售不同于赠品促销。赠品促销只有一个品牌主体，另一个或更多的品牌处于附属的被动地位，或者企业赠送自己生产的产品，只有一个品牌。目前赠品促销被太多的商家运用，理性的消费者越来越不买账，几乎起不到应有的作用。而捆绑式销售则不同，它是两个或者多个品牌处于平等的地位，互相推广，把市场做大，达到"双赢"的目的。

可口可乐与联想、可口可乐与方正"数码精英总动员""动感互联你我他"的广告在各种媒体上连番轰炸，联想与方正作为促销奖品的承担方也获益匪浅。在此之前可口可乐与北京大家宝薯片共同演绎的"绝妙搭配好滋味"的促销活动可谓风靡了整个夏季。在降价打折抽奖赠送礼品等传统促销方法已经难以刺激消费者的今天，可口可乐是微甜的饮料，大家宝是微咸的休闲食品，这种搭配可以在口感上相互搭配，这就是双方合作的基础，这是可口可乐公司运用产品亲和力市场策略的生动体现。本土化要有较为理想的载体，联想、方正和大家宝是本地品牌，与可口可乐一样都是大众化产品，而且在当地市场有一定的知名度，容易被本地消费者所接受和信赖。

请思考：

1. 可口可乐是如何根据中国市场本土化特点进行促销策划的？

2. 可口可乐近年来在中国大陆的促销活动又有哪些新创举？

本章小结

本章主要阐述了促销组合、人员推销、营业推广策略等内容。

促销组合主要包括人员推销、广告策略、营业推广策略与公共关系策略。

人员推销方案是指导人员推销活动的依据，首先要了解人员推销的特点，之后根据人员推销的步骤和技巧进行人员推销的策划。

营业推广策略是企业常用的促销方式之一。制定营业推广策划方案前要了解营业推广的特点与方式，掌握营业推广策划的步骤。

复习思考

1. 什么是促销组合？企业促销组合的四种方式是什么？

2. 简述信息沟通的功能。

3. 企业进行有效沟通及促销组合时需经过哪七个步骤？

4. 简述制定促销预算的方法。

5. 简述制定企业广告促销方案的主要步骤。

6. 根据广告目标特点的不同，可以把广告分成三大类。分别说明这三类广告的应用。

7. 简述企业公共关系策略。

8. 推销队伍的管理主要包括哪些方面？

9. 试结合企业营销活动的实际，说明确定企业促销组合策略应考虑的因素。

技能训练

1. 五一长假期间，旅行社的竞争激烈，请你就此为某旅行社做一次营业推广促销策划方案。

2. 利用校外实训基地资料，以此为背景要求学生独立完成全真促销策划。

3. 案例题

××家电公司现场促销活动策划书

一、期限

自××××年××月××日起至××××年××月××日，为期3个月。

二、目标

把握购物高潮，举办“超级市场接力大搬家”，促销××公司产品，协助经销商出清存货，提高公司营业目标。

三、目的

(1) pop：布旗、海报、宣传单、抽奖券。

(2) 把握圣诞、元旦以及结婚蜜月期的购物潮，激发消费者对“接力大搬家”活动的兴趣，引导选购××产品，以达到促销效果。

(3) 以××公司产品的优异性能为主要诱因，接力大搬家 s. p. 活动为助销手段，遵循此项原则，对报纸广告表现之主客地位要予以重视。

(4) TV 广告，为赢得国际消费者，拟针对接力大搬家活动，提供一次 30 分钟实搬、试搬家录现场节目，同时撷取 15 分钟视频，作为电视插播，争取雅俗共赏，引起消费者的强烈需求。

四、举办“经销商说明会”

为配合国际市场开发策略，并增加此次活动之促销效果，拟会同公司及公司营业单位，共同协办“年末促销活动分区说明会”，将本活动的意义、内容及对经销商的实际助益做现场讲解，以获求充分协助。

五、广告活动内容

(一) 活动预定进度表

注：“接力大搬家”日期定于圣诞前后，理由有二：

(1) 圣诞前后正是购货高潮期，应予把握。

(2) 圣诞前后，是目标市场顾客非常忙碌的时刻，交通必然拥挤，交通问题不易妥善处理。

(二) 活动地区

在××国 a、b、c 三地，各择具备超级市场规模的百货公司举行。

(三) 活动奖额

1. “接力大搬家”幸运奖额

(1) 以户为单位，每户限时相同，均为 10 分钟。

(2) 每户 10 分钟，以接力方式进行。

2. “猜猜看”活动奖额

(1) 完全猜对者一名，与搬最高额者同额奖品，同时猜中者，均分。

(2) 附奖 5 位，最接近搬最高额者，每名赠××品牌家庭影院一套，由抽签决定。

(四) 活动内容说明

1. 收件期间

自××××年××月××日至××××年××月××日，在 a、b、c 三地举行试搬，除选定的百货公司本身广为宣传外，并加以录像拍制现场，节目于××

月××日8点档播放，借此宣传于观众了解活动内涵，同时剪录15分钟“试搬”情况，做电视插播，广为宣传，刺激销售，增加回收件数。

2. 分两次抽奖原因

(1) 早买中奖机会大，第一次未中，还可参加第二次抽奖。

(2) 活动期间较长，可借抽奖分次活动，刺激消费者恢复销售高潮。

3. 参加资格及办法

(1) 超级市场接力大搬家部分。

凡自活动日起购买××公司产品价值1 000美元以上者，以1 000美元为一单位，可向各地总经销商索取幸运券一张，参加抽奖，多买多送。

① 如购买电视5 120美元即送5张。

② 幸运券填寄××总公司。

③ 3地各分北、中、南三区，幸运券亦分3色区别。

④ 以1 000美元为单位即赠幸运券一张的理由如下：

a. 不限买××家电方可参加，对所有××公司产品均有相互促销作用。

b. 让消费者依购买额之多寡，持有较多幸运券，吸引力较强。

c. 对预算奖额并无差异。

d. 经销商依各产品之在库金额请领幸运券。

e. ××公司、经销店以及参与企划、活动单位之员工及其亲属，不得参加此抽奖活动，抽中者如被察觉视为无效。

(2)“猜猜看”部分。

任何人都可以参加，猜三地各区接力大搬家搬得最多之金额，猜中者可得同等额之奖品，若两人以上同时猜中，则均分其奖额。另选数字相近之5人，各赠××牌家庭影院一套。××月××日截止。

(3) 幸运的新婚蜜月环岛旅游。

凡被抽中为参加“接力大搬家”之幸运者，同时又是于此活动期间新婚者，另赠蜜月旅游券两张，以刺激结婚期××公司产品之销售。

(4) 奖额预算。

300万美元以内。

(五) 与上次“超级接力大搬家”改进之点

(1) ××公司、××公司经销商及参与企划单位之员工及其家属不得参加抽奖，抽中无效。

(2) 活动期间酌情拉长为两个月。

(3) 重点在促销，且此次拟举办“经销商说明会”，幸运券之分配，当较为妥善均匀。

(4) 用TV做现场节目介绍，并播放15分钟视频，可使消费大众对百货公司之超级市场有所了解。

(5) 搬家时间全部均定为10分钟。

(6) 搬家日，另致邀函，请经销商到场参观，加强地方经销商的协调色彩。

(7) 报纸及此活动的广告表现，均重视优异性能并以“接力大搬家”来促销，且媒体选择趋于大众格调。

(8) 媒体运用趋向于广告面广，并对超级市场说明予以加强。

(9) 整个活动分两个高潮，促销效果大，并将试搬提前，对购买欲望之提高，将较有助益。

问题：

1. 本策划书中主要包含了哪几方面的内容？

2. 试评析本策划书中的营业推广策划部分？

同步测试

一、单项选择题

1. 营业推广的目标通常是（　　）。

A. 了解市场，促进产品试销对路　B. 刺激消费者即兴购买

C. 降低成本，提高市场占有率　D. 帮助企业与各界公众建立良好关系

2. 制造商推销价格昂贵、技术复杂的机器设备时，适宜采取（　　）的方式。

A. 广告宣传　B. 营业推广

C. 经销商商品陈列　D. 人员推销

3. 当产品处在生命周期的成熟期时，应采用（　）。

A. 告知性广告　B. 劝说性广告　C. 提示性广告　D. 报纸广告

4. 人员推销活动的主体是（　　）。

A. 推销市场　B. 推销品　C. 推销人员　D. 推销条件

5. 当产品处于其生命周期的试销期时，促销策略的重点是（　）。

A. 认识了解商品，提高知名度　B. 促成信任、购买

C. 增进信任与偏爱　D. 满足需求的多样性

6. 促销的目的是引发刺激消费者产生（　）。

A. 购买冲动　B. 购买行为　C. 购买决定　D. 购买倾向

7. 公共关系是一项（　　）促销方式。

A. 一次性　B. 偶然　C. 短期　D. 长期

8. 人员推销的缺点主要表现为（　）。

A. 成本低、顾客量大　B. 成本高、顾客量大

C. 成本低、顾客有限　D. 成本高、顾客有限

二、多项选择题

1. 以下属于营业推广的促销方式是哪几种？（　）

A. 订货会与展销会　B. 优惠券

C. 赠品促销　D. 为残疾人举行义演

E. 上门推销

2. 影响企业促销组合和促销策略的因素很多，主要应考虑的因素有（　　）。

A. 产品类型与特点　B. 推或拉的策略

C. 现实和潜在顾客的状况　D. 产品生命周期的阶段

E. 市场细分

3. 以下哪种情况适宜采用人员推销？（　　）

A. 企业产品只在某几个市场销售　B. 技术性强，消费者和用户集中

C. 企业推销能力强　D. 当企业处于介绍期时

E. 价格昂贵的产品

4. 促销的具体方式有（　　）。

A. 广告　B. 人员推销　C. 销售促进　D. 公共关系

E. 直效营销

5. 广播媒体的优越性是（　　）。

A. 传播迅速、及时　B. 制作简单、费用较低

C. 较高的灵活性　D. 听众广泛

E. 针对性强，有的放矢

实训题

实训题一

决策设计

在A城市中，三星酒店已初具规模，其他多数酒店并不专供上等酒，而它则是唯一这样做的一家。在这座城市，即使拥有相当数量受过良好教育、收入中等的人，酒店也不能像大城市一样保证有一批常客。该酒店所处的位置很理想，在商业区，并靠近许多宾馆、酒店，装修舒适，目前已营业了6个月。午餐生意兴隆，但希望扩大晚餐的营业，酒店老板付不起昂贵的广告费，只能拿出10 000元的费用。请同学们结合本地的实际情况，了解两家类似酒店的营销状况，为酒店搞一个营销策划来开展新的业务。

设计要求：

（1）调查两家类似酒店的营销状况，分析其营销状况。

（2）分组讨论：如果你是策划人你如何创意该方案？

（3）各组形成营销策划方案。

（4）派代表到讲台前陈述本组的方案。

（5）教师对各组方案进行点评。

实训题二

抗感冒药零售促销策划

1. 实训项目：抗感冒药零售促销策划

2. 实训目的：通过对零售药市场调查和分析，明确促销策划的方式和步骤，进一步掌握促销策划的程序与方法。

3. 实训组织：根据班组实际情况，要求学生每家至少访问一名营业人员，获取有效样本，调查每家药店销售的抗感冒药物的主要品种、价格水平、销售量及排序、消费特点、作用及效果。确定行动方案，撰写促销策划书。

4. 实训步骤：

（1）问卷调查进行市场状况分析。

（2）小组讨论，安排具体活动。

（3）确定行动方案。

（4）撰写促销策划书。

5. 实训考核：要求学生完成“抗感冒药零售促销策划方案”。

第八章
企业形象策划

【学习目标】

知识目标：

(1) 掌握企业形象策划的程序和基本原则。

(2) 掌握企业形象策划的调研技术与方案。

(3) 掌握企业形象策划的开发设计及其应用。

能力目标：

(1) 初步具备 MI——理念识别企划的能力。

(2) 初步具备 BI——行为识别企划的能力。

(3) 初步具备 VI——视觉识别企划的能力。

【本章的知识体系】

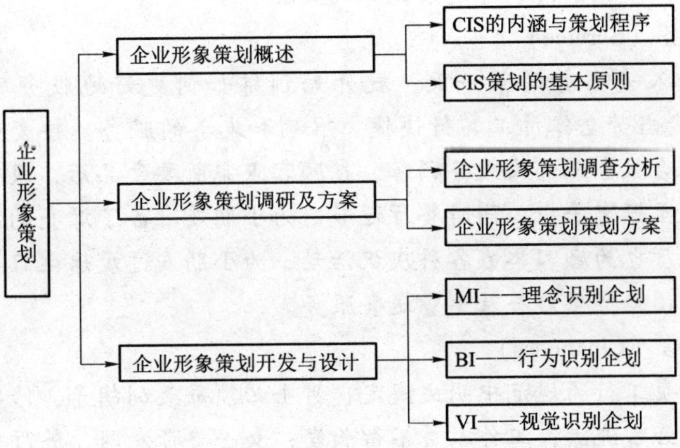

【引导案例】

北京麦当劳：CIS 战略策划

北京麦当劳食品有限公司是由北京农工商联合总公司与美国麦当劳公司合资经营的。目前在北京有60多家麦当劳餐厅，其中麦当劳王府井餐厅是世界上最大的麦当劳餐厅，设有700多个座位，于1992年4月23日隆重开业。

麦当劳在中国的餐厅目前都经营得非常红火，黄金双拱门“M”、巨无霸汉堡、麦当劳叔叔等标志深入人心，麦当劳小饰品到处飘洒。

麦当劳之所以能一炮打响、享誉京城，一方面在于其战略位置选择在中国第一商业街王府井大街的入口，另一方面在于其深层原因CIS战略策划。

一、经营理念——品质（Q）、服务（S）、清洁（C）、价值（V）

麦当劳公司创始人雷·克罗克在麦当劳创立初期，就设定了麦当劳经营的四信条，即：向顾客提供高品质的产品；快速、准确、友善的服务；清洁幽雅的环境；做到物有所值。麦当劳几十年恪守“Q、S、C、V”四信念，并持之以恒地落实到每一项具体的工作和职工行为中去。

（一）品质（Quality）

北京麦当劳95%以上的产品在当地采购，但这要经过4～5年的试验。例如，1984年麦当劳的马铃薯供应商就派出专家来到中国，考察了黑龙江、内蒙古、河北、山西、甘肃等地的上百种马铃薯，最后在承德围场培育出达到麦当劳标准的马铃薯。麦当劳对原料的标准要求极高，面包不圆和切口不平不用；奶浆接货温度要在41摄氏度以下，高1摄氏度就退货；单是一片小小的牛肉饼就要经过40多项质量控制检查。任何原材料都有保存期，生菜从冷藏库到拿到配料台上只有2小时的保鲜期，过时就扔掉，炸薯条超过7分钟、汉堡包超过10分钟就扔掉，这些被扔掉的食品并不是变质不能食用，只是麦当劳对顾客的承诺是：永远让顾客享受品质最新鲜、味道最纯正的食品。

（二）服务（Service）

从员工进入麦当劳的第一天，就开始训练如何更好地服务顾客，使顾客100%满意。麦当劳全体员工实行快捷、准确和友善的服务。按麦当劳标准，员工必须按照柜台服务三部曲服务顾客，在顾客点完所要食品后，服务员在一分钟之内将食品送至顾客手中，同时餐厅还专门为小朋友准备了漂亮的高脚椅和精美的小礼物。餐厅也为顾客举办各种庆祝活动，为小朋友过欢乐生日会和安排免费店内参观，为团体提供订餐及免费送餐服务。

（三）清洁（Cleanness）

麦当劳对员工行为规范中明文规定：男士必须每天刮胡子，修指甲，随时保持口腔清洁，经常洗澡，工作人员不留长发；女士要带发网，餐厅内不许出售香烟和报纸，器具全是不锈钢的；顾客一走便要清理桌面，凡是丢落在客人脚下的纸片要马上捡起来；上岗操作必须严格洗手消毒，用洗手槽的温水把手淋温并使用麦当劳杀菌洗手液，刷洗手指间和指甲，两手一起搓至少20分钟，彻底清洗后再用烘干机把手烘干；手在接触头发、制服及其他任何东西后，都要重新洗手消毒；各个岗位的员工都不停地用消毒抹布和其他工具清洁，以保证麦当劳餐厅里里外外整洁干净；所有餐盘、机器都会在打烊后彻底拆洗，清洁消毒。

（四）价值（Value）

麦当劳食品不仅质量高，而且营养也是经科学计算后配比的。营养丰富，价格合理，让顾客在清洁、愉快的环境里享受快捷、营养丰富的美食，这就是“物有所值”。

二、行为规范

为了保证麦当劳餐厅的“Q、S、C、V”，麦当劳把每项工作都标准化，即“小到洗手有程序，大到管理有手册”。

（一）Q&T manual

即麦当劳营运训练手册。麦当劳营运训练手册详细说明麦当劳政策、餐厅各项工作程序、步骤和方法。30年来，麦当劳系统不断丰富和完善营运训练手册，使它成为指导麦当劳系统运转的“圣经”。

（二）SOC

即岗位工作检查表。麦当劳把餐厅服务组的工作分成20多个工作站，例如煎肉、烘色、调理、品管、大堂等，每个工作站都有一套“SOC”，即Station，Observation，Checklist。SOC详细说明在工作站时应事先准备和检查的项目、操作步骤、岗位第二职责、岗位注意事项等，员工进入麦当劳后将逐步学习各个工作站。通过各个工作站后，表现突出的员工将会晋升为训练员，由训练员训练新员工，训练员中表现好的就会晋升到管理组。

（三）Pocket Guide

即袖珍品质参考手册。麦当劳管理人员人手一册，手册中详细说明各种半成品接货温度、制作时间、原料配比、保存期等与产品品质有关的各种数据。

（四）MDP

即麦当劳系统专门为餐厅经理设计的一套管理发展手册。MDP管理发展手册一共四册，手册采用单元式结构，循序渐进。管理发展手册中既介绍各种麦当劳管理方法，也布置大量作业，让学员阅读营运训练手册和实践。与管理发展手册相配合的还有一套经理训练课程，如基本营运课程、机器课程、高级营运课程。餐厅第一副经理在完成管理发展手册第三册后，有机会被送到美国麦当劳总部的汉堡包大学学习高级营运课程。高一级经理将对下一级经理员工实行一对一的训练。通过这样系统的训练，麦当劳的经营理念和行为规范就深深地渗透到了麦当劳员工的行为之中。

三、识别标志——金黄色双拱门“M”

麦当劳取其英文名称的第一个字母M作为其标志。标准色采用金黄色，标志采用寓意和象征图形相结合的方法，M是公司英文名称的第一个字母，又设计成象征双扇打开的黄金双拱门，表示着欢乐与美味，象征着麦当劳凭“Q、S、C、V”像磁石一般不断地把顾客吸三这座欢乐之门。

麦当劳叔叔则是麦当劳的吉祥物，象征着祥和友善，象征着麦当劳叔叔永远是大家的朋友和社区的一分子，他时刻都准备着为儿童和社区的发展贡献一份力量。

【引例分析】

上述案例中北京麦当劳 CIS 战略的成功表明，对于企业的市场营销策划来讲，不仅需要有竞争力的产品和服务，有吸引力的价格和建立通畅的销售渠道，还需要得到消费者的认可。那么如何获得消费者的认可，怎么在消费者心中树立起良好的企业形象是其关键。

第一节 企业形象策划概述

现在的市场竞争，首先是形象的竞争，企业形象（Corporate Image）是企业的综合素质、整体实力和社会表现在社会公众中获得的认知和评价。为了统一和提升企业的形象力，使企业形象表现出符合社会价值观要求的一面，企业就必须进行其形象管理和形象设计。

企业形象战略策划即 CIS 导入。企业形象战略策划，重点是进行企业形象设计，又称企业识别，简称 CIS。所谓企业识别即一个企业区别于其他企业的标志和特征，它是企业在社会公众心目中占据的特定位置和确立的形象。企业形象战略策划主要包括：CIS 策划的程序及原则，企业实态调查与方案制定以及企业形象的设计开发。

一、CIS 的内涵与策划程序

（一）CIS 的内涵

CIS 是个整体系统，它由 MIS、BIS、VIS 三个子系统组成，这三个子系统的内涵分别是：MIS 理念识别系统；BIS 行为识别系统；VIS 视觉识别系统。三个子系统有机结合在一起，相互作用，共同塑造具有特色的企业的形象。

企业的理念识别系统（MIS）包括企业的经营方向、经营思想、经营作风、进取精神和风险意识等。企业的理念识别系统是 CIS 的灵魂，它是最高决策层次，是导入企业识别系统的原动力。企业的行为识别系统（BIS）包括对内行为与对外行为。对内行为主要指干部教育、员工培训、生活福利、工作环境、内部修缮、研究发展、环境保持等管理活动，对外行为主要指市场调查、产品开发、公关活动、股市对策、公益性资助、文化性赞助等，表现为动态识别形式。企业的视觉识别系统（VIS）包括企业的物质设备形象如厂房、办公楼、仓库、设备、企业标志、建筑物式样、外部装修、色彩搭配、环境绿化与美化、内部装饰格调等；企业员工形象、产品质量形象及品牌包装形象等。表现为静态识别符号，是具体化、视觉化的传达形式，项目最多，层面最广。

MIS、BIS、VIS 三个子系统构成 CIS 系统。企业导入 CIS，实施 CIS 战略，即是通过现代设计理论结合企业管理系统理论的整体动作，把企业经营管理和企业精神文化传达给社会及公众，从而达到塑造企业的个性、显示企业的精神、使社会及公众产生认同感、在市场竞争中谋取有利的地位和有效空间的一种总体设计与策划。

(二) CIS 策划的程序

CIS 策划程序是指从调查分析到执行实施、反馈评估全过程的先后次序和具体步骤，是企业具有一定规模的一项正式的活动。其主要作业划分为五个阶段，即企业实态调查阶段、形象概念确立阶段、设计作业展开阶段、完成与导入阶段和监督与评估阶段。这五个阶段的规划囊括了 CIS 策划的主要内容和程序，是一个相互接洽的过程，每个阶段都有其特定任务和工作重点。

CIS 设计规划与实施导入是一种循序渐进的计划性作业，其作业流程大约为下列五个阶段：

1. 企业实态调查阶段

把握公司的现况、外界认知和设计现况，并从中确认企业实际给人的形象认知状况。

2. 形象概念确立阶段

以调查结果为基础，分析企业内部、外界认知、市场环境及各种设计系统的问题，来拟定公司的定位与应有形象的基本概念，作为 CIS 设计规划的原则依据。

3. 设计作业展开阶段

根据企业的基本形象概念，转变成具体可见的信息符号。并经过精致作业与测试调查，确定完整并符合企业的识别系统。

4. 完成与导入阶段

重点在于排定导入实施项目的优先顺序、策划企业的广告活动以及筹组 CIS 执行小组和管理系统。并将设计规划完成的识别系统制成标准化、规格化的手册或文件。

5. 监督与评估阶段

CIS 的设计规划仅是前置性的计划，如何落实建立企业形象，必须时常监督评估，以确保符合原设定的企业形象概念，如发现原有的设计规划缺陷处，应进行修正。

二、CIS 策划的基本原则

（一）战略性原则

CIS 战略策划是创造企业优势、产品优势和竞争优势，以便全方位推出形象系统的新战略，是一项科学调控各种有效资源的系统工程。因此 CIS 绝不仅仅是设计上的变更或者企业名称的更改，而应该把它提高到企业存亡、经济兴衰的高度上看待。例如，英国 ICI 公司收购了一家新公司后，公司经营向多角化方向发展，原有的标志已不能符合公司要求，于是公司决定用 100 万英镑对呈波浪状的公司标志进行修改，使之能更好地代表公司新的形象。对此，公司的决策者认为："与其说 ICI 公司的标志是一个难以名状的混合物，倒不如说它将公司一系列相互分离的各个部门表现为一个总的公司。重新设计系统标志是为了将所收购的公司融入原来的公司结构中，这是一种新的设计类型，一项要在 150 个国家内执行的战略。"

（二）民族化原则

CIS 战略策划既是一种经济的产物，又是一种文化的成果。文化都植根于不同民族的土壤。如果我们要策划设计出具有民族化的 CIS 战略，必须对中西民族文化有一个比较深入的分析和了解。

美国的 CIS 强调理性、个体性，偏重于制度建设。日本的 CIS 强调情，强调和谐性，偏重于理念建设。中国在 CIS 策划设计方面刚刚起步，但中国的 CIS 策划设计有五千年民族文化作基础，相信在 21 世纪，一定会有具备中国民族特色的 CIS 优秀之作进入世界 CIS 之林。

（三）个性化原则

日本著名 CIS 设计专家申西元男说："CIS 的要点就是要创造企业个性。"企业形象策划就是企业个性的定位。定位就是在消费者的心中寻找空隙和位置，目的是在此位置上建立有个性的优秀企业形象。定位是 CIS 的出发点，是塑造企业形象的第一步。

企业在理念的设计上应有自己独特的风格，能鲜明地把本企业的理念与其他企业的理念区别开来。例如，同是汽车企业的丰田公司和日产公司，前者的企业形象口号是以生产大众喜爱的汽车为目标，突出迎合大众口味的形象；而后者的企业形象口号是创造人与汽车的明天，它强调的是不断技术创新的形象。

企业的标志、名称、品牌、招牌、装饰等也要有自己的特色，体现出自己鲜明的个性，这样才能在千千万万个企业中脱颖而出，增强公众记忆度和企业的知名度。麦当劳金黄色的弧形门、太阳神以人托起的一轮红日、可口可乐的红色波浪，这些独具个性魅力的商标把自己与其他企业鲜明地区别开来，给公众留下过目不忘的印象。

个性化原则还包括企业形象的设计简洁明了、易于记忆、生动形象等。例如，常州打火机厂在企业形象的设计中以广告语“送给你的是友谊，打出来的是希望”使产品占领了市场，获得了可观的经济效益。

（四）系统化原则

CIS 是一个系统工程，它是包括 MI、BI 和 VI 的整体企业识别系统。三者内聚外化，有机结合，相互作用，共同塑造富有个性的企业形象。也就是说，它是将企业的经营理念与企业文化透过具体可感的视觉符号传达到企业外部的各种社会公益活动中，塑造出个性鲜明的优秀企业形象，对内产生凝聚力和激励力，对外提高企业的知名度和认同感。因此，在 CIS 的策划设计中一定不能将其进行割裂和肢解，要克服重形式轻内容、重设计轻传播的 CIS 策划形式。CIS 是一个复杂的系统工程，是多种专业知识的融会与贯通，需要各类专家和专业人才的通力合作，需要专家与企业决策者的密切配合才能完成这一巨大系统工程，单凭某一专家或某一广告公司、设计公司的力量是难以胜任的。

（五）创新性原则

CIS 的策划、设计有新鲜、奇特、超群、别致的创意，具有新意和独特性。美国设计界有这样一条原则：不允许模仿他人的设计，要不断地创新。有生命力的 CIS 策划与设计往往和“新”字分不开，只有意境新、形式新、构思新的策划和设计才能打动人、吸引人，使人过目不忘，留下深刻的印象。

首先，以视觉传达设计为例。例如，太阳神以鲜红圆日下屹立一个乌黑人形的图案，体现出健康、向上、以人为本、不甘现状、奋力开拓的整体形象。又如，可口可乐以红色背景衬托白色花体字母组合，横穿一条波浪形线带，宛如一艘白色巨轮在红色海洋破浪前进，产生挡不住的冲击和震荡。这些图案形象醒目，设计新颖，令人耳目一新。其次，创新不仅体现在视觉符号系统上，也要体现在理念识别系统和行为识别系统上。

（六）可操作性原则

企业理念是一种意识，一种经营战略，即指企业的经营宗旨、经营方针和价值观。它是企业的灵魂，是企业运行的依据，具有导向力、凝聚力、激励力、辐射力。它不是一般的抽象思维的哲学，也不是一种宏观的世界观和方法论，它必须切合 CIS 的实践并便于操作。

CIS 的可操作性还体现在企业理念系统应该有行为系统做保障上。一些企业虽然拟定了企业理念却没有具体规划行为系统，造成理念成为时髦空洞的口号。如某商场提出的“××商场，购物天堂”就违背了可操作性的原则。

CIS 具有极强的可操作性，还表现在它不仅需要内部职工的参与和认同，而且需要通过沟通系统将企业经营理念、企业文化和企业经营活动推向社会，让更多的社会公众认同，否则，企业的 CIS 战略就很难在公众中建立起良好的形象。

第二节　企业形象策划调研及方案

【引导案例】

剑南春（糖酒会）形象策划案

已有46年历史的中国糖酒商品交易会，目前已经成为国内最重要的交易会之一。随着市场经济的逐步完善，糖酒会无论从内容上还是形式上都发生了巨大的变化：过去企业参加糖酒会的主要目的是为了签订单。如今的糖酒会，企业除了签订单的目的之外，进行企业形象展示也成为企业参展的另一个重要目的，这是因为每年两次的糖酒会集中了全国主要客商，是企业展示自身形象的最佳时机。在短短的几天时间里，展示企业形象除了可能更好地完成订货任务外，还能够大大提高产品的知名度和美誉度，给来自全国的客商留下深刻印象。如何更好地展示企业形象并将企业文化融入到展示的形象中呢？实施完美出新的策划是达到目的最重要的手段。

在全国秋季石家庄糖酒会上，四川的剑南春集团高达10米的企业形象展示模型“贵妃醉酒”成为糖酒会的亮点，赢得了众多经销商对剑南春酒的青睐，并签下了15亿元的订单。此次剑南春的糖酒会形象策划方案由深圳金必得名牌推广中心策划实施，他们的策划不仅在糖酒会众多的形象展示中赢得头彩，而且还巧妙将剑南春的传统文化内涵表现得淋漓尽致。

一、背景：三大一小

糖酒会因其规模大、效果显著，因而被国内行业参会代表誉为“天下第一会”。糖酒会有“三大一高”的特点。

★ 规模大。参会企业达数千家，参展商品达数万种，参会代表最多时突破十万人，展场面积突破六万平方米，成交额一般在一百亿元人民币左右。

★ 作用大。中国糖业酒类集团公司组织各省市糖酒公司作为糖酒会的固定成员参会，这一完整的糖酒经销网络对于糖酒食品生产企业具有很大的吸引力。参加糖酒会不仅对生产企业销售产品、购买原料等具有事半功倍的良好作用。短短几天展会，对于了解行情、认识市场把握方向也有十分显著的成效。

★ 影响大。“民以食为天”，糖酒会上交易的商品很多都是日常消费品，糖酒会的交易活动将直接影响到广大人民群众的日常生活。其成效不仅影响商贸业而且也影响着数量庞大的食品加工业。近几年来，糖酒会已形成多种经济成分竞相参会的格局，特别是境外客商逐渐增多，全国糖酒商品交易会已显露出国际食品博览会的雏形。

★ 信誉高。糖酒会历史悠久，其前身为全国糖酒商品供应会，是以分配计划商品为主的系统内专业性行业会议。商业部在每年春秋两季召集全国糖酒系统一二级和大中城市主营公司，进行计划商品分配和对部分三类商品进行调剂，其权威性和信誉显而易见。到1984年自上而下的分配式供应会变为开放式交易会，在商业部（后来的国内贸易部）和承办城市的政府的精心组织、管理下，糖酒会越办越好，已逐渐发展成为以糖酒商品为主的大型食品博览会，吸引了众多的国内外厂商竞相参会。

二、宣传：综合实力的体现

★ 糖酒会有着一种不可抗拒的诱惑力，令广大食品企业由衷感叹：可以不参加其他交易会，但不能不参加全国糖酒交易会。但要取得实际的参会成效，企业就不能不对糖酒会中的广告宣传进行解剖和分析，弄清楚广告宣传在糖酒会中的地位和作用，制定出切合实际、行之有效的广告宣传策略及方案，确保参会目标的实现。

★ 糖酒会期间，会场内成了条幅与气球的海洋；展厅设计与装修别出心裁，力求充分展示产品的个性和企业的实力，礼仪小姐花枝招展，充气模型争奇斗艳；而场外的主要街道和建筑物，则成了糖酒会广告宣传的发布媒体；广告彩旗飘扬数十里，可以说，凡是能够被参会代表看到的地方都被参会企业和广告宣传经营者挖空心思地利用起来了。

★ 对于生产企业而言，参加糖酒会最直接的目标，就是开拓和建设全国的销售网络，而糖酒会中的广告宣传就是为这个目标服务的，一年春秋两届的糖酒会是糖酒行业的盛大节日，规模最大时参会单位上万家，参会代表超过十万人，要在会期几天时间里脱颖而出，建立拓展销售渠道，没有广告宣传的支撑和帮助，是根本无法实现的。在糖酒会上做广告，就等于在全国的经销商面前做广告，而糖酒会广告宣传的目的和作用，就是告诉经销商企业的实力、产品的特性、经销的政策等。

★ 如今的糖酒会，已经演变成各企业间综合实力的展示会，产品的竞争更是一种综合实力的角逐，而一定规模的广告宣传本身就是企业实力的体现。这时的广告宣传，不仅仅是实现销售这一目标的手段，而且是展示自身形象的手段。有实力，企业就有广阔的发展前景；企业有前景，就能对经销商产生强大的吸引力，就能在经销商中树立信心。

三、策划：找到市场和文化的结合点

★ 深圳金必得名牌策划推广中心认为在展会上取胜必须要做到两点：一、

必须占领展会的制高点，由于剑南春集团是国内同行业中名列前茅的企业，所以一定要以突出的广告宣传形象夺取客商的注意力；二、在实施的策划中，要体现出剑南春酒的文化内涵，必须找准剑南春文化与市场的最佳结合点。

★ 剑南春，在唐朝就因是宫廷御用酒而成为酒中翘楚。放眼当今白酒行业，剑南春品牌亦是驰誉中外，盛名远播。如何展现剑南春“唐时宫廷酒”的文化内涵就成了铸造“今日剑南春”的关键之处。

★ 经过金必得总裁沈清的深思熟虑，认为“气若花郁、色似檀霞、状如琼浆、香若清露”的剑南春酒，必会使人想起盛唐文明，继而，又会让人联想起“回眸一笑百媚生”的杨贵妃，“贵妃醉酒”是中国人都熟知的故事，用贵妃醉酒来表现剑南春是最合适的了。

★ 糖酒会开幕的时候，身高10米，立于莲花宝座，发髻高挽，绫罗披身，面含春色的杨贵妃一手托着剑南春酒，一手持“唐时宫廷酒，今日剑南春”的条幅，迎风而立，出现在了千万消费者和几十万经销商的面前。

★ 莲花台下，10位身着唐装的专业乐师，演奏着古筝、洞箫、琵琶、笛子等民族乐器，悠扬的唐乐、唐曲仿佛把人们带进了盛唐宫廷之中，感受着剑南玉液，浓香四溢，醉倒皇妃的场景。

四、效果：五大亮点和15亿元订单

★ 亮点一：理念把握，诉求策略制定准确。剑南春集团以白酒为本，白酒以文化为根，策划展现了剑南春酒的文化内涵。

★ 亮点二：形象定位，诉求表现完美。品牌表现必须与“唐时宫廷酒，今日剑南春”的口号相辅相成，否则就会给人以“挂羊头卖狗肉”的错觉，如果形象表现力不够，又不免会落入俗套。表现形象稍有不适，卖点就会黯然失色。

★ 亮点三：展示物制作精良。有了好的策略和创意，如果没有精美的制作，也会失去魅力。

★ 亮点四：品牌推广的延续性。当贵妃醉酒成为亮点的时候，剑南春的品牌影响力已在糖酒会上表现得淋漓尽致，为了让其威力不减，金必得公司充分运用强大的媒体网络传播系统，在石家庄世纪饭店为剑南春集团举行了高规格、大影响的新闻发布会。

★ 亮点五：主会场唯一的动感形象。创意如果只能把握准确度是远远不够的，唯有奇、唯有特才能放射思想的光芒。进行品牌推广，就是要赋予品牌生命力。

人们对贵妃醉酒形象的赞誉，几十万经销商对剑南春酒的青睐，使剑南春集团一举卷走15亿元订单。再创全国糖酒会订单的新高。漠漠张辉点评：一般顾客的消费心理可以分为七个阶段：引起注意，产生兴趣，产生联想，产生欲望，作比较，确信，最后决定购买。以上所列出的是一般顾客在购买商品过程中，消费心理所产生的变化。而在实际购买中，各个心理变化阶段并不一定完全表现出来，如有的顾客可能一看见商品就决定购买，似乎不存在中间过程，实际上这只是心理变化阶段由于持续时间过短而近似于被忽略的假象，其实在购买中仍然存在着心理变化的七个阶段。案例中的剑南春酒就是一个典型的例子。

在万商云集的糖酒会上，剑南春要引起注意，占领展会的制高点是首先要解决的问题。因为，糖酒会是个让人注意力太容易分散的地方，到处都是色彩斑斓的展示物，展示物不突出，客商的目光就会被别的东西拉走。接着，客商在看到能引起自己注意的展示物之后，能否让其产生兴趣，也是需要经过精心策划的，试想，如果直接将一瓶高10米的剑南春酒模型立在展位上，让人感兴趣的程度就不如“贵妃醉酒”高，因为“贵妃醉酒”能让人产生联想和欲望，联想的内容可能是传统的京剧或者其他的文艺节目，这个联想过程不需要培养，因为“贵妃醉酒”已经是一个人们耳熟能详的故事了。产生欲望是客商在目击这个动人的展示物后的直接反应，贵妃醉酒是一种醺然，一种华美，能让人产生陶醉的心理感受，而且由于传统习惯认为“酒越陈味越美”，所以人们会有在“今天”品尝“古代酒”的冲动。在作比较之后，确认剑南春不仅是名酒，而且是“古代酒”，继而产生购买欲望。

一、企业形象策划调查分析

调查与分析是企业形象即CIS策划的阶段，目的是要调查企业的现实形象，了解企业员工的思想状况，找出企业当前面临的课题，使CIS的主题明确化；要明确当前市场的状况，掌握本企业在行业中的地位，了解其他企业的形象，找准今后本企业在市场中的位置。调查与分析可以从以下几方面着手。

（一）企业现状调查

调查的第一步作业，是展开“企业现状调查”，调查最主要的内容大致有下列几个要点：

（1）社会大众对公司的印象如何？

（2）社会大众对公司形象的评估，是否与公司的市场占有率相符合？

（3）和其他同行业的活动比较起来，公司的企业形象中最重要的项目是什么？

（4）哪些地区对公司的评价好？哪些地区的评价不好？理由是什么？

（5）和公司保持往来的相关企业，最希望公司提供的服务是什么？对公司的活动有何意见？

（6）公司的企业形象有何缺点？未来应塑造出何种形象？

（7）公司目前的市场竞争力是什么？

（8）公司对外界发送的情报项目中，在信息传递方面最有利的是什么？

(9) 公司的高级主管对公司未来的发展有何计划？目的是什么？

对于企业目前的现状调查工作，可从企业内部与外部两方面着手。

有关企业内部的调查工作，包括企业的经营理念、营运方针、产品开发策略、组织结构、员工调查、现有企业形象等，都需要逐一加以检讨、研判、分析，整理出企业经营的理想定位。再由外部方面进行调查。企业内部调查的重点，主要是和高阶层主管人员的沟通，应以相互信赖和共同发掘问题为基础，将企业经营的现状、内部的组织、营运的方向等正面问题深入检讨，将开发设计导入正确的方向。

方向确定，才能针对现有的缺失，开发完整的规划作业——从如何设定企业经营的目标、战略的设计和形象的表现等方面，来创造对企业本身有利的环境。

内部员工的认知，也是调查作业的工作重点之一。因为员工的忠诚度、归属感、向心力等意志的贯彻与否，足以决定企业经营的成败。

员工对于内部作业环境、待遇福利、作业流程、管理体制等问题的反映与看法，也是开发新 CIS 的最佳参考资料。因此，进行企业实态调查的工作，必须包括和公司最为密切的员工。

对外方面，有关消费市场与特定对象的分析研究，尤其是竞争厂商情报的收集与分析，是开发作业前调查工作的重要方面。

首先，必须寻找出消费者对于企业现有的产品与服务，具有何种程度的印象；然后再来依照市场需求与未来走向设定相应的战略，并兼顾竞争企业的经营战略和形象定位，分析研判其相关经营问题点，采取相应的措施，创造有利的经营环境。

调查工作是否完善、明确，是决定 CIS 成败的关键。因此凡是想要引进 CIS 的企业，应先组织优良的调查系统，再根据调查结果进行设计开发作业，确立施行方针。

(1) 企业外部调查。即来自社会公众以及市场方面的信息调查。社会公众对企业的印象如何、社会公众对企业形象的基本估价、这一形象是否与企业的市场占有率相符合、本企业形象最重要的项目是什么、企业形象在不同地区有哪些不同、企业形象存在哪些缺点、应塑造什么样的形象，这些都是需要了解的。除此以外，还要了解企业目前的市场竞争力如何，有关方面最希望本企业提供的服务是什么，企业对外信息传递中最有利的是什么，等等。

(2) 企业内部调查。这方面的信息包括企业的经营理念、经营方针、产品开发、组织结构等内容，还有员工的认知，员工对于内部作业环境、作业流程、管理体制、福利待遇等方面的感受、建议和要求，都是 CIS 策划的重要参考资料。

（二）企业形象调查

塑造良好的企业形象，是CIS作业的主要任务之一。但在展开作业前，必须了解对本公司而言，什么样的企业形象才是“良好”的？而形成信赖感和好感的具体因素又是什么？

我们可以将构成企业形象的因素归纳为下列七种：

（1）市场形象。认真考虑消费者问题，对顾客的服务很周到，善于宣传广告，销售网相当完善，国际竞争力强。

（2）外观形象。信赖感强，稳定性高，有优良传统，企业规模大。

（3）技术形象。研究开发能力很强，技术优良，对新产品的开发很热心。

（4）未来形象。合乎时代潮流，积极性，未来性。

（5）经营者形象。经营者很优秀，有魅力。

（6）公司风气形象。具有健康清洁的形象，具有现代感，公司风气良好，员工和蔼可亲有礼貌。

（7）综合形象。一流的企业，希望子女在此公司任职，想购买此公司的股票。

（三）企业现状分析

在调查的基础上，应充分利用所取得的资料进行深入的分析，通过分析对企业形象进行定位，以明确今后的方向。

（1）理念分析。现有的企业价值观、经营方针还有哪些方面需要改进，以进一步符合社会公众的要求，为企业的发展提供观念上的动力。

（2）经营分析。企业的财务状况、市场占有率和产品竞争力状况如何，企业的现有地位是否和应有地位一致。

（3）企业形象。企业员工和社会公众对本企业形象的认知程度。企业形象是清晰的还是模糊的。若是前者，还需要加强哪些方面；若是后者，应通过何种途径使其清晰化。

（4）传播状况。企业向社会传播信息的方式和方法是否合理、有效，应采用何种方式方法才能更好地展示企业的形象。

（四）企业形象“定位”

首先，企业应先确认自身在社会分工的体制中所扮演的角色，然后再将角色内容广泛地让一般民众了解。透过企业讯息的传递活动，大众才获得“某某企业是属于某一种行业的企业”的形象，之后就自然地会以此种企业形象来设定自己的行动。

企业形象模糊不明的公司，一般人也就无法了解它对社会有何功用，发展自然受到局限。

如何将企业加以定位呢？一般的经营者可能会用演绎法来解决这一问题。其实，直接观察竞争市场而做出归纳性的决定，也是一种很合理的方法。理由之一是：大多数的企业并未建立起明确的形象；第二个理由是：根据归纳法导引出形象战略的方向，能使企业更了解自身应以技术或外观或规模等形象，作为日后加强的目标。

到目前为止所整理出来的调查报告，可以归纳成下列两种报告：其一是资料明细报告，这是调查小组所做的第一次报告，说明各个调查的明细资料，当然也包括小组间的比较资料。另外一项是以明确报告为基准的调查概略报告，概要列出调查种类、提出简单结论的资料。

二、企业形象策划方案

编写 CIS 策划方案是企业实施 CIS 的关键一环。策划方案包括以下三部分主要内容。

（一）总概念报告

总概念报告是有关 CIS 的总体思考，它是依据调查分析的结果，重新评估企业的经营理念和经营战略，形成 CIS 的方针，并作为未来管理工作方向的一系列构思。总概念报告是对企业最高领导者的建议书，其主要内容包括企业现状调查分析的要点，CIS 活动的指针和建议，企业未来应有的作风、经营理念、形象、活动领域等重要的 CIS 概念，切合实际的可行做法，以及 CIS 的设计开发要领。

（二）策划案具体内容

策划案具体内容是在总概念报告基础上，详细勾画 CIS 的具体蓝图。其主要内容包括八个部分：

（1）标题。

（2）实施策划案的目的。

（3）引进 CIS 的理由和背景。

（4）CIS 计划的方针。

（5）实施计划。

（6）具体实施细则。

（7）计划的推动、组织和协办。

（8）所需费用和时间。

其中第二和第三部分是重点，一定要说明清楚，因为它可能决定 CIS 的运作方向。

（三）执行工作大纲

良好的企业形象不是一朝一夕就能塑造出来的，它需要长时间日积月累的培育才能形成。在执行工作大纲中，应确定明确的主题以及CIS的实施范围，拟定具体实施活动、实施办法、实施时间表，预算整个活动所需经费，包括调查费用和企划费用、设计开发费用、实施和管理费用以及其他费用。一些著名企业从升华企业总体形象、提高企业整体竞争力、对内外公众辐射巨大吸引力的长远考虑出发，曾花费巨资用于CIS。如IBM公司、可口可乐公司、松下公司等，都不惜以数百万元的巨资征集方案，进行设计。这些成功的设计也为公司创造了更加丰厚的无形资产。

第三节　企业形象策划开发与设计

【引导案例】

太阳神集团的CIS

广东太阳神集团的前身是广东省东莞黄岗保健饮料厂，生产生物保健口服液“万事达”。1988年，该企业全面导入CIS，从而成为我国最早导入CIS并获得成功的企业。

导入CIS以后，企业更名为太阳神集团，并将产品名称和商标名称与公司名称统一起来。以古希腊神话主宰光明的大力神APOLLO——“太阳神”命名，使人们自然而然地对该公司产品（保健饮料）的品质和公司的经营理念产生了良好的联想。

公司的徽标是红色的圆形下接黑色的三角形（呈上放置），圆形代表着太阳（古代篆书文字——“日”字的造型），呈上放置的三角形既是汉字“人”字的造型，也是APOLLO首写字母的造型。

“红彤彤的太阳下，站立着一位顶天立地的巨人，温暖、向上的太阳，给人以强劲的力量”——整个设计传达了该公司以人为中心的经营理念和追求卓越、不断进取的企业精神。

同时，公司开展了一系列并不直接宣传企业产品的广告宣传运动：在报纸上刊登整版广告，宣传太阳神的企业标志和标准字的组合；在电视广告中，配合画面上的企业形象，还设计了以“红太阳升起的时候，让我们天长地久”为主题的企业歌曲。

公司还开展了一系列的公共关系活动：赞助征战奥运会的中国体育健儿，表明“太阳神”具有增强体魄的作用；制订实施了助学计划，体现了对贫困大学生的人文关怀，等等。

导入CIS以后，太阳神集团得到了飞速发展，1990年的产值由20世纪80年代的520万元上升至4 000万元，1991年攀升到8亿元，1992年达到12亿元。太阳神集团创造了90年代初中国企业的辉煌。

【引例分析】

对于太阳神集团CIS，首先分析其构成要素有哪些，然后，再结合太阳神集团案例，先从VI系统入手，再分析BI系统，太阳神集团所开展的一系列活动，然后说明三者的关系，即VI、BI是如何体现MI的。

我们将从CIS的三要素，即MI——理念识别、BI——行为识别、VI——视觉识别，重点阐述企业形象的开发设计。

一、MI——理念识别企划

（一）理念识别的含义与内容

理念识别是企业识别系统的核心。这不仅是企业经营的宗旨与方针，还应包括一种鲜明的文化价值观。对外它是企业识别的尺度，对内是企业内在的凝聚力。系统的CIS工程，从理念识别开始，不管在理论结构还是操作程序上，它都是一个起点。

一个企业的理念识别系统包括企业使命、经营哲学、行为准则和活动领域四项。

（1）企业使命。企业使命是指企业依据什么样的社会使命进行活动的基本原则。

（2）经营哲学。经营哲学是指企业依据什么样的思想来经营的基本政策和价值观。

（3）行为准则。行为准则是指企业内部员工应怎样活动，表达了员工应当具备的基本心理和活动状态。所以作为企业员工的行为规范涉及的主要是企业内部的问题。

（4）活动领域。活动领域是指企业应在何种技术范围内或者在何种商品领域中开展活动。

（二）理念识别的定位与应用

1. 企业理念的定位模式

CIS企业形象战略追求企业形象差异性的效果，即独特企业形象的塑造。而企业差异性首先来自企业理念的个性化，企业不同理念决定了企业不同的形象定位。其模式主要有如下几类：

（1）目标导向型。用精练、概括的用语提纲挈领地反映企业追求的精神境界和经营战略目标。它们的目标十分广泛。例如，宝山钢铁（集团）公司创造新的文明；美国劳斯公司为人类创造最佳环境。

（2）团结创新型。用简洁、精练、概括的用语反映企业团结奋斗的优良传统以及拼搏、开拓、创新的团体精神和群体意识。它的主要目标是企业的内部公众。例如，上海大众汽车有限公司十年创业、十年树人、十年奉献；日本住友银行保持传统更有创新。

（3）产品质量、技术开发型。用简洁、精练、概括的用语突出强调企业名牌产品的质量或强调尖端技术的开发意识，以此来代表企业精神，展示企业形象，有效传达企业对社会的贡献。例如，上海英雄股份有限公司至尊"英雄"，卓越风范，赶超一流；日本卡西欧计算机公司"开发就是经营"等。

（4）市场营销型。它的目标是企业的外部公众，强调市场的覆盖和开拓，争创最佳的经济效益。例如，美国麦当劳公司认为顾客永远是最重要的，服务是无价的，公司是大家的；施乐伯进货公司价廉物美。

（5）优质服务型。它的主要目标也是企业的外部公众，它着重强调的是：顾客是上帝。

2. 企业理念的应用形式

（1）标语、口号。标语用于横幅、墙壁、标牌上，陈列于各处或四下张贴使员工随时可见，形成一种舆论气氛和精神氛围。口号使用生动有力、简洁明了的句子，呼之于口，便之激动人心，一呼百应。标语和口号表达方式可以是比喻式、故事式、品名式和人名式等。以下列举几家知名企业有代表性的标语、口号：

美国电话电报公司：普及的服务。

美国德尔塔航空公司：亲如一家。

台湾资通电脑：积极热诚、前瞻未来。

北京西单购物中心：热心、爱心、耐心、诚心。

广州白云山制药厂：爱厂、兴利、求实、进取。

（2）广告。企业理念一般比较稳定，而广告语可以根据不同时期、不同地域、不同环境加以灵活改变。例如，摩托罗拉的广告语"飞跃无限"；孔府家酒"叫人想家"；雀巢咖啡"味道好极了"，等等。

（3）企业歌曲。优秀的企业歌曲能够激起人们团结、奋进、向上的激情，聪明的企业家用音乐这一艺术形式向职工进行巧妙的灌输，向社会各界广泛宣传。美国IBM公司每个月唱《前进IBM》，日本声宝公司每天早晨齐唱《声宝企业颂》，松下公司每天要唱《松下之歌》，北京同仁堂集团、北京长城饭店也有自己企业的歌曲。

二、BI——行为识别企划

（一）行为识别的含义与内容

企业理念信息的传播主要通过两种媒介，一种是静态的视觉识别系统，一种是动态的行为识别系统。

行为识别是动态的识别系统，它规划企业内部的组织、管理、教育以及对社会的一切活动。它包括对内和对外两方面的行为。对内的行为包括：干部教育、员工教育（包括服务态度、应对技巧、电话礼貌及工作精神等）、工作环境、职工福利及研究发展项目。对外的行为包括：市场调查、产品推广、公共关系、促销活动、沟通对策及公益文化活动等。

分析 BI 的内容我们可以发现，BI 包括了企业中个人、群体乃至整个组织及外部环境相互作用而形成的全部行为和关系，带有明显的层次性。第一层是企业中的个体行为，包括员工的修养、专业技能、态度和动机等；第二层是整个企业的行为，包括决策行为、权力结构、沟通机制、组织发展和变革机制等；第三层是企业对外的公共关系、流通政策、公益活动等与环境间的互动行为。

（二）行为识别的传播与推广

1. 内部的传播与交流

贯彻 CIS 理念，建立行为识别制度，关键的一环是 CIS 意识的传播，即所谓内部的传播与交流。所以，无论大小企业，不管是内部通信、公告栏、板报、标语，还是广播、简报、企业报，都会有一个正规的传播媒介。除此之外，非正规的员工之间的私下小道消息传播也是不可忽略的。从某种意义上说，这种私下小道消息传播比正规形式的宣传对员工意识的作用更大，如何对其进行控制、引导，也是行为识别系统建设的一个重要内容。

“安内”才能“攘外”。美国施乐公司原董事长马库罗曾认为：“以设计来统一企业的形象，必须由最高经营阶层至基层员工彻底实施，内部统一之后，方能对外诉求。”所以，在企业向外传播 CIS 计划之前，首先要对企业内部的员工做一次完整的说明，使他们了解企业导入 CIS 的主旨。只有先搞好内部传播，才能充分调动广大员工的积极性、创造性，使他们支持并参与到实施 CIS 计划的行动中去，为塑造企业形象而努力工作。

对内部员工传播教育的主要方式有：CIS 说明书、幻灯片、公司汇报、CIS 消息、员工手册、海报、讲习会等公关活动。

2. 外部的推广与途径

BI 向外推广的途径与方法主要有：

（1）策划“新闻事件”。企业在 CIS 导入与推行过程中，结合 CIS 工程的总体计划主动联系媒体机构，策划一次以宣传企业形象为目的的有轰动效应的“新闻事件”，往往是一种理想的活动识别手段。活动识别就是借助一些有计划、有效的活动，广泛传播企业统一理念、价值观、精神风貌、品牌特色。“新闻事件”作为一种手段，具有集中、广泛的传播效果。

（2）广告活动。以塑造企业形象为直接目的的广告称为企业形象广告，旨在向社会宣传企业特征，表明企业对社会所负的责任和为社会做了些什么。如企业理念广告重在向社会传播企业的经营哲学、价值观念、传统风格和企业精神，使企业形象连同它的观念和口号深入到大众心中，对内产生凝聚力，对外产生感召力；社会责任广告重在显示企业对社会公共事务和公益事业的热情和关心，或以广告形式响应社会生活中某个重大热点主题，表示企业对社会生活的参与，或以企业名义率先发起某运动或提供某种有益的观念，这类广告使企业形象充满人情味和亲和感；企业礼仪广告在企业周年纪念或其他企业开张、创业周年纪念或重大节日之机，向公众和合作者表示感谢和祝贺，旨在联络和沟通感情，往往能收到好的效果。

（3）社区交往。按企业形象由近及远的传达规律，企业首先要与当地居民搞好关系。如何提高企业在其所在社区的形象呢？一般做法有：优先录用当地居民；积极参加防止公害、保护当地自然景观、文化等活动；参与地方开发；欢迎各种社团参观和了解企业的一般作业状况；积极参与当地重大经济决策或建设项目；设立消费者窗口和服务地方社会的部门；关心社区老人、儿童等。

（4）大型活动策划。一些企业通过策划大型活动来传达企业理念，宣传企业实力。在策划大型活动时，企业首先应注意确立企业的市场目标，针对目标顾客的需要和定位开展相关活动。

三、VI——视觉识别企划

（一）视觉识别的含义与内容

视觉识别系统（VI）是将企业的基本理念转化成系统化的视觉传达形式，塑造与企业经营理念、行为规范相一致的视觉形象。

理解 VI 应明确的几个问题：

（1）企业视觉识别应以 MI 为基础。

（2）企业视觉识别系统设计不是单纯的美术设计。

（3）VI 并非简单的视觉表现手段。

VI 的关键和基础性工作是将企业信息进行概括、提炼、抽象，将其转化为企业视觉设计符号；其次，VI 必须带有鲜明的个性特征；再次，成功的 VI 还在于选择合适的设计题材和造型要素，形成有生命力的设计系统，制定严格的管理措施和科学的媒体策略，并做有效、长期的传播。

企业视觉识别系统的基本要素为企业名称、企业标志、企业标准字、企业标准色、企业造型角色、企业象征图案、企业版面编排模式。视觉识别系统的应用要素从其传播的对象来看，有的是对内的，如办公用品、用具、内部报刊读物、会客洽谈用品等；有的是对外的，如票据类、符号类、交通工具类、促销广告类、大众传播广告类、商品包装类、出版物和印刷品等；有的既对内又对外，如证件类、服装和制服类、符号类等。

（二）企业视觉识别的内容

视觉识别包括基本要素和应用要素两个方面，它们之间的关系，我们用企业树的形式来表示，如图 8 -1 所示。

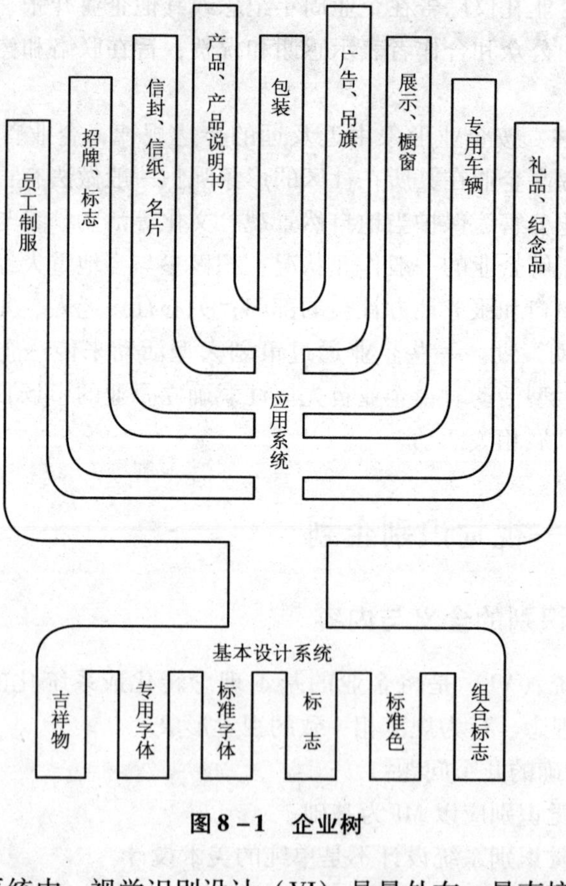

图 8 -1　企业树

在 CIS 设计系统中，视觉识别设计（VI）是最外在、最直接、最具有传播力和感染力的部分。VI 设计是将企业标志的基本要素，以强势方针及管理系统有效地展开，形成企业固有的视觉形象，是透过视觉符号的设计来传达精神与经营理念，有效地推广企业及其产品的知名度和形象的过程。因此，企业识别系统是以视觉识别系统为基础将企业识别的基本精神充分地体现出来，使企业产品名牌化，同时对推进产品进入市场起着直接的作用。VI 设计从视觉上表现了企业的经营理念和精神文化，从而形成独特的企业形象，其本身又具有形象的价值。

VI 设计各视觉要素的组合系统因企业的规模、产品内容而有不同的组合形式，通常最基本的是企业名称的标准字与标志等要素组成一组一组的单元，以配合各种不同的应用项目，各种视觉设计要素在各应用项目上的组合关系一经确定，就应严格地固定下来，以期达到通过统一性、系统化来加强视觉祈求力的作用。

1. 基本要素系统设计

VI 设计的基本要素系统严格规定了标志图形标识、中英文字体形、标准色彩、企业象征图案及其组合形式，从根本上规范了企业的视觉基本要素，基本要素系统是企业形象的核心部分。企业基本要素系统包括：企业名称、企业标志、企业标准字、标准色彩、象征图案、组合应用和企业标语口号等。

（1）企业名称。

企业名称与企业形象有着紧密的联系，是 CIS 设计的前提条件，企业名称的确定，必须要反映出企业的经营思想，体现企业理念；要有独特性，发音响亮并易识易读，注意谐音的含义，以避免引起不佳的联想。名字的文字要简洁明了，同时还要注意国际性，适应外国人的发音，以避免外语中的错误联想。在表现或暗示企业形象及商品的企业名称时，应与商标，尤其是与其代表的品牌相一致，也可将在市场上较有知名度的商品作为企业名称。企业名称的确定不仅要考虑传统性，还要具有时代的特色。

（2）企业标志。

企业标志是特定企业的象征与识别符号，是 CIS 设计系统的核心基础。企业标志是通过简练的造型、生动的形象来传达企业的理念的，具有内容、产品特性等信息。标志的设计不仅要具有强烈的视觉冲击力，而且要表达出独特的个性和时代感，必须广泛地适应各种媒体、各种材料及各种用品的制作，其表现形式可分为：① 图形表现（包括再现图形、象征图形、几何图形）；② 文字表现（包括中外文字和阿拉伯数字的组合）；③ 综合表现（包括图形与文字的结合应用）三个方面。企业标志要以固定不变的标准原型在 CIS 设计形态中应用，必须绘制出标准的比例图，并表达出标志的轮廓、线条、距离等精密的数值。其制图可采用方格标示法、比例标示法、多圆弧角度标示法，以便标志在放大或缩小时能精确地描绘和准确复制。

（3）企业的标准字体。

企业的标准字体包括中文、英文或其他文字字体，标准字体是根据企业名称、企业牌名和企业地址等来进行设计的。标准字体的选用要有明确的说明，要能直接传达企业、品牌的名称并强化企业形象和品牌祈求力。可根据使用方面的不同，采用企业的全称或简称来确定。字体的设计，要求字形正确、富于美感并易于识读，在字体的线条粗细处理和笔画结构上要尽量清晰简化和富有装饰感。在设计时要考虑字体与标志在组合时的协调统一，对字距和造型要作周密的规划，注意字体的系统性和延展性，以适应于各种媒体和不同材料的制作，适应于各种物品大小尺寸的应用。企业的标准字体的笔画、结构和字型的设计也可体现企业精神、经营理念和产品特性，其标准制图方法是将标准字配置在适宜的方格或斜格之中，并表明字体的高、宽尺寸和角度等位置关系。

（4）标准色彩。

企业的标准色彩是用来象征企业并应用在视觉识别设计中所有媒体上的制定色彩。透过色彩具有的知觉刺激于心理反应，可表现出企业的经营理念和产品特质，体现出企业属性和情感。标准色在视觉识别符号中具有强烈的识别效应。企业标准色的确定要根据企业的行业属性，突出企业与同行的差别，并创造出与众不同的色彩效果，标准色的选用是以国际标准色为标准的，企业的标准色使用不宜过多，通常不超过三种颜色。

（5）象征图案。

企业象征图案是为了配合基本要素在各种媒体上广泛应用而设计的，在内涵上要体现企业精神，发挥衬托和强化企业形象的作用。通过象征图案的丰富造型，来补充标志符号建立的企业形象，使其意义更完整、更易识别、更具表现的广度与深度。象征图案在表现形式上采用简单抽象的特点并与标志图形既要有对比又要保持协调，也可由标志或组成标志的造型来进行设计。在与基本要素组合使用时，要有强弱变化的律动感和明确的主次关系，并根据不同媒体的需求作各种展开应用的规划组合设计，以保证企业识别的统一性和规范性，强化整个系统的视觉冲击力，产生出视觉的诱导效果。

（6）组合应用。

组合应用即是对企业标志、标准字、标准色等基本要素组合起来进行运用。为使企业建立统一的视觉识别体系，并适应于在各种不同媒体和场合上应用，应设计出一套规范化、系统化、统一化并综合各种基本要素的组合模式，其中包括各种要素组合时的位置、距离、方向、大小等组合规范，当组合模式的编排确定之后，为方便制作和使用，确保企业视觉识别的统一性和系统化，要绘制出组合的结构图。

（7）标语口号。

企业提出的标语口号是企业理念的概括，是企业根据自身的营销活动或理念而研究出来的一种文字宣传标语。企业标语口号的确定要求文字简洁、朗朗上口。准确而响亮的企业标语口号在企业内部能激发职员为企业目标而努力，在外则能表达出企业发展的目标和方向，提高企业在公众心目中的印象，其主要作用是对企业形象和企业产品形象的补充，使社会大众在瞬间的视听中了解企业思想，并留下对企业或产品难以忘却的印象。

（8）企业吉祥物。

企业吉祥物是以平易可爱的人物或拟人化形象来唤起社会大众的注意和好感。

（9）专用字体。

专用字体即是对企业新使用的主要文字、数字、产品名称结合对外宣传文字等，进行统一的设计。主要包括为企业产品而设计的标识字和为企业对内、对外活动而设计的标识字，以及为报刊广告、招贴广告、影视广告等设计的刊头、标题字体。

2. 应用要素系统设计

应用要素系统设计即是对基本要素系统在各种媒体上的应用所做出的具体而明确的规定。

当企业视觉识别最基本要素如标志、标准字、标准色等被确定后，就要从事这些要素的精细化作业，开发各应用项目。VI 各视觉设计要素的组合系统因企业规模、产品内容而有不同的组合形式。最基本的是将企业名称的标准字与标志等组成不同的单元，以配合各种不同的应用项目。当各种视觉设计要素在各应用项目上的组合关系确定后，就应严格地固定下来，以期达到通过同一性、系统化来加强视觉祈求力的作用。应用要素系统大致有如下内容：

（1）办公事务用品。

办公事务用品的设计与制作应充分体现出强烈的统一性和规范化，表现出企业的精神。其设计方案应严格规定办公用品形式排列顺序，以形成办公事务用品的严肃、完整、精确和统一规范的格式，给人一种全新的感受并表现出企业的风格，同时也展示出现代办公的高度集中和现代企业文化向各领域渗透传播的趋势。包括信封、信纸、便笺、名片、徽章、工作证、请柬、文件夹、介绍信、账票、备忘录、资料袋、公文表格等。

（2）企业外部建筑环境。

企业外部建筑环境设计是企业形象在公共场合的视觉再现，是一种公开化、有特色的群体设计。在设计上借助企业周围的环境，突出和强调企业识别标志，并贯彻于周围环境当中，充分体现企业形象统一的标准化、正规化和企业形象的坚定性，以便使观者在眼花缭乱的视觉中获得好感。主要包括：建筑造型、旗帜、门面、招牌、公共识标牌、路标指示牌、广告塔等。

（3）企业内部建筑环境。

企业的内部建筑环境是指企业的办公室、销售厅、会议室、休息室、厂房内部环境形象。设计时要把企业识别标志贯彻于企业室内环境之中，从根本上塑造、渲染、传播企业识别形象，并充分体现企业形象的统一性。主要包括：企业内部各部门标示、企业形象牌、吊旗、吊牌、pop 广告、货架标牌等。

(4) 交通工具。

交通工具是一种流动性、公开化的企业形象传播方式，其多次的流动会给人瞬间的记忆，可有意无意地建立起企业的形象。设计时应具体考虑它们的移动和快速流动的特点，要运用标准字和标准色来统一各种交通工具外观的设计效果。企业标识标志和字体应醒目，色彩要强烈才能引起人们注意，并最大限度地发挥其流动广告的视觉效果。主要包括轿车、中巴、大巴、货车、工具车等。

(5) 服装服饰。

企业整洁高雅的服装服饰统一设计，可以提高企业员工对企业的归属感、荣誉感和主人翁意识，改变员工的精神面貌，促进工作效率的提高，并导致员工纪律的严明和对企业的责任心，设计时应严格区分工作范围、性质和特点，设计出符合不同岗位的着装。主要有经理制服、管理人员制服、员工制服、礼仪制服、文化衬衫、领带、工作帽、胸卡等。

(6) 广告媒体。

企业选择各种不同媒体的广告形式对外宣传，是一种长远、整体、宣传性极强的传播方式，可在短期内以最快的速度，在最广泛的范围中将企业信息传达出去，是现代企业传达信息的主要手段。主要有电视广告、报纸广告、杂志广告、路牌广告、招贴广告等。

(7) 产品包装。

产品是企业的经济来源，产品包装起着保护、销售、传播企业和产品形象的作用。成功的包装是最好、最便利的宣传、介绍企业和树立良好企业形象的途径。产品包装主要包括纸盒包装、纸袋包装、木箱包装、玻璃包装、塑料包装、金属包装、陶瓷包装、包装纸等。

(8) 赠送礼品。

企业礼品主要是为企业形象或企业精神更形象化和富有人情味而用来联系感情、沟通交流、协调关系的，是以企业识标标志为导向，以传播企业形象为目的将企业形象组合表现在日常生活用品上的。企业礼品同时也是一种行之有效的广告形式，主要有 T 恤衫、领带、领带夹、打火机、钥匙牌、雨伞、纪念章、礼品袋等。

(9) 陈列展示。

陈列展示是企业营销活动中运用广告媒体，以突出企业形象而对企业产品或销售方式而开展的传播活动。在设计时要突出陈列展示的整体感、顺序感和新颖感，以表现出企业的精神风貌。主要包括有橱窗展示、展览展示、货架商品展示、陈列商品展示等。

(10) 印刷出版物。

企业的印刷出版物品代表着企业的形象，直接与企业的关系者和社会大众见面。在设计时为取得良好的视觉效果，应充分体现出强烈的统一性和规范化，表现出企业的精神，编排要一致，采用固定印刷字体和排版格式，形成一种特定的版式风格，造成一种统一的视觉形象来强化公众的印象。主要包括企业简介、商品说明书、产品简介、企业简报、年历等。

（三）视觉识别基本要素的设计与开发

1. 企业名称

企业定名的要诀在于：

（1）简。越单纯、明快的名称，越易于和消费者进行信息交流，易于刺激消费者的遐想。如3M公司将“3M”用于一般商业活动中，只在涉及法律的场合用全称；IBM公司亦将其全称的缩写用于企业形象的塑造。

（2）特。日本索尼公司原名为东京通讯工业公司，读起来拗口。其创始人盛田昭夫查了不少字典，终于找到一个拉丁词“Sonus”（声音），该词本身充满声韵，但Sonny在日语中读成“Sohne”（丢钱），又犯了商家大忌，于是他将Sonus和Sonny综合变形，创造出一个字典上找不到的新词“SONY”，很快风行世界。

（3）新。“柯达”一词在英文中根本不存在，本身也无任何意义，但响亮新奇，厂商通过设计和宣传建立起独特的概念。

（4）亮。如音响中的“名流”健伍，原名特丽欧，发音节奏感不强，最后一个音“O”念起来没有气势，后改名为KENWOOD，KEN与OUV谐音，有力度和个性，而WOOD又有短促音及和谐感，整个名称节奏感强，颇受专家好评和消费者喜爱。

（5）巧。巧妙利用联想的心理现象，使企业名称能给人以好的、吉利的、优美的、高雅的等多个方面的提示和联想，较好地反映出企业的品位，在市场竞争中给消费者好的印象。如“娃哈哈”这个名称，使人自然地联想起天真活泼的孩子，反映出企业的本质和促进少年儿童身心健康的企业宗旨。

2. 企业标志

在VI视觉要素中，标志是核心要素。企业标志是指造型单纯、意义明确的统一、标准的视觉符号，一般是企业的文字名称、图案记号或两者相结合的一种设计。标志具有象征功能、识别功能，是企业形象、特征、信誉和文化的浓缩。一个设计杰出、符合企业理念的标志，会增加企业的信赖感和权威感，在社会大众的心目中，这个标志就是一个企业或某品牌的代表。

在标志的设计中必须注意以下几点：

（1）好的标志应简洁鲜明，富有感染力。无论用什么方法设计的标志，都应力求形体简洁、形象明朗、引人注目，而且易于识别、理解和记忆。

（2）标志设计时应把握一个“美”字，使符号的形式符合人类对美的共同感知。点、线、面、体四大类标志设计的造型要素，在符合形式规律的运用中，能构成独立于各种具体事物的结构的美感。

（3）标志在保持相对稳定的同时，也应具有时代精神，并做必要的调整修改。

美国宝洁公司（P&G）的标志就是经多次修订，最终形成现在的由星星、月亮构成的圆形图案，透出浪漫、神秘的气息。可口可乐公司在 20 世纪 70 年代新的 CIS 设计中，在标准字下添加了一条白色波浪线，成为新标志的点睛之笔，和原有的流利而有韵味的字母相配，和谐且更富激情。世界各地企业标志设计的发展趋势，总的特点是出现了“感性凌驾理性的企业发展新趋势”：由绘画到图案格式，由一般图案到几何图案，由具体到抽象。

3. 标准字、标准色

所谓标准字（或标准色）是指一个企业在各种场合下进行各种宣传内容（包括广告、标志、名称以及各种媒体）都要使用的统一的字体（或统一的颜色）。确定标准字的原则在于：一要集中表现企业理念；二要体现企业的统一性和独立性，通过标准字加以统一和规范，给人以独特的完整形象；三要给人一种可靠和稳定的感觉。

在视觉识别中，标准色占有十分重要的位置，确定标准色时要体现商品的特性并能感染公众。下面介绍关于商品色彩学的有关内容：

（1）日常食品的标志是红色。能够引起食欲的颜色有中桃色、红色、橙色、茶色、不鲜明的黄色、温暖的黄色、明亮的绿色，统称为“食欲色”，纯红色不但能引发食欲，还能给人以“好滋味”的联想。

（2）一般而言，亮度越高的颜色越缺乏魅力，影响人们对“好滋味”的联想。

（3）绿色较容易给人以好感。

（4）暗黄绿色近似于纯而明亮的色，很能引人注目。

（5）珍珠、项链等宝石类往往装在黑色的盒子里，因为蓝、紫、浓黑色能衬托出“白”色的质地。

（6）可以强调对比色的运用。

（7）从顾客角度分析，喜欢红色的顾客是性格内向的人；对黄颜色有兴趣的顾客爱动脑筋；表情蓝绿色的人有极强的辨别力；喜欢蓝色的顾客很会控制自己的感情；倾向于橙色的顾客大多是乐天派……

拓展案例

杉杉集团的 CIS 导入

从 1989 年杉杉（当时的甬港服装厂）电视广告西服品牌，走名牌战略的路子，一直到1993年，杉杉西服销售额达到2.54亿元，5年时间杉杉创造了一个中国西服的名牌。然而企业和品牌如何向更高层次发展，作为一个新的课题，摆在了企业面前。

1994年，杉杉斥资200万元人民币，和我国台湾艾肯公司共同策划，整体导入。

杉杉确立了“立马沧海，挑战未来”的企业精神和“奉献挚爱，潇洒人间”的品牌宗旨，确立了“我们与世纪的早晨同行”这一对外诉求标语。从自身的品牌诉求出发，紧扣21世纪“环保、生态平衡、绿化”的世界性主题，把杉杉品牌提升到与人类生存处境息息相关的高度，确定了杉杉企业及品牌在社会中的位置和宣传定位。(MI)

台湾艾肯形象策略公司在新标志设计时，秉持着从“策略到创意”“从国际到中国”的原则，进行创意设计，使标志形象有个性，不雷同；合身份，创文化。艾肯设计强调中国文化的渗透，力创真正属于中国的CIS典范。艾肯把S演变成两条蓝色的小河，一棵绿色的杉树。而结构图上的音译杉杉两个S做阴阳曲线拓展变化，意谓杉杉集团由单一西服品牌进入多元化集团发展。而那耸立挺拔的杉树图形，令人一眼即能联想到杉杉从传统到现代的迈进，更象征创新突破的成长，并体现杉杉创中国一流世界名牌的群体价值观。其企业专用色（青绿色与水蓝色的自然搭配）更是与绿化环保相契合，表明杉杉关心人类生存环境，营造充满生命活力与温馨亲和的新世纪大自然的意蕴。(VI)

杉杉的CIS推展，有好多绝招，其精心策划的“杉杉品牌绿色之旅”的BI行动，都十分成功，像“我们与世纪的早晨同行”为主题的CIS发表会，与中央电视台合办的“我爱这绿色家园”的文艺晚会，在全国各大城市“让大地披上绿装”的绿化宣传也是一环扣一环……又如，“绿叶情深”的万人签名也搞得有声有色。成功地策划、举办了“杉杉中国指挥育才基金设立交响音乐会”，李鹏总理为之莅会观赏。杉杉的企业管理：净化人类环境，共享自然和声，再次传播京城；杉杉集团与阳春白雪共鸣的形象品位再度显呈。同时，80家杉杉专卖店和321家专卖厅相继遍布全国各地，统一的CIS装饰着杉杉的独特形象。杉杉个性美的形象通过潜移默化的宣传更加置于公众心田了。(BI)

本章小结

本章主要阐述了企业形象策划的程序和基本原则；企业形象策划的调研技术与方案设计；企业形象策划的开发设计及其应用。在本章的学习中选择一些企业的CIS来理解企业形象识别系统的内涵与内容，从而形成对CIS清晰的理解，并且能对企业形象设计作出分析和策划。

复习思考

1. 企业形象策划的程序与基本原则主要有哪些？
2. 企业现状调研与企划方案在企业形象策划中的地位和作用是怎样的？
3. 理念识别策划的定位模式和应用形式有哪些？试举例说明。
4. 行为识别策划的传播与推广主要方式有哪些？试举例说明。
5. 视觉识别策划的基本要素的设计与方法有哪些？试举例说明。

技能训练

编制 CIS 策划方案

1. 演练项目：××厨房家具公司 CIS 设计方案。

2. 演练目的：试图通过模拟操作题的方式，提高学生的实际操作运用能力。

3. 演练内容：

（1）提案阶段（明确导入 CIS 的动机；组建 CIS 管理机构；安排 CIS 作业日程表；预算导入 CIS 的费用；完成 CIS 提案书）。

（2）调研阶段（确定总体规划；分析和评估企业运营情况；企业总体形象调查；调查资料的分析与研究；完成调研报告书）。

（3）策划设计阶段（总概念书策划；创立企业概念；开发设计视觉识别系统）。

（4）实施管理阶段（内部传播与员工教育；推行理念与设计系统；组织 CIS 对外发表；落实企业各部门的 CIS 管理）。

4. 演练组织：根据演练内容把全班同学分成四个组，模拟操作企业形象设计过程。

5. 演练考核：每位学生撰写××厨房家具公司 CIS 导入设计方案；教师评点，小组交流。

同步测试

一、单项选择题

1.（　　）是企业形象的核心内容。

A. 企业理念　B. 企业制度　C. 企业信誉　D. 员工素质

2.（　　）是评价企业形象的量的指标。

A. 美誉度　B. 知名度　C. 销售量　D. 利润率

3.（　　）是一种介于企业理念和标志之间的识别要素。

A. 品牌　B. 商标　C. 标语　D. 标准字

4. 企业理念应用的方式和过程，实际就是（　　）的设计和实施过程。

A. CIS　　B. BIS　　C. VIS　　D. 营销策划

5. 以下哪种人一般不是企业 CIS 导入的发起人。（　　）

A. 广告公关部门　　B. 销售部门

C. 企业员工　　D. 专业公司

6. （　　）是企业的“金字招牌”，是企业无形形象的主要内容。

A. 企业信誉　　B. 企业理念　　C. 产品形象　　D. 社会形象

7. 以下哪一项不属于 CIS 手册的基本设计系统。（　　）

A. 企业标志　　B. 标准字　　C. 包装　　D. 标准色

8. 管理决策一般由企业的（　　）作出。

A. 高层管理人员　　B. 中层管理人员

C. 基层管理人员　　D. 顾问人员

9. 视觉识别设计必须考虑企业（　　）表现日常的企业活动。

A. 包装　　B. 车辆　　C. 电视　　D. 信息传递媒体

10. 企业导入形象识别系统的基本程序可分为（　　）阶段

A. 3 个　　B. 4 个　　C. 5 个　　D. 6 个

二、案例分析

变脸麦当劳让品牌更年轻

i'm lovin'it™
我就喜欢

1. 背景

麦当劳是世界快餐食品老大，但是近年来在全球各地市场受到了其他快餐品牌的挑战。在中国市场，麦当劳一直屈居老乡肯德基之下。

2002 年年初，麦当劳新的全球首席营销官拉里·莱特（Larry Light）上任。拉里·莱特是“品牌价值管理”（BVM）体系的创立者之一，他上任后，策划了麦当劳历史上第一次品牌更新计划，取代了以前以“微笑”为主体的营销活动。

2003 年 9 月 22 日，麦当劳“我就喜欢”活动在中国正式启动，《我就喜欢》歌曲中文版创作及演唱者王力宏参加了发布会。

2003 年 9 月 25 日，包括总裁在内的麦当劳两万三千家员工统一换上了当今网络票选最受欢迎、象征热情的红色喜哈风格的 T 恤，搭配时尚感十足的遮阳帽。与此同时，沿用多年的品牌口号“常常微笑”也被新的口号“I'm lovin'it

(我就喜欢)”所代替。这一天，麦当劳在全球120多个国家同时启动“我就喜欢”全新品牌活动。

据悉，这是麦当劳公司第一次在全球范围、同一时间用同一组广告、同一种信息来进行品牌宣传。与此同时，中国、新加坡、马来西亚等地的麦当劳形象代言人也换成了当红明星王力宏。按麦当劳中国发展公司市场推广部高级总监黄丽敏的说法，公司欲借此次“变脸”重新建立麦当劳的品牌关系，重燃雇员及顾客对麦当劳的热情。

麦当劳公司公布的2003年11月份销售收入增长了14.9%，亚太地区的销售收入增长16.2%。公司的股价逆市上涨，创下了16个月以来的新高。JP摩根集团2003年12月称，麦当劳在全球经营已经有了很大的改变，并将麦当劳的股票评级从“一般市场表现”调升至“超出市场表现”。

2003年11月24日，麦当劳与中国移动通信集团公司旗下“动感地带”(M-Zone)宣布结成合作联盟，由动感地带客户投票自主选择的当季度“动感套餐”也同时揭晓，并在全国麦当劳店内同步推出。

2. 麦当劳营销策略解析

在新任首席营销官拉里·莱特的主持下，受销售额下滑困扰的麦当劳在总部召开了一次全球性广告峰会，这在其广告代理商中掀起了创意竞争热潮。麦当劳的主要广告代理商集思广益，为这家全球最大的快餐连锁公司产生了一个新的全球营销主题——“我就喜欢”。麦当劳首席执行官康塔洛普说：“我们曾经是广告和营销的亮丽典范，我们将再次成为这方面的高手。”

(1) 变脸，让品牌年轻时尚化。

麦当劳面临的最大困扰就是“品牌老化”的问题。米尔顿·科特勒先生说，麦当劳以前并没有首席营销官的职位，50年不变的“麦当劳叔叔”就是麦当劳的“首席快乐官”(Chief Happiness Officer)。以前，笑容可掬的“麦当劳叔叔”对于儿童、青少年、父母等细分市场都非常有亲和力，是不错的“品牌代言人”。

但是，随着时间的推移，麦当劳的定位以及品牌的概念随着社会外部环境的变化已经很陈旧了。根据麦当劳做过的一次顾客调查，很多年轻消费者认为“麦当劳叔叔”的形象非常老土、可笑。年轻的嘻哈一族觉得麦当劳是小孩子去的地方，他们更喜欢“酷”、刺激和冒险的举动。麦当劳如果不进行品牌更新的话，只有一年年的老下去。

“我就喜欢”把目标顾客定在了麦当劳流失得最快、公司最需要抓住的年轻一族，所有的品牌主题都围绕着“酷”“自己做主”“我行我素”等年轻人推崇的理念。以在中国地区为例，首先，广告语就赢得了很多年轻人的好评，一个中学生在被问及对麦当劳广告的看法时说：“‘我就喜欢’里面的‘就’字很酷，我特别欣赏。”中文麦当劳歌曲的创作者及演唱者王力宏在年轻人中很有号召力，是有主见、有活力、有上进心的年轻人的代表。王力宏创作的带有嘻哈和R&B

曲风的《我就喜欢》主题曲，推出之后登上了很多歌曲排行榜，在年轻人中非常流行，为麦当劳赢得了不少关注。

与此同时，麦当劳连锁店的广告海报和员工服装的基本色都换成了时尚前卫的黑色。配合品牌广告宣传，麦当劳推出了一系列超“酷”的促销活动，比如只要对服务员大声说“我就喜欢”或“i'm Lovin' it”，就能获赠圆筒冰激凌。一些大学生认为这样的活动很新鲜、很有意思，很受敢作敢为的年轻人欢迎。

拉里·莱特说：“我们希望受众看到这次营销活动时说，‘这是我从来没有见过的麦当劳’。”

(2) 加快本地化步伐。

麦当劳在中国一直坚持自己独资开设连锁店，没有采取肯德基等快餐连锁的特许经营的扩张方式。采取这种策略最关键的原因是担心公司对加盟店的控制力不强，不利于维护麦当劳的整体形象和服务的标准化。麦当劳和肯德基两大洋快餐巨头在中国的南辕北辙，主要是因为这两个公司一个遵循的是“全球化”策略，而另一个实行的是“本地化”策略。

但是，面对肯德基每几个月就推出一道符合当地人口味、颇受当地消费者欢迎的食品，连锁店越开越多，麦当劳再也坐不住了。2003 年 8 月，麦当劳批准了中国大陆第一个特许加盟商天津的许女士，并表示近期将批准 5 个特许加盟商。

根据麦当劳 2002 年年底做的市场调查，中国消费者在用餐地点的选择上，最看重的食物口味，其次才是卫生环境和地点便利等条件，消费者对多元的口味选择，尤其对于常规米饭食品有极高的需求。

2003 年，麦当劳已经在我国台湾、新加坡等地推出了“和风饭食系列”“韩式泡菜堡”等东方口味食品，中国大陆也推出了“板烧鸡腿汉堡”。麦当劳公司的营销人员称：“麦当劳未来还会不断有新的产品推出，以顺应消费者求新求变的需求。”

(3) 水平协作营销强化新品牌。

为了配合麦当劳的品牌更新活动，2003 年 11 月 24 日，两个“M”——麦当劳与“动感地带”(M-Zone) 结成了合作联盟，并共同推出了一系列的“我的地盘，我就喜欢”的“通信 + 快餐”的协同营销活动。中国移动副总裁鲁向东在活动发布仪式上，用“最酷、最眩、最动感”来形容这次营销活动。

虽然这两个 2003 年非常出位的品牌经营的业务范围根本不相干，但是共同的目标受众和它们希望传达的品牌个性，让它们成为了“同道兄弟”。麦当劳中国餐厅推出了只有动感地带成员才能以 15 元价格享用的原价 21.5 元的“动感套餐”。

3. 是否会顾此失彼

麦当劳温馨、带给人欢乐的品牌形象已经深入民心，也让麦当劳取得过辉煌的成就，突然改变这一根深蒂固的品牌形象，推出一种全新的，完全不一样的品牌形象，对一个成熟的企业来说是一个很大的考验。仅是广告方面的费用就已经是一个天文数字。

麦当劳方面表示，虽然把目标消费群从妈妈和儿童转移到以年轻人为主，但不会放弃原来的忠实消费者，不过消费力强的年轻上班族将是麦当劳今后的重要消费目标群，而麦当劳这次风格的改变，将不是短期的，而是永远的。

这次活动让不少人担心麦当劳顾此失彼，使原来的忠实消费者流失。不过麦当劳方面表示不担心这个问题。麦当劳中国高级市场总监表示，“妈妈和宝宝这一消费群依然是我们争取的消费对象，并不会忽视他们。”除了新品牌广告外，还会推出三条针对妈妈和宝宝的广告。

分析讨论：

1. 分析麦当劳为什么“变脸”？

2. 麦当劳将会遇到哪些考验？

第九章
整合营销策划

【学习目标】

知识目标：

（1）了解整合营销的含义。

（2）掌握整合营销与传统营销的区别与联系。

（3）明确整合营销的主题。

（4）学会网络营销。

能力目标：

（1）能确定整合营销的思路和主题。

（2）能根据网络营销的常用方法进行简单的策划。

【本章的知识体系】

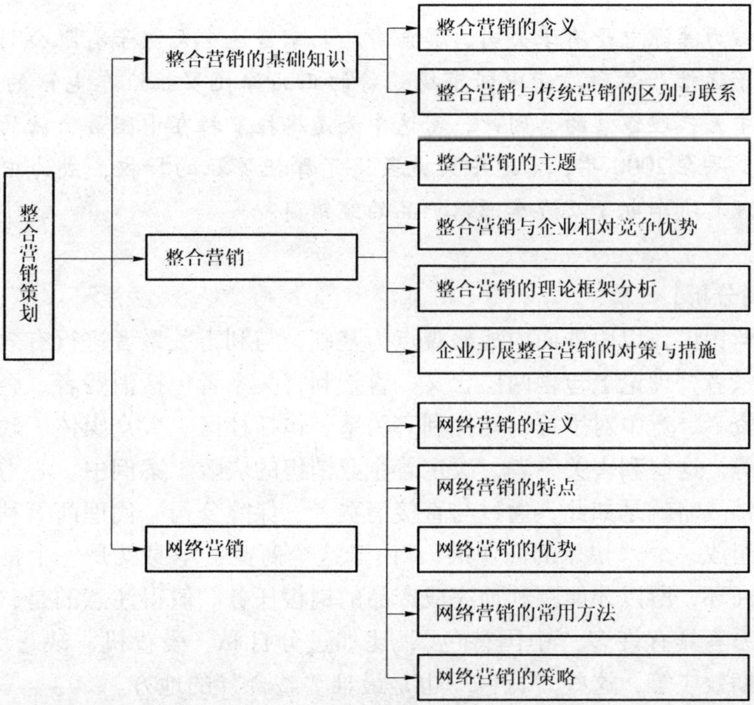

【引导案例】

“白送”也赚钱———摩托罗拉汽车电话（中国）整合营销案例

2002 年 7 月，全球知名整合营销传播创始人舒尔茨教授来到中国，为部分中国企业家进行了一次为期 10 天的整合营销传播教育培训。当他从学员那里了解到北京心力源源电子有限公司 2002 年为销售摩托罗拉汽车电话而做的全国免费赠送营销方案的时候，不禁笑了，说：“心力源源（原富达中天）电子有限公司的活动，是目前我所看到的最有趣的中国整合营销传播案例。在这个案例中，消费者得到了满足，而且没有付出额外代价；保险商得到了稳定和高价值的客户；代理商得到了合理的佣金；心力源源获得了市场、品牌和资金回报。形成了一个良性的闭环财务系统，没有资源的浪费。这就是整合的力量。”

这个被舒尔茨教授称道的案例，由国内知名的电子通信产品商北京心力源源电子有限公司在 2002 年年初发起，并正在逐步执行。活动期间，任何拥有汽车的消费者个人，或者单位客户，可以完全免费得到一部摩托罗拉汽车电话，并可以与心力源源公司签订正式赠送协议，从而得到法律保护。被赠人所履行的义务很简单：只需要将按照正常要求的汽车保险费交纳、或者转移或者延伸到心力源源公司的合作保险公司那里即可。今年“赠送”的总量，将达到了 1.4 亿元人民币。

北京心力源源电子有限公司，其前身为北京富达中天电子有限公司，是国内知名的电子通信产品商，在中国市场销售的正品摩托罗拉汽车电话的 90%，都是由富达中天代理销售的。因此，富达中天是摩托罗拉在中国最亲密的战略合作伙伴之一。早在 2000 年，富达中天就获得了摩托罗拉的授权，成为中国内地唯一全权代理其汽车电子及汽车通信产品的经销商。

【引例分析】

整合营销讲究以由外而内战略观点为基础，与利害关系者进行有效沟通。其中利害关系者，理论上包含两层含义，直接利害关系者包括消费者、企业自己的员工、投资者、竞争对手等，间接利害关系者包括社区、大众媒体、政府、各种社会团体等。这些利害关系者，决定着企业销售的成败。案例中，心力源源采用的整合营销战略就是如此，通过与直接消费者、保险公司、代理商等利害关系者的沟通，组成一个“快乐的商业链”，由于这个商业链本身就是一个良性的物流和财务的回环，所以才能顺利地完成产品的销售任务。值得注意的是，目前我国的利害关系者具有许多“中国特色”，比如过分自私、爱投机、缺乏商业信用、做事重短期效应等，这些“特色”也是最难“整合”的地方。

第一节　整合营销的基础知识

随着科技进步及计算机的广泛应用，企业在市场竞争中，技术、产品、营销等手段趋于同质化，使消费者难分优劣。创造差异化，特别是创造营销和传播的差异化以赢得更多的消费者，对企业来说就显得尤其重要与迫切，整合营销正是为适应这一发展形势而产生的。整合营销的关键是真正重视消费者的行为反应，企业与消费者建立良好的双向沟通，双方建立长久的关系营销。因此，协调不同的传播手段，利用多种传播工具的优势，进行整合营销沟通，从而树立品牌竞争优势，提高消费者对品牌的忠实程度是现代企业开展营销活动的出发点与归宿。

一、整合营销的含义

（一）整合营销的概念

20 世纪 90 年代，以美国为首的西方先进国家进入高速发展的后工业时代，科技进步日新月异，技术应用蒸蒸日上，计算机技术广泛应用，甚至连机器人这些新科技都不稀奇了，企业的技术水平与制造能力普遍提高，敏捷制造、弹性生产、准时生产等新型生产方式到处流行，在这种形式下，企业在市场竞争中，技术、产品、营销手段趋向于同质化，尤其是市场趋于饱和的时候，竞争者互相模仿，你推出新产品，竞争对手很快就破解你的技术和功能，并马上可以推出性能接近、成本接近的产品，同样，销售通路也遭到模仿。在同一卖场，同类产品摆上货架，售前、售中、售后服务都是如出一辙。消费者难分优劣，市场竞争变得更加激烈和残酷。在这样的情况下，企业如何实现差异化？如何才能赢得更多的顾客？这些都成为现代企业迫切要求解决的问题。美国西北大学教授舒尔茨等著名市场专家提出了整合营销的理论。

整合营销是以企业由外向内的战略为基础，以整合企业内部、外部的资源为手段，以消费者为重心而重组的企业行为。如果要给整合营销下一个定义，答案一定是多种多样的。舒尔茨教授认为，整合营销是一种适用于所有企业信息传播及内部沟通的管理体制，这种传播与沟通就是尽可能与其潜在的客户和消费者以及一些公共群体，例如雇员、立法者、商家、传媒和公关公司、金融团体保持一种良好的积极的关系。

整合营销的关键在于真正重视消费者的行为反应，与消费者建立良好的双向沟通，通过双向沟通，双方建立长久的一对一的关系营销，以满足消费者需要的价值为取向，确定企业高水平的营销策略，协调不同的传播手段，利用不同的传播工具的优势，树立品牌竞争优势，提高消费者对品牌的忠诚度，达到提高市场占有率和市场份额的目的。

（二）整合营销的特征

在整合营销活动中，厂商一切以消费者为中心，凡是与消费者相关的活动均纳入营销体系，使传播的空间扩大。因此，当代整合营销的特征如下：

（1）在整合营销中，消费者处于核心地位。

（2）对消费者深刻全面地了解，是以建立资料库为基础的。

（3）整合营销的核心工作是培养真正的“消费者价值”观，与那些最有价值的消费者保持长期的紧密联系。

（4）以本质上一致的信息为支撑点进行传播。企业不管利用什么媒体，其产品或服务的信息一定得清楚一致，即向消费者传播的是“一个观点，一种声音”。

（5）用各种传播媒介的整合运用做手段进行传播。凡是能够将品牌、产品类别和任何与市场相关的信息传递给消费者或潜在消费者的过程与经验，均被视为可以利用的传播媒介。

（三）整合营销的思路

整合营销就是一体化营销，其基本思路如下：

1. 以整合为中心

着重以消费者为中心并把企业所有资源综合利用，实现企业的高度一体化营销。整合既包括企业营销过程、营销方式以及营销管理等方面的整合，也包括对企业内外的商流、物流及信息流的整合。

2. 讲求系统化管理

整体配置企业所有资源，企业中各层次、各部门和各岗位，以及总公司、子公司，产品供应商，与经销商及相关合作伙伴协调行动，形成竞争优势。

3. 强调协调与统一

企业营销活动的协调性，不仅仅是企业内部各环节、各部门的协调一致，而且也强调企业与外部环境协调一致，共同努力以实现整合营销。

4. 注重规模化与现代化

整合营销十分注重企业的规模化与现代化经营。规模化能使企业获得规模经济效益，为企业有效地实施整合营销提供了客观基础。整合营销同样也依赖于现代科学技术、现代化的管理手段，现代化可为企业实施整合营销提供效益保障。

目前，中国经济发展迅猛，企业和市场规模不断扩大，同样存在着产品、技术、制造、营销手段同质化的问题，而且比西方国家有过之而无不及，模仿现象严重。创造差异化，特别是创造营销和传播的差异化赢得更多的消费者对企业来说就更显得重要和迫切，于是，整合营销及其理论在中国的先进企业较快地得到应用。整合营销正在冲击、影响和动摇着传统营销。

知识库

整合营销工具主要包括：广告、促销、直销、宣传与公关、赞助、展会、包装、商品交易、口头传播、电子营销、CI、体验营销等。

二、整合营销与传统营销的区别与联系

（一）传统营销和整合营销的区别

传统营销以4P理论为核心，即产品（Product）、价格（Price）、渠道（Place）、促销（Promotion），而整合营销强调的是4C理论，即消费者（Consumer）、成本（Cost）、方便（Convenience）、沟通（Communication）。传统营销4P重视的是产品导向，企业根据自身的生产能力、目标利润设计产品，确定价格，制定目标销售量和利润，通过企业主控的销售通路进行一定程度的促销，换句话说，传统营销是一种由内向外的营销，企业的经营哲学可以理解为“请消费者注意”。以上是传统营销与整合营销的最大区别。随着市场环境的变化和竞争的日益激烈，西方国家不少先进企业都逐步实施整合营销而淡化传统营销。

4C是整合营销所倡导的，其中心思想可以理解为：

（1）把产品（Product）搁到一边，加紧研究消费者的需要与欲求（Consumer wants and needs），不要老想着销售那些你能制造的产品，而要销售那些消费者想购买的产品，真正重视消费者。

（2）不要过多去考虑企业定价（Price）策略，要去了解消费者要满足自己的需求与欲求所要付出的成本（Cost）。过去，企业定价的一般方法是成本加毛利，现在的消费者当然也有价格的敏感度，但他们处处都显示自己是个成熟的、有经济头脑的消费者，对消费者来说，汉堡包的成本不是快餐店的制造和销售成本，而是他自己认为这家快餐店卖的汉堡包应该值多少钱，还要加上他到这家店所等候的时间和用餐环境，等等。这样，商品的价值就成为一个复杂的方程式。

（3）不要太多考虑销售通路（Place），应该多设计、策划如何能给消费者带来方便（Convenience）。传统营销通路较为单纯，特别是在经济落后的地区，制造商通过商店进行分销，消费者只能到这些店铺采购，当今商业社会，网上购物，信用卡消费，送货上门，等等诸多现代营销手段充斥市场，消费者大可不必出门购物，而尽可享受上帝之尊。因此，营销者要了解不同类型消费者的购买方式偏好，调整合理销售通路，为消费者提供实实在在的便利。

（4）暂时放下促销（Promotion），应多考虑怎样与消费者进行沟通（Communications）。传统营销中促销很重要，广告是商家的重型武器，这种推销行为属于厂家商家向顾客单向的信息传递，消费者处于被动地位。而整合营销强调与消费者进行平等的双向沟通，要清楚知道消费者需要什么，把企业资讯如实地传递给消费者，并要根据消费者的反馈调整产品、服务、通路和促销方式，形成良性循环，实现企业与消费者长久双赢，且要摒弃那种“教条式”的强加给消费者的促销行径。

可见，整合营销与传统营销的根本区别在于：企业的经营哲学由“请消费者注意”转变为“请注意消费者”了。

（二）整合营销与传统营销的联系

整合营销与传统营销的联系表现为一种互补关系。

在传统营销观念中，营销是一种商业功能，“营销是每个人的工作”。这些行为受到一个战略营销计划的指导，而且这个战略和企业的营销策略紧密联系。过去的营销研究往往要提供消费者的需求信息，因为这和企业的产品种类有关。产品的特性应该最大限度地满足消费者的需要，在某种程度上，这能够取得更高的利益或价值，如果再通过广告的手段就能够获得更高层次的满足。

但传统的营销观念，即便是执行得很好，有时也会碰到困难。除了注重营销调查和对利益的深入分析，传统观念十分注重产品本身因素，竞争性产品的定位往往十分相似。这给消费者带来的感觉是很多产品都能满足他们的需求，那些为了营销而做出的努力似乎太过夸张了。为了将可能的市场最大化，这样一个细分市场的产品往往能为很多人服务。如此一来，产品定位就变得太普通、太抽象，竞争性产品变得大同小异。更糟的是，将目标瞄准好多个细分市场成了非常困难的事。即使不同的细分市场有着不同的定位，要想通过分割的营销项目来操作也是很麻烦的。

对很多公司来说，细分市场常常太过宽泛，定位也太过普通。协调工作仅仅成了促销活动，这样一来，为品牌“量体裁衣”失去了目标。尽管消费者知道产品是为他们制作的，但是他们和产品之间却建立不了紧密的联系。他们更关注特定的产品而忘记一个更大的品牌概念。他们将产品看作是一次性或重复的购买对象，只是他们行为方式的一小部分。媒介广告给他们带来的效果是最明显的。

当我们回想传统营销的功能时，我们会发现它的缺点和整合营销主题碰巧相对应。整合营销能捞回因为传统观念而失掉的机会。要系统地看整合营销，更准确地说，我们要用进化的眼光而不是革命的眼光来看待这个问题。

企业战略是整合营销的开始。战略面临的最大挑战是如何革命性地改变一个行业的现状。就拿一家快餐连锁店来说，它的战略不是提供更干净、更方便的就餐环境，而是提供更健康的食谱，改变快餐食品的缺陷。有了战略，就可以开始进入营销阶段。营销是取得战略目标的一种手段。营销所要做的是如何让战略开好头。重要的一步是让战略扎根在消费者的心中。还以快餐店为例，快餐店的战略应该是“让你看到新鲜的食物是如何预备的，使你清楚你吃到的食品对你的健康有什么好处”。品牌概念也会引发消费者的思考。这种概念不仅是产品特征的定位，从某种角度来说，它就是一种产品，是界定消费者如何体验产品的理念。营销也就成了不断反馈的一个环。营销管理成为一个核心商业过程，它已经不再是一整套功能行为，其目的是使消费者和产品之间建立起紧密的联系。

可见，整合营销与传统营销之间存在一种互补关系，整合营销可以弥补传统营销的不足。

第二节　整合营销

【引导案例】

武汉豆香聚食品有限公司整合营销策略分析

1. 产品与质量的整合

武汉豆香聚食品有限公司为了打开武汉市场，公司老总鄢维斌针对武汉人只会将黄豆磨成豆浆，再制成白豆腐，并没什么花样的状况，经过学习和多次的试验，推出了六个豆制品新品种：麻辣香丝、油皮千张、五香豆糕、湖南熏干子等，六个新品种各有特色，这在武汉市场绝无仅有。新产品推出一个星期后，就供不应求，首战告捷。在入驻超市成功后，又推出了六个新品种。在一次性顺利通过了 ISO9001 全面质量管理认证后，武汉豆香聚食品有限公司先后投入 20 多万元进行产品开发，研制出的蔬菜豆腐、果味豆腐、黑芝麻豆腐迅速成为市场的“香饽饽”，至今，公司已经拥有农家柴火系列、花色营养系列两个特色品种系列和 100 多个品种。目前，鄢维斌准备将公司搬进凯旋门广场写字楼，实行现代公司化运作，并打算在武汉阳逻建设制品工业园，搜罗全国最新最好的豆制品，生产出来献给消费者。

2. 销售渠道的整合

武汉豆香聚食品有限公司在销售渠道上实现了网下网上的多渠道销售的整合营销：

（1）传统市场营销。公司首先立足的是传统的销售市场即武汉三镇集贸市场，在赢得市场和信誉后，豆制品新品种在武汉三镇集贸市场声名鹊起。

（2）连锁超市营销。1998 年 9 月，有位客人闻名找到鄢维斌，邀请他加盟中百超市。鄢维斌敏锐地洞察到超市销售潜力，在交入场费的前提下，把市场扩展到了超市，成为了江城第一家开在超市里的豆腐店。为了在超市站稳脚跟，鄢维斌紧急向工商部门申请商标注册，在不到一年内又推出六个新产品，并斥资30万元在中百仓储开辟了“豆香聚”豆制品销售专店，“豆腐香四季，回味聚知己”，又被市民热捧。随后三年时间中，中百仓储在武汉先后开了20多家分店，随着中百仓储的分店越开越多，鄢维斌公司的销售额从每月3万元直线上升为每月近70万元，“豆香聚”随之延伸，鄢维斌的公司迅速壮大，建起了厂房，职工发展到近200人，总资产近500万元。武汉华联等四家连锁超市纷纷登门邀请鄢维斌加盟。至2004年，公司实际销售收入达1 400万元。

（3）社区深度营销。随着业务的发展，公司得到了武汉多家超市的信任和支持，凭借优质的产品、超市的平台和品牌的影响，公司成功地进入了武汉大学、华中科技大学、武汉理工大学等30多所大专院校，与高校社区合作进行深度分销，有力推动了公司业务实现更好、更快的发展。

（4）网络营销。在武汉市场逐渐稳定和成熟之时，公司采用了网络营销手段，设立了武汉“豆香聚”专门的网站，实行网络招商加盟。目前，已经在湖北省内的红安、仙桃、天门、随州、汉川、荆州等20多个县级以上城市建有分店，在重庆、兰州等5个省会城市发展了20多个分店连锁分店。至2005年，公司完成销售收入2 500万元。

3. 传播渠道的整合

实现文化、媒体和口碑营销三结合顾客接纳品牌适宜的模式是认知、尝试、重复购买。武汉豆香聚食品有限公司就是成功运用适宜的模式使顾客接纳了“豆香聚”这一品牌：

（1）文化营销。公司将豆腐卖出了文化味儿：一是给豆制品注册品牌“豆香聚”，在消费者心中形成品牌意识；二是到卖场生鲜区建造豆腐坊，装潢成古香古色的别致建筑，顾客可从刻在墙上的文字里，了解豆腐的历史渊源、营养成分；三是现场制作，在这里，消费者不仅可以亲眼目睹豆腐制作的全过程，放心购买，四是在全省豆制品行业中首开“现场制作／现场销售”的先河，在中百仓储开办首家豆腐博物馆，在这里传统的农耕文化和现代文明得到融合，实现了文化营销的效果。

（2）媒体营销。“豆香聚”近年来取得的成绩，吸引了许多媒体的关注，湖北日报、湖北电视台、楚天都市报、长江日报、楚天金报、今日湖北、中国青年、辽宁青年、大众投资指南等20多家媒体报道了武汉豆香聚食品有限公司诚信、智慧的创业历程，媒体的正面宣传其实也使武汉豆香聚食品有限公司在品牌的传播与塑造方面取得了良好的效果。

（3）口碑营销。“好口碑才是最好的有效力的广告形式”，武汉豆香聚食品有限公司有过硬的产品质量，2002年荣获“质量万里行优秀单位”，2003年荣获“湖北省质量信得过品牌”称号。2005年，公司通过ISO9001国际质量管理体系认证，2006年，荣获“全国食品安全示范单位”称号，公司老总鄢维斌本人也被湖北省商业厅和媒体联袂授予“豆腐大王”荣誉称号，湖北省“农村致富带头人”称号。这样，公司在消费者之中建立起良好的口碑效应。文化营销、媒体营销和口碑营销都取得了消费者和超市的信任，使公司与消费者和超市建立了良好的合作关系，达到了关系营销的效果。公司至2006年10月底已完成销售3 290万元。

【引例分析】

整合营销传播理论的关键是灵活运用以广告、销售促进、公共关系、人员推销和直接销售为主的各种渠道，通过妥善安排各次传播的渠道、预算、内容和启动时间，使其相辅相成，以获得最佳效果。武汉豆香聚食品有限公司整合营销策略，正是通过产品与质量的整合，销售渠道的整合，传播渠道的整合，取得了消费者和超市的信任，达到了整合营销的效果。

一、整合营销的主题

整合营销最重要的主题是关于目标市场是否更有针对性的争论。营销不是针对普通消费的大多数人，而是针对定制消费的较少部分的人。“量体裁衣”的做法使得满足消费者需求的目标最大化。

但是“量体裁衣”很容易被认为是“给每一位个体消费者一份独特的产品”，从而忽略了产品品牌的其他诉求，影响品牌被其他人群认知和分享。可以说，“量体裁衣”是不完整的，也不是最理想的营销手段。

我们应该设定的目标是：对消费者的需求反应最优化，把精力浪费降至最低。在这个意义上才能得到理想的营销哲学：营销需要综合考虑更多的目标消费者的点滴需求。

另外一个有价值的主题是——综合营销应该和消费者本身有关，也就是需要全面地观察消费者。一名消费者不仅仅是在某个时间购买我们产品（如牛仔裤）的一个人，消费者的概念更为复杂。购买牛仔裤的同一位消费者很可能需要购买其他的衣物来搭配牛仔裤，这是经常发生的事情。因此，多角度地观察消费者将创造更多的机会，使得消费者不是“一次性购买”或重复购买同一商品。

我们还可以考虑到系统的“跨行销售”和“上游销售”。这个要素对于消费者行为的各个角度来说都是有效的。营销需要综合考虑各个时间消费者行为的其他角度。

第三个主题是——整合营销必须考虑到如何与消费者沟通。消费者和品牌之间有更多的“联络点”或“接触点”，这不是单靠媒介宣传所能达到的。消费者在使用产品时对产品有更深的了解、打开包装见到产品时、拨打销售电话都是一种沟通，消费者之间相互交谈也产生了“病毒传播”般的销售机会。

二、整合营销与企业相对竞争优势

（一）整合营销与木桶理论

整合营销强调企业的每一个市场行为都必须围绕一个核心，体现品牌定位的统一性；认为只有在统一的前提下，才能将各个市场行为即一个个的闪光点连成一片，结成面，达成企业的良性循环。如果我们换一个角度来看问题，将企业的每一个市场行为看成是构成木桶的一个木板，而这些行为必须围绕的核心即是木桶的目的——装水并将水转移地方。那么这也就是木桶理论告诉我们的：

（1）每一块木板不能装反了、装错了，否则，木桶就会漏水，很难达到自己的目的。用在整合营销上也就是每一个看似单独的市场行为不能与目的是背道而驰的，否则会影响整体目标的达成，甚至会导致企业的功亏一篑。

（2）每一块木板都不能过短，不能比其他的木板短太多，成为装水的瓶颈。用在整合营销上说明，每一个市场行为都不能成为企业的重大缺陷，否则就会成为企业发展的瓶颈。

（3）木桶必须要有桶梁，否则木桶就没法将水转移到其他地方，影响了木桶的价值。用在整合营销上就说明，企业必须要有一两个具有核心价值的地方，必须能起到最重要的作用，带给企业的核心价值——竞争优势，也就是木桶理论中的团队领导的作用。

（二）整合营销、木桶理论与相对竞争优势

整合营销的最终目的是通过统一企业的所有行为，使之能围绕一个主题，占领消费者的心智资源，使在消费者心目中、在特定的细分市场中形成唯一性，从而造就企业的相对竞争优势。这也就是说，整合营销的目的就是为了造就相对的竞争优势，通过的手段是通过统一企业的行为，在产品同质化的今天造就差异化，形成企业的相对竞争优势。

正所谓“尺有所短，寸有所长”，各有各的长处，从相对竞争优势理论来看，只要企业的所有流程中有一到若干个环节具备相对的竞争优势，就能成为企业的成功基石。但这里有一个前提，就是企业必须将其他它所不擅长的地方稳妥的解决，至少不能让它成为自己企业发展的瓶颈，否则，就算你长处再长，最终也无法做强、做大，当然如何解决自己不擅长的地方的手段有很多种，比如，专注自己擅长的地方，将自己不擅长的地方外包，通过高度的社会化协作来解决这个问题就是一个很好的解决办法，这样，它更容易形成自己的竞争优势。

这也就是木桶理论告诉我们的：第一，不能有瓶颈；第二，还必须要有比别人强的地方；第三，这个（些）强的地方必须有能形成自己的核心竞争力的可

能，即是行业成功的关键因素，这就像木桶，如果不是桶梁很长，而是其他的某一块木板很长，对木桶的功能、作用一点帮助都有，甚至只会产生副作用——增加了木桶的重量，增加了转移木桶的难度，这种长处就是无用功。

我们认为，企业的所有行为都必须是围绕同一个目的（主题）进行的，每个企业的行为（单独的企业流程/工序）都不能成为自己企业发展的瓶颈，企业的行为（单独的企业的流程）必须有做得比竞争对手好的地方，而且这些做得比竞争对手好的地方必须是行业成功的关键因素，只有这样，才能形成自己的相对竞争优势，企业整合营销的目的才能达到。

三、整合营销的理论框架分析

1990 年，美国学者劳特朋（Lauterborn）教授提出了与传统营销的 4P's 相对应的 4C's 理论：

消费者的需求与欲望（Consumer Needs and Wants），把产品先放到一边，赶快研究消费者的需要与欲望，不要再卖你所能制造的大众化的产品，而要卖某人想买的产品；

消费者愿意付出的成本（Cost），暂时忘掉定价策略，去了解消费者要满足其需要与欲求所须付出的成本；

购买商品的便利（Convenience），忘掉通路策略，应考虑消费者想怎样方便地购得商品；

沟通（Communication），最后请忘掉促销。

4C's 理论的提出引起了营销传播界及工商界的极大反响，它成为整合营销理论核心。

（一）从 4P's 到 4C's

传统营销把影响营销活动的因素分为可控因素和不可控因素。市场营销环境是不可控因素，如国家政策等是市场营销者无法控制的。鲍敦提出的市场营销组合，是指市场营销人员综合运用并优化组合多种可控因素，以实现其目标的活动的总称。这些可控因素即 4P's。但是，严格而论 4P's 是代表了销售者的观点，即是卖方用于影响买方的有用的营销工具。从买方的角度，事实上每一个营销工具都是用来为顾客提供利益的。因此罗伯特 · 劳特朋提出了与 4P's 对应的顾客 4C's：

4P's	4C's
产品（Product）	顾客需求（Customer Needs and Wants）
价格（Price）	顾客的成本（Cost）
渠道（Place）	便利（Convenience）

促销（Promotion）　　沟通（Communication）

4P's 理论的思考基础是以企业为中心，4C's 理论的思考基础是以消费者为中心。

4C's 理论强调：在竞争激烈、产品供大于求、消费者个性化、媒体细化、信息膨胀、顾客挑剔等营销环境条件下，企业应该和必须把顾客直接作为市场营销的决策变量，由经营企业转化为经营顾客。

4C's 理论，首先强调要注意消费者的需求与欲望。只有深刻探究和领会到消费者的真正的需求与欲望，才能获得最终的成功。产品的品质、产品的文化品位都取决于消费者的认知。真正的营销价值是顾客的心智。要为消费者提供合适的产品，必须得调查消费者的内心世界。只有充分与消费者进行沟通，了解其产品知识、品牌网络、产品的效用需求及其评价标准、消费者的个性品位等因素，才能找准顾客心理，获得消费者。企业产品策略只是企业向消费者传达利益的工具和载体，也就是满足顾客需求与欲望的形式。企业发展产品策略必须从消费者的需求与欲望出发，而不是从企业的研究与开发部门出发。案例分析：从“劲王枸杞汁”到“劲王野战”。

4C's 理论要考虑的第二个 C 就是对顾客的成本（Cost）。对消费者来说，顾客的成本不仅只是产品的价格。顾客付出的货币只是其中的一部分。例如，汉堡包的销售需要考虑的因素包括顾客付出的货币成本，顾客到快餐厅所花费的时间以及排队购买的时间成本，以及因选择汉堡包而没有其他选择的机会损失。甚至还包括在消费产品中所带来的烦恼与不快，考虑消费产品后可能产生不良后果的担忧，等等。另一方面，顾客绝对不会买他未认同的价值，无论这种价值有多么真实。上述案例中的劲王枸杞汁含 80% 枸杞汁，纯天然，这些都增加产品的技术的价值，也增加产品的成本。可这是一相情愿。消费者不认同，即使价格定得很低也可能遭此厄运。顾客只会购买他们认同的价值，这告诉我们定价也要导入由外而内的营销思考方式。

由外而内的营销思考模式告诉我们，首先要分析消费者的认知，根据认知价值对产品进行定价。作为定价的关键，不是卖方的成本，而是买主对价值的认知。而认知价值是利用其他沟通手段在购买者心目中建立起来的。例如，某保健品在广告宣传中，自称是 21 世纪的保健极品，在宣传中，利用了许多达官显贵使用此类产品的例子作为诉求，但其价格却采用利润加成本的方法，价格与一般保健品价格相差无几。这与消费者对保健极品认知极相矛盾，消费者纷纷打电话询问产品中是否含有这种珍贵原料，有受骗上当之感。最后，这个 21 世纪保健极品在新世纪还远未到来之前就夭折了。

4C's 理论的第三 C 是便利（Convenience）。企业应该忘记通路策略，应当站在消费者角度，考虑消费者如何能更方便地购得商品。企业必须深入了解各种不同消费者对购买方式的偏好。从企业角度看，企业生产出来的产品，只有通过一定的市场营销渠道，经过物流过程才能在适当的时间、地点以适当的价格供应给广大消费者或用户，满足市场需要。这时，企业考虑的是如何大量销售，如何降低成本。然而，随市场营销环境的改变，竞争的加剧，任何通路策略都可以被复制。为了形成竞争优势，企业必须不断分析竞争状况、消费者购买行为，如何根据消费者的购物方式的偏好给消费者最好的服务。

从"通路策略"向"消费者购物便利"的转化，实际上也是营销思考模式由内（企业）而外（消费者）向由外（消费者）而内（企业）的转化。

分销通路不是由企业决定的，而是由消费者自行决定何时、何地、如何购买其所需的商品。

4C's 理论的最后一个 C 就是沟通。4C's 理论认为，媒体和消费者传播和接受信息的模式发生了深刻的变化。媒体分散零细化，使任何一种媒体的视听众剧烈减少，任何一种媒体都难以接触到所有的目标消费者。这使传统的大众营销陷入困境。例如：中国的服装出口。

媒体的零细化、产品同质化、消费多样化、个性化、消费者认知差异化要求我们改变促销模式，变促销为沟通，变单向沟通为双向沟通，变单次沟通为循环往复的连续双向沟通。

（二）建立数据库

4C's 理论的出发点和中心点是消费者，没有对消费者作深入的了解，就不可能付诸实施 4C's。建立双向沟通系统的最佳方法是建立消费者数据库。

数据库的内容必须包括三方面的内容：

人口统计资料——消费者的姓名、性别、家庭结构和组成、教育程度、职业、收入、住址、联系方式等；

心理统计资料——消费者期望价值、购买行为、购买态度、购买要求、性格特征、心理特征等；

消费者购买经历——购买历史、经验等。

数据库资料的获取可通过各种渠道把信息传达给消费者，并借助各种渠道，积极寻求消费者的回应。寄发直接信函即直邮，电话、购买保证卡以及其他让消费者回应、回复的方式建立数据库。对于新的顾客，可以通过市场调查公司间接获取有关消费者的购买习惯、产品使用状况，媒体使用习惯等。也可通过从超级市场、便利商店、量贩店的收银机的扫描器收集而来等。数据库中有关消费者的行为和态度信息非常重要，它是进行针对性传播的依据。

例如房地产公司收集资料方法有：收集已购房产的消费者的资料。这类资料如消费者购房记录，与房地产中介公司或其他发展商互换资料；与非竞争产品企业联合促销，收集相关消费者资料，如家具商联合成立俱乐部集中收集；向市场调查公司购买；自行调查；向会员俱乐部购买；向互补和关联行业企业购买；向消费者直邮信函、贺卡等。

数据库有两个重要作用：

（1）市场细分的依据。企业通过数据库，对消费者进行市场细分，然后选择合适的目标市场，在此基础上进行市场定位，这是营销战略的核心部分，它决定企业为什么消费者服务，以及为消费者提供怎样的服务。数据库必须含有与本企业业务和消费者有关的信息。例如从事汽车生产的企业必须对消费者的生活方式、消费者收入、消费者文化心理特征以及消费者地理区位有关的详细资料。

（2）企业与顾客和潜在顾客对话的依据。营销传播活动必须有的放矢。企业必须收集在目标市场中顾客和潜在顾客的更为详尽的资料，特别是顾客及潜在顾客的行为和态度，以及顾客对本企业产品的满意度的资料。这非常重要它是企业确定营销传播目标的依据。例如，我们可以将顾客分成几类，第一类是对本品牌的忠诚消费群，第二类是他牌的忠诚消费群，第三种是游移不定群。这三类也许都是企业目标消费者，但他们对品牌的认知以及购买行为阶段也许不同，这时对这三种类型的顾客应采取不同的对话方式，确定不同的营销传播目标。

通过细分市场，例如按收入把市场分为高、中、低档市场，按地理把市场细分为城市和农村市场。然后通过不同品牌和产品项目来满足不同细分市场的需求。但是，对所选目标市场中的消费者必须有更深入的了解，了解他们的行为和态度，了解他们对品牌和产品的认知网络。顾客心智是真正的营销传播依据。航空公司通过里程卡方案，服务到个人、图书俱乐部采取直销形式，与顾客一对一沟通都获得了成功。成功的原因，就是对客户资料的详尽掌握。采取互动式对话方式，更好地满足了顾客需求，这是对市场细分的超越。顾客资料是企业最重要市场资产，它为企业经营产品向企业经营顾客的转化提供了条件。

我国目前，企业真正完全掌握顾客资料的技术条件和基础设施还不成熟（特别是消费者市场）。可以预料，谁在这个领域里捷足先登，谁就为形成新的竞争优势创造了条件。数据库是整合营销的出发点。

（三）营销沟通整合

根据建立的数据库和接触通道的分析，确定适当的受众；并采取适当的方式和选择最佳时间与目标受众进行沟通。而且，要不断地（连续地）与目标受众进行双向沟通，更重要的要利用多种沟通工具，在不同媒体上传播相互关联的信息，以达到对目标受众产生最大影响的目的。

企业的营销沟通系统非常复杂。企业必须与其中间商、最终消费者、内部员工、股东、企业外部公众进行沟通、中间商与他们的消费者，消费者彼此之间、消费者与公众之间，等等都存在各种各样的沟通。

目前企业掌控的几种主要工具是广告、销售促进、公共关系、人员推销、直复营销等，每种工具又有多种组合。不仅如此，产品的式样、价格、包装、销售人员的风格也成为营销传播信息的一个组成部分。

营销沟通首先必须确定目标视听众。目标视听众与目标市场（消费者）不一定完全相同，前者范围比后者往往更加广泛。

例如，防晒霜的目标消费者为12～20岁的青少年。但其目标视听众可能包括产品制造商、零售商、批发商、医生、护士、药剂师、体育老师、教练、美容师、消费者父母、潜在消费者等。因为这些目标视听众要么直接影响销售，要么通过影响潜在消费者而间接影响销售。

确定了目标视听众后，营销沟通下一步就要确定寻求什么样的反应，即确定沟通目标使沟通与潜在消费者反应发生联系。比如，营销沟通要寻求视听众的认知、情感和行为的反应，即通过传播来改变消费者态度和行为。

为了取得沟通效果，营销沟通必须是连续双向的沟通，即循环沟通。在营销沟通过程中，我们必须对沟通效果——受众的反应进行记录、统计和测量，输入数据库。根据受众的反应，计划和调整下一次的沟通，循环、往复，以求得最大沟通效果。其过程如下：数据库—沟通计划—执行—消费者回应—数据库—调整沟通计划—执行—消费者回应。

由于传播技术和媒体细分化，营销沟通不得不采用多种营销沟通工具与目标视听众发生联系。这使得制定一个统一的沟通活动计划变得复杂起来。如何把不同的营销沟通结合起来，对受众产生最大效果，同时又降低成本，这就必须对营销沟通手段和工具进行整合，以创造协力。

营销沟通整合，是一种营销沟通计划，通过挖掘营销沟通工具之间的相互作用，把它们有效地结合起来，以提供明确的、连续一致的和最大沟通效果。营销沟通整合必须做到：

沟通活动的持续性一致性。战略的协调性：沟通战略、营销战略必须与企业战略协调一致。

沟通活动的持续性、一致性要求通过不同营销沟通工具在不同媒体上传播的信息是彼此关联的；彼此关联性可以从营销沟通的信息的实体要素和心理要素两方面反映，比如占实体要素如广告和其他营销沟通形式采用同一标语、口号和行业符号等。心理连续性、一致性则是指通过沟通建立的消费者对企业和其品牌的态度一致性。这可通过在所有营销沟通工具上使用连续一致的主题，形象或词性来实现。

总之，沟通活动的持续性、一致性，就是要求所有营销沟通活动从不同的视角与消费者进行沟通时，统一口径，有一致的品牌个性、消费者利益点和销售主张，每种传播活动都能强化对消费者行为和态度产生有利的改变。然而，许多企业的营销传播信息都混杂不一。广告传达一种信息，销售促进活动发出另一种信息，产品标签上是另一种说法，销售人员使用完全不同的说辞，业务员向中间商只谈价格。整个企业沟通效果很差，在媒体细分化、产品同质化的今天，无法达到营销的目的。

战略的协调性要求营销沟通目标和策略必须纳入企业整个营销战略中，甚至企业战略之中（见营销战略整合）。即营销沟通计划必须是为完成企业战略目标而制定的。广告创意、媒体选择都必须有助于企业营销目标和企业目标的实现。

（四）营销职能整合

企业通过对数据库进行分析，对市场进行细分，然后选择目标市场，进而进行市场定位。这整个过程确定了为什么消费者服务，提供什么服务。实际上，这是企业的价值选择过程，即为市场和消费者提供什么价值。例如，汽车制造商准备为高收入者提供优质跑车，这就是个价值选择问题。

企业选择价值后，通过价值供应链为顾客创造价值，并进行沟通，即包括提供价值和沟通价值。整个营销流程被分成许多功能，如数据库建立、产品开发、制造、包装（产品组合）、定价、分销、沟通（包括广告、直复营销、事件营销、人员推销、公共关系，等等）。

整合营销首先要求营销流程涉及的所有人员共同确认消费者需求、欲望，对产品质量、产品利益点、服务的量和质都有共同的看法，共同确认营销目标以及确认实现这些目标的主要策略。其次，在流程中，不同营销环节计划的形成，都必须是为达到营销目标、满足和实现消费者需求的一个组成部分，在计划执行中要将各种营销资源配合起来，以业务流程为核心，以满足顾客需求为出发点，而不能以职能为中心，达到最大限度地发挥各要素之间的协同作用。最后，营销战略必须纳入公司战略与目标之中。

（五）企划模式

整合营销企划的起点是数据库，通过数据库了解消费者或潜在消费者的需求和欲望，认知价值，品牌网络和产品类别联想，对沟通方式的选择和偏好，对购物便利的需求以及其他行为和态度信息。

整合营销与传统营销的企划模式最大不同，在于整合营销从企业经营产品向企业经营顾客的转移，把重点放在消费者身上，而不是把重点放在利润目标上。

根据数据库，首先对市场进行细分，选择目标市场，以确定企业为谁提供服务，并通过市场定位确定提供怎样的服务。在特定的目标市场，还要根据消费者及潜在消费者的行为信息对服务和顾客进行分类，以采取针对性营销措施。

消费者行为进行分类，是基于这样的考虑：同一目标市场，消费者和潜在消费者对品牌类别和品牌网络认知有差异，接受信息的方式和渠道偏好也可能有差异，行为和态度也有差异。这样，可有针对性地进行营销。

接触管理要解决两个问题：在同一目标市场中，不同行为的消费者类别中，最能影响消费者购买决策的关键通道；在接触通道上，最能影响“潜在消费者”的信息传递的关键通道。这为确定整合营销工具提供准备。然后，我们根据不同类别的消费者，确定明确的营销目标。例如，对于我品牌的忠诚使用者，营销目标为维持使用习惯；对竞争品牌使用者，营销目标可能是促使转换品牌、建立对本品牌忠诚度；而对游移群，营销目标则为激发试用本品牌的产品。

营销目标必须非常明确，要有量化指标。在数据库基础上是可以做到这一点的。明确的营销目标，要和企业战略和企业其他业务连接起来。

营销目标确定之后，下一步就是决定采用什么工具来完成这一目标。完成营销目标，要根据消费者的需求、欲望、消费者愿意付出的成本、消费者对购买便利的需求，以及消费者的沟通方式来确定。传统营销中，是从企业可控制的4P出发，整合营销则根据4C来确定营销工具，根据消费者需求、欲望来确定产品、根据消费者认知价值确定价格和降低成本，根据消费者购物方式来决定分销方式，根据消费者信息获得方式和偏好来确定传播方式。

整合营销决策者必须找出哪些是关键工具，哪种整合方式最能协同地完成营销目标。

在营销工具中，沟通非常重要。因为“存在于消费者心智网络中的价值，才是真正的营销价值”。然而重要的不在该价值是否真实，而在于消费者相信什么；不同消费者能否确实知道这项产品与其他品牌的差别，而是消费者心中的想象是什么。根据消费者行为分类，对不同行为类型的消费者确定不同的沟通目标：认知情感行为反应。沟通工具又有多种组合。由于传播技术和媒体细分化，企业要采用多种工具与消费者发生联系，这就需要把各种工具结合起来使用，对其进行整合以创造协力。

四、企业开展整合营销的对策与措施

（一）革新企业的营销观念

要树立大市场营销的观念；要树立科学化、现代化营销观念；要树立系统化、整合化营销的观念。

（二）加强企业自身的现代化建设

企业要建立现代经营体制；要建立现代经营机制，包括企业的利益机制、决策机制、动力机制、约束机制等；要实现经营管理设施现代化；要具有现代化的经营管理人员；加强组织建设，改善管理体系，注意企业的规模化，以及企业其他方面的合理化建议。

（三）整合企业的营销

对企业内外部实行一体化的系统整合；整合企业的营销管理；整合企业的营

销过程、营销方式及营销行为，实现一体化；整合企业的商流、物流与信息流，实现三流的一体化。

（四）借鉴国外的先进经验

我国企业要积极学习国外企业的先进的经营管理经验，特别是跨国公司的经营管理，跨国公司的整合营销，如：CIMS 系统、MRP－II 系统等、先进的跨国经营管理、先进技术手段管理等，为我国企业开展整合营销服务。

经济发展的脚步从来没有停过，我们应该在充分了解、利用现有的整合营销的基础上，不断学习新的理论知识，了解新的经济动态，改进自己的营销观念，使自己不落后于时代的潮流，才能立于不败之地。

典型案例

科龙——中国市场整合营销传播的先驱

对科龙这个品牌，企业对它的定位是：科技创新先锋、高质量的中高档品牌，核心消费群是收入比较高（月收入 3 000 元以上）、受教育程度较高的 25～40 岁的白领阶层；科龙品牌的内涵是：科技导向、技术领先、不断创新；品牌个性是：理想、时尚、专业、有品位；品牌形象是：锐意进取、敢于创新、时尚感强、追求高品位。这个品牌的广告语以及企业的广告语是“梦想无界、科技无限”。

那么，要塑造和提升科龙这个品牌，并达成促进科龙产品（空调、冰箱）销售量上升的目的，如何整合媒体呢？

举一个例子。一个有生活规律的消费者，他早上醒来，梳妆中会打开收音机，收听到某某电台一则科龙集团赞助社会“龙腾”科技基金的报道；跟着是出门骑车上班，在市中心的繁华街道，这个消费者看到了科龙空调、科龙冰箱科技形象的巨幅户外广告；中午饭后午睡前，这个消费者看一下报纸，看到一则科龙集团的“科技精品大放送”的全国促销活动广告；晚上在家，饭后他又看到科龙集团重奖科技功臣的电视专题报道。这样，尽管每家媒体同时在传播其他各种各样的信息，但科龙的信息是连贯的，是科技的信息，并且科学地整合了各种媒体，各种时间段，并突出了“科技”这个主题，这样一来，消费者就会对“科龙”这个品牌以及“科技”这个形象，产生情感上的认同，从而激发购买科龙产品的欲望和动机，这也是整合营销传播抓住消费者、打动消费者的核心问题。科龙集团整合营销传播部是目前中国企业最完善的，也是第一个整合营销传播部门，是具有真正意义的整合营销传播系统，这个系统吸收了西方国家的先进理论，同时又结合了中国市场实际科学运作，这个部门的整合营销传播在中国市场已显现效果。

科龙集团是中国目前唯一一家拥有两个国家级驰名商标（容声、科龙）的企业。也是拥有较多著名品牌（容声、科龙、华宝、三洋科龙）的企业。这家企业目前实施多品牌运作，从企业的角度讲，单一的品牌也许有利于节省资源，将资源集中使用，合力去推一个品牌，提升一个品牌。但在发达国家成熟的家电行业，他们认为一个家电品牌的市场占有率超过25%就不太正常，许多跨国大企业如松下、丰田、本田、宝洁，等等，都有多个成熟的国际著名的品牌，日本松下电器产业株式会社就有National、Panasonic、乐声等多个品牌，这表明单一品牌或商标并不利于企业经营的差异化，多个品牌有利于企业的经营、发展和盈利，而科龙集团目前拥有几个著名品牌，只要策划有方、传播科学，这就十分有利于差异化的经营战略拓展。

最近，国家有关部门公布2001年中国品牌价值报告，科龙品牌价值为96亿元，在最有价值品牌中居第八，这家集团旗下的容声品牌价值为56亿元，在最有价值品牌中位居14，这两个品牌价值均比上一年有大幅度增长，两个品牌合计价值达到152亿元，在中国最有价值品牌中名列第五，这说明科龙集团实施整合营销传播的战略是成功的。

科龙的整合营销传播也是为切合多品牌运作的需要，为多品牌策略提供新的思路，整合营销传播部门将资源整合起来，合理地规划传播资源，以点带面，突出重点，如此，资源省了，账好算了，更重要的就是可以根据多品牌的战略，按不同品牌战略发展方向，做好各品牌的规划、策略、管理和传播。

第三节　网络营销

【引导案例】

宝洁公司

宝洁公司与某部门网站健康频道合作创建了一个针对女性消费者的网站Capessa，旨在成为女人们讨论诸如减肥、怀孕与育儿话题的论坛。该社区不仅成为宝洁公司和产品的品牌营销平台，而且成为顾客对某种产品或品牌发表看法的信息收集地，成为建立数据库继而研究消费者行为的信息来源。

【引例分析】

网站营销最有效的手段就在于提供个性化，互动式服务，企业网站只有提供特色化、个性化、实时化和互动性服务时，才能聚集人气，培养忠诚顾客，发挥商业功能，真正做到深度营销。

一、网络营销的定义

网络营销（On-line Marketing 或 E-Marketing）就是以国际互联网络为基础，利用数字化的信息和网络媒体的交互性来辅助营销目标实现的一种新型的市场营销方式。简单地说，网络营销就是以互联网为主要手段进行的，为达到一定营销目的的营销活动。

二、网络营销的特点

随着互联网技术发展的成熟以及联网成本的低廉，互联网好比是一种“万能胶”将企业、团体、组织以及个人跨时空联结在一起，使得他们之间信息的交换变得“唾手可得”。市场营销中最重要也最本质的是组织和个人之间进行信息传播和交换。如果没有信息交换，那么交易也就是无本之源。正因如此，互联网具有营销所要求的某些特性，使得网络营销呈现出一些特点。目前对于网络营销的特点，学术上有两种比较主流的观点，事实上都大同小异，以下为大家介绍：

（一）时域性

营销的最终目的是占有市场份额，由于互联网能够超越时间约束和空间限制进行信息交换，使得营销脱离时空限制进行交易变成可能，企业有了更多时间和更大的空间进行营销，可每周 7 天，每天 24 小时随时随地地提供全球性营销服务。

（二）富媒体

互联网被设计成可以传输多种媒体的信息，如文字、声音、图像等信息，使得为达成交易进行的信息交换能以多种形式存在和交换，可以充分发挥营销人员的创造性和能动性。

（三）交互式

互联网通过展示商品图像，商品信息资料库提供有关的查询，来实现供需互动与双向沟通。还可以进行产品测试与消费者满意调查等活动。互联网为产品联合设计、商品信息发布以及各项技术服务提供最佳工具。

（四）个性化

互联网上的促销是一对一的、理性的、消费者主导的、非强迫性的、循序渐进式的，而且是一种低成本与人性化的促销，避免推销员强势推销的干扰，并通过信息提供与交互式交谈，与消费者建立长期良好的关系。

（五）成长性

互联网使用者数量快速成长并遍及全球，使用者多属年轻、中产阶级、高教育水准，由于这部分群体购买力强而且具有很强市场影响力，因此是一项极具开发潜力的市场渠道。

（六）整合性

互联网上的营销可由商品信息至收款、售后服务一气呵成，因此也是一种全程的营销渠道。另一方面，建议企业可以借助互联网将不同的传播营销活动进行统一设计规划和协调实施，以统一的传播资讯向消费者传达信息，避免不同传播中不一致性而产生的消极影响。

（七）超前性

互联网是一种功能最强大的营销工具，它同时兼具渠道、促销、电子交易、互动顾客服务，以及市场信息分析与提供等多种功能。它所具备的一对一营销能力，正是符合定制营销与直复营销的未来趋势。

（八）高效性

计算机可储存大量的信息，代消费者查询，可传送的信息数量与精确度远超过其他媒体，并能适应市场需求，及时更新产品或调整价格，因此能及时有效了解并满足顾客的需求。

（九）经济性

通过互联网进行信息交换，代替以前的实物交换，一方面可以减少印刷与邮递成本，可以无店面销售，免交租金，节约水电与人工成本，另一方面可以减少由于迂回多次交换带来的损耗。

（十）技术性

网络营销大部分是通过网上工作者（威客等），通过他们的一系列宣传、推广，这其中的技术含量相对较低，对于客户来说是小成本大产出的经营活动。

典型案例

深圳电信效益型网络营销

深圳电信是中国电信系统内的优秀单位，其网上客服中心网站作为深圳电信业务服务平台，也具有行业领先性。为了进一步提升SZ10000网站的用户满意度和网站使用率，深圳电信需要从一个第三方的客观角度、用户的角度找出影响用户使用网站的不方便因素，全面提升网站的用户满意度，达到人气旺盛，增加网上渠道业务量的目标。

深圳电信同时通过网站平台开展了大规模的“我为电信献良策”有奖调查活动，由于电信用户对SZ10000网站的较高忠诚度，活动每周都收到大量反馈意见，显示网站建设及运营的细节问题给用户带来的各种困扰。在对用户体验问题进行深度挖掘并给出解决方案的同时，针对深圳电信业务的网站特点总结了一份“网站易用性建设规范”，作为其长期参考的管理文件。这个案例也成为现在网络营销案例中一个很经典的效益型网络营销案例。

三、网络营销的优势

（1）网络媒介具有传播范围广、速度快、无时间地域限制、无时间版面约束、内容详尽、多媒体传送、形象生动、双向交流、反馈迅速等特点，有利于提高企业营销信息传播的效率，增强企业营销信息传播的效果，降低企业营销信息传播的成本。

（2）网络营销无店面租金成本。且有实现产品直销功能，能帮助企业减轻库存压力，降低经营成本。

（3）国际互联网覆盖全球市场，通过它，企业可方便快捷地进入任何一国市场。尤其是世贸组织第二次部长会议决定在下次部长会议之前不对网络贸易征收关税，网络营销更为企业架起了一座通向国际市场的绿色通道。

四、网络营销常用方法

网络营销的职能的实现需要通过一种或多种网络营销手段，常用的网络营销方法除了搜索引擎注册之外还有：关键词搜索、网络广告、TMTW来电付费广告、交换链接、信息发布、整合营销、邮件列表、许可E-mail营销、个性化营销、会员制营销、病毒性营销等。SEMtime网络营销公司的整合营销整体解决方案。下面简要介绍十种常用的网络营销方法及效果。

（一）搜索引擎营销

SEM是Search Engine Marketing的缩写，中文意思是搜索引擎营销。SEM是一种新的网络营销形式。SEM所做的就是全面而有效的利用搜索引擎来进行网络营销和推广。SEM追求最高的性价比，以最小的投入，获得最大的来自搜索引擎的访问量，并产生商业价值。

（二）交换链接

交换链接或称互换链接，它具有一定的互补优势，是两个网站之间简单的合作方式，即分别在自己的网站首页或者内页放上对方网站的 LOGO 或关键词并设置对方网站的超级链接，使得用户可以从对方合作的网站中看到自己的网站，达到互相推广的目的。交换链接主要有几个作用，即可以获得访问量、增加用户浏览时的印象、在搜索引擎排名中增加优势、通过合作网站的推荐增加访问者的可信度等。更值得一提的是，交换链接的意义已经超出了是否可以增加访问量，比直接效果更重要的在于业内的认知和认可。

（三）网络广告

几乎所有的网络营销活动都与品牌形象有关，在所有与品牌推广有关的网络营销手段中，网络广告的作用最为直接。标准标志广告（BANNER）曾经是网上广告的主流（虽然不是唯一形式），进入 2001 年之后，网络广告领域发起了一场轰轰烈烈的创新运动，新的广告形式不断出现，新型广告由于克服了标准条幅广告条承载信息量有限、交互性差等弱点，因此获得了相对比较高一些的点击率。

（四）信息发布

信息发布既是网络营销的基本职能，又是一种实用的操作手段。通过互联网，不仅可以浏览到大量商业信息，同时还可以自己发布信息。最重要的是将有价值的信息及时发布在自己的网站上，以充分发挥网站的功能，比如新产品信息、优惠促销信息等。

（五）邮件列表

邮件列表实际上也是一种 E-mail 营销形式，邮件列表也是基于用户许可的原则，用户自愿加入、自由退出，稍微不同的是，E-mail 营销直接向用户发送促销信息，而邮件列表是通过为用户提供有价值的信息，在邮件内容中加入适量促销信息，从而实现营销的目的。邮件列表的主要价值表现在四个方面：作为公司产品或服务的促销工具、方便和用户交流、获得赞助或者出售广告空间、收费信息服务。邮件列表的表现形式很多，常见的有新闻邮件、各种电子刊物、新产品通知、优惠促销信息、重要事件提醒服务，等等。

（六）个性化营销

个性化营销的主要内容包括：用户定制自己感兴趣的信息内容、选择自己喜欢的网页设计形式、根据自己的需要设置信息的接收方式和接受时间，等等。个性化服务在改善顾客关系、培养顾客忠诚以及增加网上销售方面具有明显的效果，据研究，为了获得某些个性化服务，在个人信息可以得到保护的情况下，用户才愿意提供有限的个人信息，这正是开展个性化营销的前提保证。

（七）会员制营销

会员制营销已经被证实为电子商务网站的有效营销手段，国外许多网上零售型网站都实施了会员制计划，几乎已经覆盖了所有行业，国内的会员制营销还处在发展初期，不过已经看出电子商务企业对此表现出的浓厚兴趣和旺盛的发展势头。

（八）网上商店

建立在第三方提供的电子商务平台上、由商家自行经营网上商店，如同在大型商场中租用场地开设商家的专卖店一样，是一种比较简单的电子商务形式。网上商店除了通过网络直接销售产品这一基本功能之外，还是一种有效的网络营销手段。从企业整体营销策略和顾客的角度考虑，网上商店的作用主要表现在两个方面：一方面，网上商店为企业扩展网上销售渠道提供了便利的条件；另一方面，建立在知名电子商务平台上的网上商店增加了顾客的信任度，从功能上来说，对不具备电子商务功能的企业网站也是一种有效的补充，对提升企业形象并直接增加销售具有良好效果，尤其是将企业网站与网上商店相结合，效果更为明显。

（九）病毒性营销

病毒性营销并非真的以传播病毒的方式开展营销，而是通过用户的口碑宣传网络，信息像病毒一样传播和扩散，利用快速复制的方式传向数以千计、数以百万计的受众。病毒性营销的经典范例是：现在几乎所有的免费电子邮件提供商都采取类似的推广方法。

（十）来电付费

按接到客户有效电话的数量进行付费，是近年在欧美国家出现的一种新的广告推广计费新模式，实现策划不收费，展示不收费，点击不收费，只有广告主接到客户有效电话后才收取相应费用。也就是说，按来电付费，是一种真正意义上的按效果付费的模式。

五、网络营销策略

新型网络营销，促销策略有以下四种方式：

（一）网上折价促销

折价亦称打折、折扣，是目前网上最常用的一种促销方式。因为目前网民在网上购物的热情远低于商场超市等传统购物场所，因此网上商品的价格一般都要比传统方式销售时要低，以吸引人们购买。由于网上销售商品不能给人全面、直观的印象，也不可试用、触摸等原因，再加上配送成本和付款方式的复杂性，造成消费者对网上购物和订货的积极性下降。而幅度比较大的折扣可以促使消费者进行网上购物的尝试并做出购买决定。目前大部分网上销售商品都有不同程度的价格折扣。

（二）网上赠品促销

赠品促销目前在网上的应用不算太多，一般情况下，在新产品推出试用、产品更新、对抗竞争品牌、开辟新市场情况下利用赠品促销可以达到比较好的促销效果。赠品促销的优点：可以提升品牌和网站的知名度；鼓励人们经常访问网站以获得更多的优惠信息；能根据消费者索取赠品的热情程度而总结分析营销效果和产品本身的反应情况等。

（三）网上抽奖促销

抽奖促销是网上应用较广泛的促销形式之一，是大部分网站乐意采用的促销方式。抽奖促销是以一个人或数人获得超出参加活动成本的奖品为手段进行商品或服务的促销，网上抽奖活动主要附加于调查、产品销售、扩大用户群、庆典、推广某项活动等。消费者或访问者通过填写问卷、注册、购买产品或参加网上活动等方式获得抽奖机会。

（四）积分促销

积分促销在网络上的应用比起传统营销方式要简单和易操作。网上积分活动很容易通过编程和数据库等来实现，并且结果可信度很高，操作起来相对较为简便。积分促销一般设置价值较高的奖品，消费者通过多次购买或多次参加某项活动来增加积分以获得奖品。积分促销可以增加上网者访问网站和参加某项活动的次数；可以增加上网者对网站的忠诚度；可以提高活动的知名度等。

同步案例

新年的第一瓶“可口可乐”你想与谁分享

2009 年春节，“可口可乐”深入地了解到消费者在不平凡的 2008 年到 2009

年的情感交界，抓准了受众微妙的心态，倡导可口可乐积极乐观的品牌理念，推出“新年第一瓶可口可乐，你想与谁分享?”这个新年期间的整合营销概念，鼓励人们跨越过去，冀望未来，以感恩与分享的情愫，营造了2009年新年伊始的温情。

活动充分整合了目前国内年轻人热衷的大部分网络资源：社交型网站、视频网站以及每日都不可离开的手机。利用了社交型网站、视频等途径，让数以万计的消费者了解了“新年第一瓶可口可乐”的特殊含义，并积极参加了分享活动，分享了自己的故事，自己想说的话。

除了使用在年节时最广为应用的短信拜年，向iCoke会员发出“新年第一瓶可口可乐”新年祝福短信，同时也在iCoke平台上提供国内首次应用的全新手机交互体验，让拥有智能手机的使用者，通过手机增强现实技术（AR Code：Augmented Reality Code）的科技，用户收到电子贺卡时，只要将手机的摄像头对准荧幕上的贺卡，就能看见一瓶三维立体的可口可乐于环绕的“新年第一瓶可口可乐，我想与你分享”的动态画面浮现在手机屏幕上，并伴随着活动主题音乐，新技术的大胆运用给年轻消费者与众不同的超前品牌体验。

自活动开始，参与人数随着时间呈几何数增长。超过5百万的用户上传了自己的分享故事及照片，超过3百万的SNS用户安装了定制的API参与分享活动，近2百万的用户，向自己心目中想分享的朋友发送了新年分享贺卡。同时，论坛、视频网站和博客上，一时间充满“新年第一瓶可口可乐”的分享故事。除了惊人的数字外，消费者故事的感人程度、与照片视频制作的精致程度，均显示了该活动所创造的影响力及口碑，也证明了可口可乐在消费者情感诉求与网络趋势掌握方面的精准度。

思考题：

1. 可口可乐是怎样发挥网络营销的作用的?

2. 请谈谈此案例给你什么样的启示?

本章小结

本章主要阐述了整合营销的含义、整合营销与传统营销的区别与联系、整合营销的主题、企业开展整合营销的对策、实施网络营销的常用方法和策略等，能运用所学知识进行企业整合营销策划。

了解整合营销，整合营销是协调不同的传播手段，利用多种传播工具的优势，进行整合营销沟通，从而树立品牌竞争优势，提高消费者对品牌的忠实程度。明确整合营销与传统营销的区别与联系。

掌握整合营销，明确整合营销的主题，了解整合营销的理论框架和整合营销与企业相对竞争优势，能为企业提出整合营销的对策与措施。

明确什么是网络营销，了解网络营销的特点和优势，掌握网络营销常用方法和策略，学会网络营销。

复习思考

1. 什么是整合营销？
2. 开展整合营销的对策有哪些？
3. 网络营销的含义和优势是什么？
4. 网络营销的方法有哪些？

技能训练

1. 选择自己较为熟悉或了解的品牌和实例，写一篇关于奥运整合营销传播的论文。

2. 案例题

杰士邦日全食网络整合营销

2009年7月，500年一遇的天文事件日全食牵动了国人的眼球。但是作为普通人，并不了解一些观测日全食相关的专业知识。当大家在寻找如何观测日全食方法时，知名动漫品牌PP猪的一套生动可爱“PP猪日全食观测傻瓜攻略”成为了网络追捧的热点。该套漫画形象地展示了日全食的观测方法，解决了日全食观众的燃眉之急，而最后杰士邦的爆笑包袱更让人忍俊不禁。但在网民们哈哈大笑之时，恰恰中了PP猪和杰士邦的埋伏。这正是PP猪漫画为杰士邦日全食整合营销打响的漂亮第一枪。

病毒漫画：PP猪日全食观测傻瓜攻略

而随后，在日全食发生的前一天，天涯、猫扑出现了旗帜广告“为什么会发生日全食”，一句话就抓住了网民的眼球。随后运用网络互动游戏的形式来让网民体验用杰士邦制造日全食的惊喜快感：用鼠标移动杰士邦去套太阳，而太阳像个顽皮的小孩，四处躲闪，终于太阳落网了。画面黑了下来，日全食发生了……DM网络整合营销机构创意策划的日全食互动游戏banner广告，正是符合了网络整合营销4I原则中的interest趣味原则，现在的网络经济就是娱乐经济，恶搞的、娱乐的新闻传播得最快。杰士邦把创意发挥得淋漓尽致，连“日全食”也让它彻底的恶搞了一把。如此“香艳”的创意，受到网友的热烈欢迎，更有不少网友为了能长久体验，在博客或者论坛上转贴这则广告。

当然，这还没完，杰士邦日全食网络整合营销案例还大胆创新的运用社会化媒体中社区、博客、IM等多种形式形成网民的呼应。比如发起社区日全食+杰士邦讨论话题，设计IM病毒表情，恶搞杰士邦创意。让杰士邦这个和日全食八杆子打不着的产品和日全食紧密连接起来。

日全食是俘获公众眼球的百年事件，巧借日全食事件与貌似不相关杰士邦品牌嫁接，起到四两拨千斤的效果。这是一次成功的网络整合营销，可以称得上“日全食营销”中，品牌契合度最高，网络营销方式动用最全的案例，也获得了“2009 年易观国际最佳网民认知奖”。

思考题：

（1）杰士邦是如何实施日全食整合营销的？

（2）与传统营销相比网络整合营销有什么特点和优势？

同步测试

一、单项选择题

1. 网络营销首先要（　　）。

A. 进行市场调研　　B. 制订营销计划

C. 做好宣传　　D. 建立营销系统

2. 网络营销是一种“软营销”，这是网络营销中有关消费者心理学的一个理论基础。它采取的营销方式有（　　）。

A. 传统广告　　B. 人员推销

C. 拉式策略吸引消费者　　D. 强势营销

3. 网络信息的发布必须基于（　　）来进行。

A. 主页　　B. 网站　　C. 网址　　D. 电子邮件

4. 整合营销是以企业（　　）的战略为基础，以整合企业内部、外部的资源为手段，以消费者为重心而重组的企业行为。

A. 由内向外　　B. 由外向内　　C. 由上向下　　D. 由下向上

5. 整合营销最重要的主题是（　　）。

A. 综合营销应该和消费者本身有关，也就是需要全面地观察消费者。

B. 整合营销必须考虑到如何与消费者沟通

C. 关于目标市场是否更有针对性的争论

D. 整合营销与传统营销的联系表现为一种互补关系

二、多项选择题

1. 整合营销的思路（　　）。

A. 以整合为中心　　B. 讲求系统化管理

C. 强调协调与统一　　D. 注重规模化与现代化

2. 有效市场细分需具备的特点是（　　）。

A. 可测量性实体　　B. 可盈利性效用

C. 可进入性集合体　　D. 可区分性劳动产物

E. 可行动性

3. 按照网络信息发布和网络促销方式，可以将网络促销分为（ ）。

A. 网络邮件促销 B. 电子杂志促销

C. 网络广告促销 D. 网络站点促销

4. 关于邮件列表的描述，下面哪些是正确的（ ）。

A. 订户数量是邮件列表营销成功的主要标志之一

B. 是许可营销和个性化服务的主要手段

C. 对于现在通常的邮件列表来说，是由管理者发送信息，一般用户只能接收信息

D. 邮件列表是基于用户自愿加入的原则

5. E-mail 营销与其他网络营销方法的关系中，下面说法正确的是（ ）。

A. E-mail 广告是网络广告的一种形式

B. E-mail 营销是主动营销

C. E-mail 是问卷调查的一种方式

D. E-mail 营销与其他营销方式可互相促进

实训题

实训题一

决策设计

惠普公司为了把其 Unix 操作系统的应用软件 SoftBench Suite 售给它的企业客户，在分析顾客需求的基础上开发了一个营销传播计划。营销传播部门从对产品定位的研讨会开始，对顾客在使用 Unix 遇到的困难进行了定义，并确定了惠普公司拥有的能用来解决这些困难的资源。

运用这种顾客为中心的方法其结果之一就是策划人员决定惠普的每个部门，销售、产品营销、工程设计、顾客支持都应该弄清楚一个顾客需求不同的方面。惠普的一个营销经理说："通过对所有方面进行定位，我们可以有条理地分析我们的产品能够怎样解决这些困难。因此，我们开发出了一个以顾客为中心的有创意的战略。"

这个有创意的战略以"我们明白"为主题，强调惠普公司对软件开发者和软件开发经理们面对的发行、压力和约束等困难的理解，如不现实的最后期限限制、隐含的密码错误、多任务多用户应用版本的同步开发以及向顾客定向的计划转变问题。这个主题应用在一个平面广告活动中，对三封直邮广告、交易展览宣传单、公司网站的展示这些活动起了增强作用。这个主题在随后的、另外一个部门的、捆绑了 SoftBench Suite 的产品的直接营销促销活动中再次被使用。

惠普的经理们发现，真正的整合是在生动的设计和关键信息的基础上进行的。整个部门或公司需要以一致的态度去执行一个有效的营销传播计划。惠普公司运用这个方法，所有的顾客在不同的层面上都能感受到惠普对他们面对困难的理解。例如，在与顾客对话时，所有的惠普员工，从客户服务代表到销售伙伴再到产品营销工程师，都关注同样的东西：理解和解决顾客的问题。

作为一个过程，整合让公司里的每一个人都成为一个销售人员。作为一个态度，整合让所有的员工都可以为顾客提供解决方法而不是模式化的反应。

决策设计：

（1）在惠普的 SoftBench Suite 活动策划中，以顾客为中心是怎样做的？

（2）这个活动体现了整合营销传播的什么思想？是否还有不足，如何改进？

实训题二

网上问卷调查策划

1. 实训项目：针对某一环境设计一份调查问卷，组织一次网上问卷调查。

2. 实训目的：通过对某一环境的调查和分析，明确网上调查方式和步骤，进一步掌握网络营销。

3. 实训组织：根据班组实际情况，要求学生分组，以 3 ~4 人为一组，对具体环境进行分析，设计一份网上调查问卷，进行一次网上调查。

4. 实训步骤：

（1）进行环境分析；

（2）小组讨论，设计网上调查问卷；

（3）确定行动方案；

（4）撰写调查报告；

5. 实训考核：要求学生完成网上调查的设计和实施，数据的分析整理，撰写调查报告。

参考文献

[1] 菲律普·科特勒．营销管理［M］．上海：上海人民出版社，2003.

[2] 迈克尔·波特．竞争优势［M］．南京：华夏出版社，2001.

[3] 晁钢令．市场营销学［M］．上海：上海财经出版社，2003.

[4] 卢泰宏．营销在中国［M］．广州：广州出版社，2001.

[5] 吴宪和．市场营销学［M］．上海：上海财经大学出版社，2002.

[6] 陈建平，等．企划与企划书设计［M］．北京：中国人民大学出版社，2002.

[7] 周雪梅．营销策划实训［M］．北京：中国人民大学出版社，2009.

[8] 叶万春．企业形象战略策划——CIS 导入［M］．大连：东北财经大学版社，2006.

[9] 李蔚．推销之魂：CI 战略与策划［M］．成都：四川大学出版社，2001.

[10] 瞿彭志．网络营销［M］．北京：高等教育出版社，2001.

[11] 董新春．市场营销策划实务［M］．北京：北京理工大学出版社，2010.

[12] 方志坚．营销策划实务与实训［M］．北京：中国人民大学出版社，2011.